共同富裕

科学内涵与实现路径

厉以宁　黄奇帆　刘世锦 等著

中信出版集团｜北京

图书在版编目（CIP）数据

共同富裕：科学内涵与实现路径 / 厉以宁等著 . —
北京：中信出版社，2022.1（2024.9重印）
ISBN 978–7–5217–3790–5

I. ①共… II. ①厉… III. ①共同富裕－理论研究－
中国 IV. ① F124.7

中国版本图书馆 CIP 数据核字（2021）第 237036 号

共同富裕——科学内涵与实现路径
著者： 厉以宁 黄奇帆 刘世锦 等
出版发行：中信出版集团股份有限公司
（北京市朝阳区东三环北路 27 号嘉铭中心 邮编 100020）
承印者： 嘉业印刷（天津）有限公司

开本：787mm×1092mm 1/16 印张：24.5 字数：263 千字
版次：2022 年 1 月第 1 版 印次：2024 年 9 月第 13 次印刷
书号：ISBN 978–7–5217–3790–5
定价：88.00 元

目　录

第四篇
市场主体与共同富裕

第五篇
中国式现代化新道路

后 记

序　言

在高质量发展中促进共同富裕

马建堂

国务院发展研究中心党组书记

　　共同富裕是社会主义的本质要求。中国共产党在建党之初，就义无反顾地肩负起实现中华民族伟大复兴的历史使命，把为中国人民谋幸福、为中华民族谋复兴作为党的初心和使命，把促进全体人民共同富裕作为为人民谋幸福的着力点。历经百年奋斗，党中央带领全党全国各族人民在实现共同富裕的道路上砥砺前行，取得了全面建成小康社会的伟大胜利，历史性地解决了困扰中华民族几千年的绝对贫困问题，把古代先贤"使老有所终，壮有所用，幼有所长，矜寡孤独废疾者皆有所养"的大同社会梦想变为现实。进入全面建设社会主义现代化国家新征程，以习近平同志为核心的党中央从满足人民日益增长的美好生活需要出发，赋予共同富裕更加丰富的时代内涵，我们要完整准确地理解，全面系统地落实。

坚持社会主义初级阶段基本经济制度，在改革发展中继续夯实共同富裕的物质基础。要坚持"两个毫不动摇"：毫不动摇巩固和发展公有制经济，发挥好公有制经济在高质量发展中的主体作用；毫不动摇鼓励、支持、引导非公有制经济发展，发挥好民营经济在创造财富、提供就业、推动创新创业中的生力军作用。要坚持发展是第一要务，在高质量发展中推动共同富裕取得更为明显的实质性进展，通过收入分配的优化为高质量发展提供不竭动力。

坚持按劳分配为主体、多种分配方式并存，健全各类生产要素由市场决定报酬的机制。健全工资决定及正常增长机制，适时调整最低工资标准，积极稳妥推行工资集体协商。健全以实际贡献为评价标准的科技创新人才薪酬制度。拓宽居民租金、股息、红利等增收渠道。保护投资者特别是中小投资者合法权益。多渠道增加农民集体和个人分享的增值收益、股权收益、资产收益。

加大税收、转移支付调节力度和精准性，平抑初次收入分配差距和贫富差距代际传递。健全直接税体系，完善综合与分类相结合的个人所得税制度，减轻中等以下收入者税收负担。优化财政支出结构，提升民生性支出比重。转移支付项目更加精准向困难地区和突出问题、薄弱环节集中发力。

更好发挥第三次分配在缩小收入与财富差距中的作用。积极培育慈善组织，简化公益慈善组织审批程序，鼓励有条件的企业、个人和社会组织举办公益事业。落实并完善慈善捐赠税收优惠政策。提高优抚对象抚恤补助标准，健全经济困难老年人补贴制度，完善孤儿基本生活保障制度和儿童生活救助制度，建立困难残疾人生活补贴和重度残疾人护理补贴制度。

持续整顿收入分配秩序，维护和实现社会公平正义。有效抑制通过非市场因素获利，对部分过高收入行业的国有及国有控股企业严格实行工资调控政策。清理规范工资外收入，规范职务消费和行政公务支出。坚决取缔非法收入，严厉打击经济犯罪活动。建立健全社会信用体系和收入信息监测系统。

构建更加公平、更可持续的多层次社会保障体系，逐步缩小社会保障待遇差距。将农民工、灵活就业人员等新型就业形态人员纳入保障水平更高的职工社保体系。完善社会保险的缴费率、衔接转续、异地直接结算等制度。制定实施城乡居民基本养老金标准常态化调整机制。实现基本养老保险全国统筹，逐步推进失业保险、工伤保险的省级统筹。完善兜底保障标准动态调整机制，加快缩小社会救助的城乡标准差异。完善养老服务体系，保障老年人共享经济社会发展成果，建设老年友好型社会。

完善住房保障制度体系，着力解决人口流入多、房价高的城市的住房保障问题。坚持"房住不炒"。积极稳妥推进房地产税立法和改革，做好试点工作。鼓励多余住房用于租赁，提高存量房源利用率。加强保障性住房建设，规范住房租赁市场，加强租赁住房权益保护，加快完善长租房政策。

高质量推进基本医疗和公共卫生服务均等化，着力促进医疗服务可及性与健康公平。健全个体工商户、灵活就业者、家属连带参保激励机制。加快推进落实基本医保待遇清单制度。构建重特疾病多元保障模式。加快推进医联体、医共体建设，引导医院资源下沉基层。加快发展远程医疗。实施慢性病综合防控战略。加强重大传染病防控，完善传染病监测预警。加快推动"将健康融入所有政策"，创建有利于健康的生态和社会环境。

深化行政管理体制改革，切实保障人民平等参与、平等发展权利。大力拓宽社会组织和公众参与社会治理的渠道。推动社会治理重心下沉基层，引导群众自治，实现民事民来议、民来办。创新社会矛盾预防预警机制，注重源头治理。完善社会调查制度、听证会制度、协商谈判制度、信访制度和信息公开制度等。完善劳动保护与公共就业服务制度，着力促进就业机会公平。

深化教育体制改革，着力促进教育公平与社会人力资本积累。扩大普惠性幼儿园供给和覆盖率。加快城镇学校扩容增位，改善寄宿制学校条件，完善进城务工人员随迁子女在当地参加高中阶段学校考试招生的政策措施。支持有条件的地区率先积极探索免费职业教育。调整优化区域高等教育资源布局，推进部分普通本科高校向应用型转变，实现人才培养与社会经济发展更加紧密结合。

加强文化事业建设，推进精神生活共同富裕。加强优秀文化作品创作和传播。推进城乡公共文化服务体系一体化、区域公共文化服务协同化建设。全面实现街道、社区等基层综合文化服务中心全覆盖。打造有特色、有品位的公共文化空间。推进公共文化服务数字化，提升公共文化服务效能。健全现代文化产业体系和市场体系，鼓励和引导文化消费。

加强社会主义精神文明建设，厚植共同富裕理念。推动形成适应新时代要求的思想观念、文明风尚、行为规范，厚植共同富裕理念。推动中华优秀传统文化创造性转化、创新性发展。持续提升公民文明素养，深入推进公民道德建设、志愿服务建设、诚信社会建设、网络文明建设。加强对外文化交流和多层次文明对话，提高中华文化的国际影响力和传播力。

共同富裕不是同步富裕。要发挥社会主义制度的优越性，鼓励先富带动后富，在人民物质和精神生活水平不断提高基础上实现共同富裕。

一是将促进共同富裕融入区域协调发展战略，发挥先富带动后富效应。完善区域协调发展机制，挖掘我国实现共同富裕的巨大空间潜力。鼓励京津冀、长三角、粤港澳大湾区等地区在推进共同富裕方面发挥示范作用。完善政府间财政转移支付机制，加大对贫困地区、欠发达地区的支持力度，提升后富区域的发展能力。深化对口帮扶制度，在区域共同发展的基础上实现更高水平的共同富裕。

二是将促进共同富裕融入乡村振兴战略，巩固脱贫攻坚成果。逐步实现由集中资源支持脱贫攻坚向全面推进乡村振兴平稳过渡。健全防止返贫监测帮扶机制。促进脱贫地区产业提档升级，促进脱贫地区乡村特色产业发展壮大。广泛动员社会力量，积极支持和参与乡村振兴。统筹推进农村人居环境改善和乡村治理，打造一批美丽宜居村庄。

三是将促进共同富裕融入新型城镇化战略，优化以城带乡格局。建设一批高品质中心城市，形成人居品质示范效应。发挥都市圈、城市群的辐射功能，带动小城镇及乡村联动发展。协同推进户籍制度改革和城镇基本公共服务常住人口全覆盖，提高农业转移人口市民化质量。结合常住人口需要，以中心城区、中心镇等为核心，以交通路网和市政公用设施为重点，进行全域基础设施一体化规划建设管理。

总 论

共同富裕的内涵与实现路径

2021 年 10 月 16 日，习近平总书记在《求是》发表重要文章《扎实推动共同富裕》①，系统阐述了共同富裕的重大意义、基本原则和工作思路。习近平总书记特别指出，要"坚持以人民为中心的发展思想，在高质量发展中促进共同富裕，正确处理效率和公平的关系，构建初次分配、再分配、三次分配协调配套的基础性制度安排，加大税收、社保、转移支付等调节力度并提高精准性，扩大中等收入群体比重，增加低收入群体收入，合理调节

---

① 习近平.扎实推动共同富裕[J].求是,2021(20).这是习近平总书记 2021 年 8 月 17 日
在中央财经委员会第十次会议上讲话的一部分。

高收入，取缔非法收入，形成中间大、两头小的橄榄型分配结构，促进社会公平正义，促进人的全面发展，使全体人民朝着共同富裕目标扎实迈进"。习近平总书记的这篇文章深刻阐明了促进共同富裕的一系列根本性、方向性问题，具有很强的思想性、理论性、现实性和指导性。结合工作和学习经历，我谈一点学习心得。

准确把握共同富裕的内涵和要求

习近平总书记深刻指出，"共同富裕是社会主义的本质要求，是中国式现代化的重要特征"。这一重要论述，力透纸背，直指人心。共同富裕是社会主义优越性的根本体现，是我们党的宗旨。共同富裕不仅是道德问题，更是一个经济问题。没有共同富裕，社会就会出现两极分化和阶层固化。如果贫富差距过大甚至出现两极分化，由于富裕人群的边际消费倾向递减，而大量的低收入人群缺乏购买力，那么经济运行会出现消费不足、投资过剩。同样，如果出现阶层固化，富人的后代会躺平，因为不用干活也能躺赢；穷人的后代也会躺平，因为穷人无论怎么努力都无法改变自己的身份地位，那么整个社会就会停滞、撕裂甚至动荡，整体经济循环就会陷入低效率均衡。共同富裕就是要跳出这种低效率均衡，形成多数人群收入达到中等富裕水平，呈现纺锤型收入分配结构，普通百姓可以通过自己的努力改变命运，代际社会流动渠道比较畅通。这一状态下，新消费、新经济、新动能将异彩纷呈，生产、分配、流通、消费的内循环会更加顺畅，经济运行将更有效率、更具活力、更加健康。从这个角度看，实现共同富裕也是构建新发展格局的必然要求，是"中国式现代化的重要特征"。再进一步，实现了共同富裕，马克思主义经典作家所揭示的资本主义市场经济中发生的生产过剩的矛盾将在社会主义条件下得到有效解决，这也是社会主义政治经济学的重要观点。我理解，实现共同富裕，应有以下五个方面的路径要求。

1. 要统筹好"做大蛋糕"与"分好蛋糕"这两件事

共同富裕包含了做大蛋糕和分好蛋糕两件事，这两件事不可偏废。一方面，做大蛋糕是分好蛋糕的物质前提。蛋糕不大，分得再好，意义也不大。当下的中国尽管已经实现了全面小康，我们也仍是最大的发展中国家，2020 年人均 GDP 达 1.13 万美元，但与北欧发达国家的平均 5.6 万美元、美国的 6.4 万美元相比，差距依然较大。我们仍要聚精会神搞建设，把蛋糕继续做大。如果不继续把蛋糕做大做好，只把蛋糕分来分去，那么蛋糕就会越分越小，最后不会共同富裕，只会共同贫穷。所以，不要一说共同富裕，就整天想着分蛋糕的事，却把做蛋糕的事忘记了。另一方面，分好蛋糕也是进一步做大蛋糕的激励基础。市场经济发展到一定程度，不会自动纠正因种种起点不平等而带来的结果不平等，贫富差距扩大和增长停滞是必然现象，这在资本主义条件下是无解的。所以我们要搞社会主义市场经济，就是在做大蛋糕的同时兼顾分好蛋糕，通过分好蛋糕进一步做大蛋糕，实现更高质量的发展。因此，二者要动态兼顾，相互兼容。

2. 要循序渐进，逐步实现

共同富裕是根据每一阶段经济发展的现实状况、经济的基础以及社会的条件来制定标准的。也就是说，一个阶段有一个阶段定量、定性的标准，整体来说是分阶段推进，逐步提高，并不是一步到位。现在我国正处于社会主义初级阶段，这个阶段实施的共同富裕与社会主义高级阶段的共同富裕，在内涵和标准上是不同的。共同富裕的本质意图是一脉相承的，但是在不同阶段，表现形式和标准层次会有不同。所以，共同富裕不能犯急性子。我们现在刚刚解决了绝对贫困问题，还有大量人群的相对贫困问题，而且解决相对贫困问题要比解决绝对贫困更加复杂、困难。2019 年，我国有 6.1 亿人年人均收入仅为 11485 元，月收入不到 1000 元。[①] 有关研究显示，若根据城乡一条线计算的相对贫困标准，2020 年后全国相对贫困人口约 2 亿人，其中农村贫困人口占了 80% 以上。因此，实现共同富裕仍需要一个较长的时间。如能在 2035 年左右实现中等收入人群翻番、低收入人群减半、人均 GDP 达到 2.5 万美元，共同富裕就有了更加坚实的基础。

---

① 国家统计局新闻发言人付凌晖就 2020 年 5 月份国民经济运行情况回答媒体关注的问题 [OL].[2020-06-15]. http://www.stats.gov.cn/tjsj/sjjd/202006/t20200615_1760268.html.

3. 要缩小差别，但不搞平均主义

共同富裕不是指所有人都达到一样的水平，这是错误的认知，也违反了共同富裕的原则。也就是说，共同富裕的原则并不是消灭差别，变成无差别。我们反对平均主义的共同富裕，这也是非常重要的，这方面我国是吃过亏的。过去在计划经济条件下，与平均主义的分配伴随的是共同贫穷。事实上，我们应该承认，即使在社会主义市场经济条件下，也仍然存在起点不平等或过程不公平等导致结果不平等的情况。实际上，一方面，由于自然禀赋、个人努力、外在条件等起点不平等的因素复杂作用导致的收入差别总是存在的；另一方面，由于行业改革不到位，行业间收入差距持续扩大，行业差别仍然存在。共同富裕不是把三大差别（区域差别、城乡差别和行业差别）归零。我个人认为，区域差别如用不同区域人均 GDP 的差异来衡量，发达地区与欠发达地区的人均 GDP 倍数控制在 2 倍以内比较合理；城乡差别如用城镇居民人均可支配收入与农村居民人均可支配收入比来衡量，也应当控制在 2 倍以内；全社会基尼系数控制在 0.3~0.4 之间比较合理。

4. 要体现共同劳动、共同创造

共同富裕是共同奋斗出来的。共同富裕需要全体老百姓共同劳动、共同创造、共同奋斗、共享蛋糕，多劳多得，绝不是仅靠一部分人把蛋糕做出来，然后分给不劳而获的人。比如，绝不是把东部的人劳动产生的财富简单转移支付给西部，养着西部，而是在东部的支持下靠西部人民发挥自身优势发展特色产业，主要通过自身的努力与全国人民一起实现共同富裕。同时需要强调的是，社会主义市场经济条件下实行按劳分配为主体、多种分配方式并存的分配制度。按劳分配为主体，意味着多数人要靠劳动致富，劳动是参与分配的主要依据。这个劳动包括体力劳动和脑力劳动，包括企业家管理活动的劳动、科学家创造发明的劳动，也包括投资者或者投资经理捕捉市场机会配置资本流向的劳动。同时，允许资本、土地等生产要素参与分配，但要有机会均等的机制。也就是说，要让人民群众通过劳动积累而来的资金、房产等财富共同参与经济增长，共同分享经济增长的红利，而不能因为体制机制的障碍仅仅由一小部分人独享财富增长的机会。

5. 要以高质量发展为基础

共同富裕应是整个经济社会高质量发展的结果，是体现新发展理念的共同富裕。要通过科技创新、制度创新和管理创新做大蛋糕，进一步夯实共同富裕的生产力基础；要把缩小区域差别、城乡差别和行业差别作为重点，着力推动协调发展；要以人与自然和谐共生的理念促进绿色发展；要在与世界广泛交往中汲取文明精华、促进开放发展；要平衡好公平与效率的关系，促进共享发展。换言之，共同富裕与新发展理念是内在统一的。在操作上，推动高质量发展、实现共同富裕，关键是要尊重经济规律，深化供给侧结构性改革。比如，针对区域差别，要充分挖掘西部地区的资源禀赋，研究提出一批科技水平高、带动效应强、符合国家战略需要的大项目大举措；针对城乡差别，要着力破解阻碍城乡要素自由流动的体制机制，在优化资源配置中推动城乡融合；针对行业差别，则要进一步确立竞争政策的基础性地位，打破行业壁垒和垄断，以有效竞争推动行业收入差距逐步缩小。

以高质量发展解决好三大差别

习近平总书记强调，要"坚持以人民为中心的发展思想，在高质量发展中促进共同富裕"。这一论断对我们思考共同富裕的路径具有方向性和指导性意义。事实上，尽管经过40多年的改革开放，我们取得了举世瞩目的成就，但长期存在的三大差别——区域差别、城乡差别和行业差别仍然较为突出。实现共同富裕，就是要将这三大差别背后的收入差距即东西部收入差距、城乡收入差距和行业收入差距缩小到合理范围内。马克思主义哲学告诉我们，任何事物在某一个时期一定有一个主要矛盾。造成这三大差距的主要矛盾在生产力的源头上，也就是说，是直接影响生产力发展的技术、资本和管理以及要素配置、竞争政策等因素不到位、不匹配、不健全造成的。推进共同富裕，要按照新发展理念要求，通过供给侧结构性改革，在生产力的源头上把东西部收入差距、城乡收入差距、行业收入差距缩小，而不是在生产力环节上造成巨大差别后靠二次分配去调节，这样做才会事半功倍。所以，实现共同富裕，首先要从发展环节上探讨缩小这三大差距的具体方法和路径。

1. 缩小东西部收入差距

2020年,我国东部五省(直辖市)(上海、江苏、浙江、福建和广东)的人均GDP达到10.5万元,西部六省(自治区)(新疆、内蒙古、青海、甘肃、宁夏、西藏)人均GDP为5.3万元左右。这表明经过多年的西部大开发,我国东西部地区间人均GDP差距已由2000年左右的4倍以上逐步缩小到2倍左右,这是一个伟大的成就。但我们还要看到,西部最落后的甘肃省(人均GDP约3.4万元)与东部最富的上海市(人均GDP约15.9万元)之间的差距仍然巨大,上海是甘肃的近5倍。现在的问题是,如何通过生产力的优化布局和供给侧结构性改革,让西部更快地发展起来,使东西部地区之间人均GDP的差距缩小到2倍以内。我认为,如果能够把西部的各种资源禀赋扬长避短地发挥出来,西部人均GDP的提升可能会比东部还要快。

比如,与东部雨量充沛、土壤肥沃不同,我国西部严重缺水,降雨量一年只有200~600毫米,和东部动辄1200~1800毫米的降雨量根本无法相比,但这不等于西部就不能发展农业。西部有广袤的土地,可以向以色列学习,在戈壁滩上规模化发展滴灌农业。根据有关资料,这种农业需要搭建的滴灌设施,每亩地要一次性投入25万~30万元,产出一般可以达到5万~6万元。假设以500亩为单位建设大棚设施,有若干个大公司逐步覆盖1万平方公里的土地,预计将产生7500亿元人民币的产值。这些农产品既可以卖到我国东部去,也可以卖到欧洲去。实际上,现在新疆、甘肃和内蒙古已经推广普及了很多与以色列相同的农业滴灌设施，但是需要规模化发展，把广袤的土地资源充分利用起来。

再比如，西部地区阳光充沛，雨量较少，地域辽阔，恰恰给发展光伏发电产业创造了充足的条件。[1] 如果有一批超级大的光伏企业在新疆建设光伏电厂，规模达到 10 亿千瓦的装机，每年能够运转 1500 小时，就可以产出 1.5 万亿度电。按每度电 0.2 元计算，就可以贡献 3000 多亿元的 GDP。整个新疆一共只有 2500 多万人口，这样一来，人均 GDP 就可以至少增加 1.2 万元。可以按类似的思路在新疆、青海、内蒙古的沙漠或戈壁布局几十万平方公里的光伏发电，达到几十亿千瓦的装机规模。这些清洁能源发的电可以通过我国的特高压输变电技术输送到东部去，形成新的"西电东送"。[2] 类似这样的思路已经在国家"十四五"规划中有所体现，比如明确支持在河西走廊、新疆建设大型清洁能源基地。这些清洁能源在未来 10 年甚至 20 年的时间内，就可以产生人均两三万元甚至四五万元的 GDP。

此外，新疆地下还有石油，四川、重庆还有大量的页岩气。

---

① 科学研究表明，地球表面接收一个小时的太阳光就可以让人类使用 100 年；若在新疆 166 万平方公里的土地上建一个规模达 20 万平方公里的光伏发电项目，产出的电量就够整个中国使用了。当然，这是理想情况。

② 青海—河南 ±800 千伏特高压直流工程建成投运受到广泛关注。根据公开的报道，该项目于 2018 年 11 月开工建设，2020 年 12 月 30 日全面建成投运，是我国发展先进输电技术，破解特大型新能源基地集约开发世界级难题的重要实践。青海利用其自身丰富的光照和风力资源在"十三五"期间陆续建成了两个千万千瓦级的可再生能源基地。

2020 年，我国石油进口 5.42 亿吨，对外依存度超过 73%；天然气进口 1 亿吨，对外依存度 43%。整体来说，中国缺油少气，对外依存度达到了 70% 以上。所以，如果在西部大规模发展油气资源能源开发，以后能源安全的问题也可以得到一定程度缓解。将来，我们不需要再进口那么多原油，而且原本自产的 2 亿吨原油也可以不再用于炼油，而是把它作为石油化工等生活生产中需要的材料，把这些东西高质量地生产好，也可以帮助提升 GDP。

这几个例子表明，只要我们尊重规律、扬长避短，就可以在生产力源头上提升西部的发展动能。但这背后的运作离不开五个"大"。

第一，一定是大资本的投入。无论是滴灌农业还是光伏发电这样的项目，都需要达到一定的规模才能体现其经济性，这是由西部的资源禀赋决定的。

第二，一定是由大企业集团来建设，不论是国有、民营还是国外的公司。这倒不是歧视中小企业，而是因为中小企业根本无力承担这笔巨额的支出。

第三，要用大技术，也就是要用高科技。过去也有大企业和大资本，但为什么没有人干呢？因为没有高科技。现在有了高科技才能有高产出。

第四，要面向国际国内大市场。比如滴灌农业项目，这与过去服务本地方圆几十公里的小农经济不同，这种项目的产出要通过与掌握国际供应链的企业合作，分销到全世界，分销到内地各个终端。

第五，一定要有配套的大系统。比如滴灌农业规模化生产出来的产品，要有高效的物流运输体系分拨到国内的其他地区以及欧洲；再比如光伏基地，需要有特高压输变电系统才能把电由西部输送到东部的负荷地区。

事实上，这些年我们的"西气东输""西电东送""西油东送"和正在发展的"东数西算"，以及下一步规模化发展的清洁能源基地和特高压直流输变电项目都属于这五个"大"。正是通过这五个"大"，西部大开发自 2000 年以来在缩小东西部差距方面成效显著：西部与东部地区的人均 GDP 之比由 4 倍以上降到现在的 2 倍左右。按这个思路发展下去，10 年以后通过新能源、清洁能源的发展可以使西部的 GDP 翻一番；通过地下资源的开发、设施农业的发展让西部的 GDP 可以再翻一番，那么东西部差距就会从如今的 2 倍左右缩小到 1 倍多。在此基础上，为了实现共同富裕，东部给西部的转移支付可以继续推进，就可以更好地缩小东西部差距。

2. 缩小城乡收入差距

根据 2013 年的国民经济和社会发展统计公报，城镇居民人均可支配收入 26955 元，农村居民人均纯收入 8896 元，前者是后者的 3.03 倍。到 2020 年，按常住地统计，城镇居民人均年可支配收入 43834 元，农村居民人均可支配收入 17131 元，前者是后者的 2.56 倍。前后对比，党的十八大以来，经过不懈的努力，我们的城乡差距得到了大幅改善，特别是 9899 万农村贫困人口全部实现脱贫，贫困县全部摘帽，消除绝对贫困取得了历史性的成就。但是根据 2019 年的数据，按全国居民五等份收入分组，全部居民低收入组和中间偏下收入组年人均收入为 11485 元，月人均收入近 1000 元，共 40% 家庭户对应的人口为 6.1 亿人。这 6.1 亿人多数还是在农村，所以继续深化改革、缩小城乡差距，任重而道远。那么，怎样缩小城乡差距呢？根本办法仍在于推动高质量发展，做大农村的蛋糕，从生产力的角度缩小城乡差距。那么，什么是造成城乡差距的根本性因素呢？我认为，现阶段造成中国城乡差距的主要矛盾是城乡二元体制，即城乡之间基础性生产要素（如土地、劳动力、资金）在流动循环的制度安排上是脱钩与分裂的。缩小城乡差距最基础的工作仍是要通过深化供给侧结构性改革，破解阻碍要素资源自由流动的城乡二元体制。

（1）深化农村"三块地"改革，增加农民财产性收入

中国农民目前最大的问题是 97% 的年收入来自劳动收入，几乎没有财产性收入。而城市居民的房产、股票等各种财产性收入，可能占整体收入的 50% 以上。虽然农民每家每户都有一亩三分地，但这一亩三分地尚不能变成可以产生现金流的信用品，无法给农民带来财产性收入。这就是典型的要素资源循环不畅通的问题。对此，十八届三中全会对农村"三块地"即集体经营性建设用地、农民承包地和宅基地的依法有序流转做了系统性的顶层设计，试图开辟增加农民财产性收入的渠道。①2019 年 8 月，新的《土地管理法》获得通过并颁布，从法律上明确了过去限制转让、出租的农村集体经营性建设用地，将在符合规划的前提下，可以出租、出让并可以转让、赠予、抵押使用权，与国有土地同地同权、同权同价。②2020 年 3 月发布的《中共中央 国务院关于构建更加完善的要素市场化配置体制机制的意见》进一步提出，要"深化农村宅基地制度改革试点，深入推进建设用地整理，完善城乡建设用地增减挂钩政策，为乡村振兴和城乡融合发展提供土地要素保障"，并且还要"探索建立全国性的建设用地、补充耕地指标跨区域交易机制"。这几项法律、政策的基本逻辑是通过盘活农村"三块地"，实现土地资源依法有序流转，为增加农民财产性收入创造条件。比如，集体经营性建设用地按照与国有土地同地同权同价的方式流转，意味着无论卖出多少钱，全都直接留给农村。从这个角度来说，农村的土地级差收入就得到了提高，而且越是大城市周边的农村土地，级差收入越高。这些级差全部会返给农村，其中 20% 会补给村集体或乡政府，用于农村基础设施建设，其余的 70%~80% 则

---

① 十八届三中全会通过的《中共中央关于全面深化改革若干重大问题的决定》明确指出："在符合规划和用途管制前提下，允许农村集体经营性建设用地出让、租赁、入股，实行与国有土地同等入市、同权同价。""在坚持和完善最严格的耕地保护制度前提下，赋予农民对承包地占有、使用、收益、流转及承包经营权抵押、担保权能，允许农民以承包经营权入股发展农业产业化经营。""保障农户宅基地用益物权，改革完善农村宅基地制度，选择若干试点，慎重稳妥推进农民住房财产权抵押、担保、转让，探索农民增加财产性收入渠道。"

② 新的《土地管理法》还明确，征地将受到"为了公共利益"的前提限制，被征收土地不再按土地年产值一定倍数补偿，而是综合考虑未来发展增值空间，制定区片综合地价，为被征地农民提供稳定社会保障，从而让农民更多分享土地增值收益。

要反哺给出让承包地和宅基地的农民。加上城乡建设用地增减挂钩政策的逐步完善推广，农民和农村因"三块地"带来的财产性收入会逐步增加，城乡差距会得到较大改善。

（2）深化户籍制度改革，加快推动农民工进城落户

城乡户籍制度的差异形成了两种制度，农民哪怕在城里打工 10 年、20 年也无法落户城市。城市居民普遍享有的住房、养老、医疗、教育和就业等社会保障，农民工并不享有。即使是在交通事故赔偿方面，城市居民和农民工所获得的赔偿费用也相差很多。而且由于不能落户城区，使得农民工的实际劳动时间减少了一半。[①] 党的十八大以来，中央一直在积极推动这方面的改革，提出到"十三五"末要实现 2 亿农民工就地落户城区。近两年，这方面的改革进程进一步加快。[②] 2020 年全国农民工总量 2.85 亿

[①] 与我国城市职工一般 60 岁退休不同，农民工一般干到 45 岁左右。随着年龄增大，沿海城市的企业一般就不聘用他们了。他们本来可以干到 60 岁，现在只能干到 45 岁，少了的这 15 年就等于就业工龄少了 1/3。同时，农民工在正常上班的时候，一年 12 个月总有两个月回家探亲，这两个月就是一年的 1/6。1/3+1/6=1/2，也就是说，农民工的工作时间因户籍制度大体减少了一半。可见，户籍制度改革不仅是改善农民工待遇的问题、人权的问题、对农民关爱的问题，同样也是生产力问题，是人口红利的问题。

[②] 2019 年 12 月印发的《关于促进劳动力和人才社会性流动体制机制改革的意见》和 2020 年 3 月印发的《中共中央 国务院关于构建更加完善的要素市场化配置体制机制的意见》均明确提出放宽城市落户限制。《关于促进劳动力和人才社会性流动体制机制改革的意见》提出，"全面取消城区常住人口 300 万以下的城市落户限制，全面放宽城区常住人口 300 万至 500 万的大城市落户条件。完善城区常住人口 500 万以上的超大特大城市积分落户政策，精简积分项目，确保社会保险缴纳年限和居住年限分数占主要比例。"《中共中央 国务院关于构建更加完善的要素市场化配置体制机制的意见》提出，"推动超大、特大城市调整完善积分落户政策，探索推动在长三角、珠三角等城市群率先实现户籍准入年限同城化累计互认。放开放宽除个别超大城市外的城市落户限制，试行以经常居住地登记户口制度。建立城镇教育、就业创业、医疗卫生等基本公共服务与常住人口挂钩机制，推动公共资源按常住人口规模配置"。

人。预计到 2035 年，沿海地区的城市会再消化接纳 1 亿农民工，内陆城市也可以再消化接纳 1 亿农民工。这 2 亿农民工一旦成为城市居民，经过 10~15 年的时间，就可能成为城市中的中等收入人群。到时候，城市中等收入人群就会从现在的 4 亿人增长为 6 亿人。与此同时，通过深化改革等各方面措施，城市原有的中等收入人群会再增加 1 亿人，而留在农村的农民，由于"三块地"政策的逐步落实，财产性收入会不断增加，其中也将会有 1 亿人步入中等收入人群的行列。所以到 2035 年左右，中国就会有 8 亿人进入中等收入人群，而低收入人群从 6 亿减半为 3 亿也将有可能成为现实。

（3）随着土地和劳动力这两类生产要素城乡流动的障碍逐步消除，资金要素也会逐步流向农村

中国的金融资产大概有 300 万亿元，其中贷款余额 250 多万亿元，这 250 多万亿元中差不多有 50 万亿元是政府性债务，有 150 多万亿元是各类工商企业的贷款，剩下的近 50 万亿元来自居民家庭的贷款，而其中城市居民的各种贷款累计占居民家庭贷款的 90%。换言之，剩下的 4 万亿~5 万亿元贷款来自 6 亿~7 亿的农民和农民工。而且很多农民工好不容易有了点余钱，也大多会寄回家，而家里收到这笔钱也大多会存到当地银行。银行获得这些存款之后，最后会集中起来放贷给当地的城市去使用。也就是说，通常情况下，往往是城市拿了农村的资金去使用，资金要素进一步割裂，最后造成金融资源产生的财富只有很少一部分能够分享到农村。背后的基本原因仍与城乡二元体制下农村的土地、劳动力的流动限制有关。一方面，农村的集体经营性建设用地尚未有效流转起来，农民的宅基地质押融资的功能尚未得到有效体现；另一方面，与城市工商业比，土地适度规模经营受到一定限制，以至农业的投资回报不高。这反过来也说明，随着农村"三块地"的逐步有序流转，农业富余人口进城落户，以及城乡二元体制逐步瓦解，农业农村吸纳资金的能力会逐步提高，资本下乡促进农民富裕的机制会逐步健全，城乡差距也会因此逐步缩小。

3. 缩小行业收入差距

三百六十行，行行有状元，这三百六十行主要说的是城市里的第二产业和第三产业。从逻辑上说，市场经济发育比较成熟的时候，市场本身的资源配置机制会把各行各业的投资回报互相拉平。也就是说，做银行的投资回报和做保险的会差不多，和做制造业的会差不多，与制造业中的石油化工、汽车和轻工纺织相比也会差不多。因为资本在行业之间会有一个市场化流动。如果这个行业的回报特别高，资本就会往这边涌，这个行业的蛋糕就会被瓜分，分了以后，最后各个行业的投资回报会相对拉平。但我国现阶段一些行业收入畸高，突出表现在三个行业，即金融业、互联网和房地产。

首先看金融业。中国现在有4550家上市公司（截至2021年11月12日），其中金融业的上市公司有40家左右，包括20多家银行，还有一些证券公司、保险公司等。这些金融企业一年的利润占整个中国 4550 家上市公司利润总和的 50% 左右。剩下 4000 多家来自工商业、服务业等各行各业上市公司的利润总和与金融业上市公司利润占的比重大体相当。这就造成金融业的董事长、总经理的年收入动辄就是 500 万元、800 万元人民币，甚至达到 1000 万元、2000 万元。相比之下，其他各行业的董事长、总经理的收入就低很多。现在国有企业的董事长年收入为 60 万~160 万元，民营企业的董事长，如果不考虑股权分红和资本利得的因素，一年的收入也只有 200 万~300 万元。出现这 5 倍甚至 10 倍的差距，不是因为那些金融业的董事长真的有那么大的本事拿这么多钱，而是因为金融牌照产生的垄断租金。我们不妨对比一下美国：华尔街同样有 4000 多家上市公司，排在前十位的有八家是美国的高科技公司，包括苹果、脸书等。但在我国 4000 多家上市公司中，排在前十位的有八家是金融机构，另外两家一家是地产公司，一家是茅台酒厂。这些都说明，金融行业的高门槛和牌照资源的稀缺性导致这些行业获得了超额收益，这些行业的从业人员也因此获得了超过其能力和贡献的超高收入。

其次，互联网行业。近年来，我国互联网平台企业快速壮大，在满足消费者多样化需求的同时，为广大中小企业开拓了新的营销渠道，但也出现了市场垄断、无序扩张、野蛮生长的问题。有的企业在竞争中通过"掐尖式并购"，把一些可能产生颠覆或竞争效应的小企业收入囊中，试图达到限制竞争的目的。有的企业通过巨额融资，以"烧钱"的方式来抢占"入口"，占领用户，一旦形成垄断就赢者通吃，抬高门槛，拉高定价，搞价格歧视。

还有个别头部企业借助已经形成的市场优势大肆向金融领域扩张，美其名曰"商业模式创新"。这时候，小公司想要到这些平台来开店销售商品，这些平台就会收取 20% 或者 25% 的上架费。这种不合理的市场垄断带来了显著的财富聚集效应，拉大了收入差距。对这种情况，如果前面搞了垄断，后面采取征税的方式来平衡，实际上是本末倒置的。正确的做法是先要在源头上做到相对平衡，即加大反垄断力度，加强对互联网平台企业的监管，防止资本无序扩张，促进市场有效竞争。要针对其业务模式的不同特点提出监管的思路，特别是要加强对互联网平台企业利用信息和数据优势涉足民生和金融领域的监管，有序引导其逐步剥离有关业务。

最后，房地产行业。近十几年来，在各路资本的涌入和加持下，房地产成为国民经济的支柱产业。我国的房地产建设面积从 20 年前每年 1 亿平方米发展到如今每年 17 亿平方米，房地产公司从几千家发展到几万家。在这个发展过程中，房价从每平方米 1000 元上涨到如今最高每平方米 20 万元，最终导致"房子是用来住的"这个概念异化成为"房子是用来炒的"。自然，这个过程中也产生了财富畸形的分配。这不仅产生了房地产行业从业人员收入畸高的问题，而且由于房地产价格的暴涨，买房早、买房多的比买房晚、没房的在获取房产增值收益方面形成了天壤之别。所以近年来，党中央一直强调房地产行业要回归"房住不炒"的定位，并出台了一系列调控政策来稳地价、稳房价、稳预期，努力促进房地产市场平稳健康发展。最近一段时期，房地产市场出现了下行压力，一些头部房地产企业由于杠杆率过高出现了流动性困难，这也正是矫正房地产行业畸形发展的好时机。建议短期内以稳为主，适当调整紧缩政策；同时，着眼长远，通过调整个人住房信贷政策、大力发展租赁住房市场等供给侧结构性改革措施达到标本兼治的效果。

总之，纠正这些行业收入差距过大问题，关键仍是深化供给侧结构性改革，从行业运行的一些基础性的制度层面进行调整，实行源头治理，而不是在生产力造成畸形之后再去通过二次分配来调整。换言之，实现共同富裕，要先从生产力的第一线，从供给侧结构性的制度安排，从区域的资源优化配置，从城乡的要素循环和行业的协调平衡上去解决，这样才会从基础上平衡好共同富裕，最终形成高质量的发展。

处理好三大分配之间的关系

习近平总书记强调，要"正确处理效率和公平的关系，构建初次分配、再分配、三次分配协调配套的基础性制度安排"。在影响经济社会高质量发展的区域协调、城乡统筹、行业均衡的体制机制问题得到有效解决后，为了促进共同富裕，我们还要做好分配的工作。其中，一次分配讲效率兼顾公平，二次分配讲公平兼顾效率，三次分配讲自愿、讲道德。这是三个分配的基本格局。这三次分配之间的关系是：一次分配是基础，二次分配是关键，三次分配是配套和辅助补充。有人说，如今我国前面两次分配都已经做得很完善了，应该将重点放在三次分配上，提倡大家捐款。

这种理解是绝对畸形化的歪曲事实的理解。

1. 一次分配讲效率

这里的效率代表的不仅是劳动所得。社会主义初级阶段的基本分配制度是以按劳分配为主体、多种分配方式并存。正如前文所言，关于农民，不能仅凭借农民从事农业活动的勤劳程度决定他们的分配，而是要把被征地动迁的土地要素流转带来的收入大部分分配给农民，增加他们的财产性收入。此外，农民对其拥有的土地，比如宅基地和承包地等也同样拥有用益物权，这是一种财产权利。农民可以用这些地做融资抵押，申请贷款，有了这些贷款，农民就有了靠资金要素来获取收益的可能，其收入就会有所增加。这种因赋予农民土地要素的流转而形成的收入分配，都属于一次分配。所以，一次分配讲效率不仅仅是按劳动来分配，而是一种包括要素在内的多样化的分配方式。

一个典型的问题是如何利用资本市场做好一次分配。其实，这方面发达国家非常有经验。比如，美国股市总市值中有大约63%由机构投资者持有，其中各类共同基金占三分之一，而这些共同基金的一大来源就是各种退休金。[①] 正是在此类养老基

---

① 其中"401（K）计划"扮演着重要角色。美国投资公司协会（ICI）2019年12月18日发布的统计数据显示，截至2019年9月30日，美国30.1万亿美元的退休金中有9.3万亿美元投资于共同基金，其中来自401（K）计划的资产为3.8万亿美元［占401（K）总规模的64%］，占共同基金资金来源总额的19%。而401（K）计划形成的资产的投资绝大多数不是由企业自己来运作，政府也不帮企业归集运作，而是通过招投标交给私募基金，由最优质的大型私募基金帮助运作。

金的参与下（占美国股市市值规模 30 万亿美元的 30%），加上美国上市公司的大股东、战略投资者等的长期投资（占股市市值规模的 40%），美国的资本市场才形成了以长期资本为主、机构投资为主，散户投资、短期基金投资为辅的投资格局。这种机制也让美国的普通工人分享到资本市场增长的红利。所以，我们看到，新冠肺炎疫情之下，尽管美国失业率连创新高，但由于股市在持续上涨，工人来自资本市场的财产性收入并没有受到太大影响。这个事例启发我们，如果能够进一步拓宽社保资金投资资本市场的渠道，我国资本市场的长期资本就会增多，广大老百姓也可以在股市成长中受益。事实上，除了养老、医疗保障基金，还有住房公积金和企业年金（补充养老保险金），这些基金也都应该加大在资本市场中的投资比例，而不能仅仅是存银行拿利息。这既是为资本市场提供稳定可靠的长期资金来源的需要，也是这些基金自身保值增值的需要。在未来，这些资金可以通过竞标的方式交给类似社保基金管理机构这样的投资机构来管理，实现 7% 以上的年化收益率，可谓一举多得。

2. 二次分配讲公平

一次分配主要在市场主体端，根据国家的法律和市场的机制来运行；二次分配则由政府主导，是直接由政府推进的分配，讲的是公平，是整个分配关系中最关键的概念。二次分配包括政府制定的税收、社会保障的"五险一金"以及转移支付三个方面。

这里重点谈一谈税收。税收包括直接税与间接税两种。所谓间接税，是指纳税义务人不是税收的实际负担人，纳税义务人能够用提高价格把税收负担转嫁给别人的税种。具体而言，增值税、消费税以及关税等都属于间接税。直接税是指直接向个人或企业开征的税，是指纳税义务人就是税收的实际负担人。具体而言，房地产税、个人所得税、企业所得税、遗产税等属于直接税。间接税由于可以转嫁，对收入分配调节功能不如直接税。在未来，要逐步降低间接税的比重，提高直接税的比重。

建议进一步降低个人所得税。目前，我国个人所得税实行七级累进、最高45%的所得税率，在全世界算是较高的。我国每年的个人所得税占全部税收收入的比重为7%，大大低于发达国家20%、发展中国家15%的比重，甚至比俄罗斯都要低。之所以这么低，一个重要原因是高边际税率下，很多私营企业主在企业不领工资，而是将收入留在企业转成按25%的税率交企业所得税。一些高收入人群要么移民，要么将企业迁到新加坡、中国香港等地以避税。按照国际惯例，个人所得税率应该小于或等于企业所得税率，现在企业所得税率降到了25%，个人所得税最高边际税率也应由45%降到25%，相应的级次税率也应下降。此举不仅不会减少税收总量，反而会扩大税基，刺激消费，形成税收总量的增加，个人所得税占税收收入的比重也会逐步提升。

建议进一步稳定小微企业所得税优惠政策。占企业数量80%的小微企业吸纳了70%的就业。2018年7月，财政部和国家税务总局针对小微企业出台了持续三年的所得税优惠政策，对年应纳税所得额低于100万元（含100万元）的小型微利企业，其所得减按 50% 计入应纳税所得额，按 20% 的税率缴纳企业所得税；优惠时间自 2018 年 1 月 1 日至 2020 年 12 月 31 日。[①]2019 年 1 月，财政部和国家税务总局就该优惠政策进一步放宽：对年应纳税所得额低于 100 万元的部分，减按 25% 计入应纳税所得额，并按 20% 的税率缴纳企业所得税；对年应纳税所得额 100 万~300 万元的部分，减按 50% 计入应纳税所得额，按 20% 的税率缴纳企业所得税；优惠时间自 2019 年 1 月 1 日至 2021 年 12 月 31 日。[②]2021 年 4 月，两部委再次发布公告，对年应纳税所得额低于 100 万元的部分，减按 12.5% 计入应纳税所得额，并按 20% 的税率缴纳企业所得税；优惠时间自 2021 年 1 月 1 日起至 2022 年 12 月 31 日。[③]这些政策将小微企业的实际税负降到了 5%，可以说是全世界最为优惠的政策了。建议将这一短期性临时性政策转变为长远的基础性制度，并上升为法律，以稳定社会预期。

除了所得税，直接税还包括房地产税、遗产税和赠与税，这些都是现代国家财税体系中重要的直接税税种。目前，我国正在试点房地产税，未来将逐步推开。今后还要研究推出遗产税和赠

[①] 2018 年 7 月，为进一步支持小型微利企业发展，财政部、国家税务总局发布了《关于进一步扩大小型微利企业所得税优惠政策范围的通知》(财税〔2018〕77 号)。随后，针对小微企业所得税优惠扩围后如何征管的问题，国家税务总局发布了《关于贯彻落实进一步扩大小型微利企业所得税优惠政策范围有关征管问题的公告》(国家税务总局公告 2018 年第 40 号)。

[②] 参见《财政部 税务总局关于实施小微企业普惠性税收减免政策的通知》(财税〔2019〕13 号)。

[③] 参见《财政部 税务总局关于实施小微企业和个体工商户所得税优惠政策的公告》(财税〔2021〕12 号)。

与税。当然，我们还要考虑税源的国际竞争因素，不能孤立地谈提高直接税比重。比如，法国在奥朗德时期推出了一项比较左倾的政策，即对特定人群征收高达 75% 的边际税率。这项政策一经推出，法国的富翁和企业领袖纷纷选择离开法国，移民去税率较低的英国伦敦，很多企业家也将公司总部迁到英国。英国因此获得了一笔巨大的财富，而法国的资产财富却大量流失。由此可见，想要解决平衡性的问题，还需要统筹国际竞争的考虑，否则可能会适得其反，造成财富流失。

3. 三次分配讲自愿

三次分配主要指自愿性质的捐赠。现在不少人富起来后有回馈社会的愿望，社会责任感很强，但由于我国相关的税收制度不健全，方便老百姓做慈善的通道还不够畅通，相关社会组织和行业监管尚不成熟，需要进一步深化改革，逐步完善。比如，通过免抵税可以有效激励人们从事公益捐赠。日本有一位首相，他的母亲十分富有。母亲去世后，给这位首相留下了一套价值不菲的别墅。日本当时的遗产税率是 50%，所以他如果想继承这套别墅，必须交遗产税，但是他拿不出这笔钱。当然他也可以将别墅卖掉，但是这是母亲留给他的，也是一种纪念。最后他把这套别墅捐给了国家，这样他就不用交遗产税了。美国也有类似的捐赠免抵税的立法，旨在鼓励富裕人群自愿捐赠。

中国也在完善捐赠免抵税的有关政策。根据《中华人民共和国企业所得税法实施条例》，企业发生的公益性捐赠支出，不超过年度利润总额 12% 的部分，准予扣除；根据《中华人民共和国个人所得税法》，个人将其所得对教育、扶贫、济困等公益慈善事业进行捐赠，捐赠额未超过纳税人申报的应纳税所得额 30% 的部分，可以从其应纳税所得额中扣除。此外，对符合条件的公益慈善事业捐赠实行全额税前扣除。[①] 在受赠对象方面，有关部门也出台了一些政策措施，放宽了受赠对象的限制。[②] 这些政策措施的出台表明，我国正在加快形成日益规范、透明、法制化的公益性捐赠机制。值得注意的是，三次分配中捐赠税前扣除若与降低企业所得税和个人所得税的实际税负的有关政策结合起来，不仅可以让一次分配更有效率，还有利于进一步鼓励和引导各类市场主体特别是高收入群体和企业加大捐赠的力度，促进三次分配，进而为共同富裕做出更大贡献。

[①] 实行企业所得税或个人所得税全额税前扣除的，包括向教育事业、福利性非营利性的老年服务机构、符合条件的基金会、公益性青少年活动场所和地震灾区等的捐赠。

[②] 2020 年 5 月，财政部、国家税务总局和民政部联合发布《关于公益性捐赠税前扣除有关事项的公告》(财政部公告 2020 年第 27 号)，明确了社会组织取得公益性捐赠税前扣除资格的条件和程序。2020 年 12 月，财政部、国家税务总局和民政部联合发布了《关于 2020 年度—2022 年度公益性社会组织捐赠税前扣除资格名单的公告》，一共有 120 家公益性社会组织上榜。

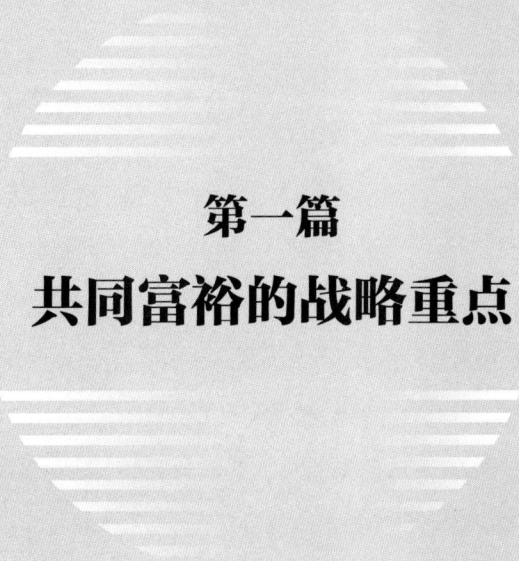

第一篇
共同富裕的战略重点

论共同富裕的经济发展道路

厉以宁

北京大学光华管理学院创始院长、名誉院长

共同富裕是社会主义的根本原则

经济发展通常以一定时期内总产值或人均总产值的增长作为标志，但总产值或人均总产值并不能反映收入的实际分配状况，也难以反映社会成员的物质生活和文化生活的实际改善程度。社会平均数意义上的收入水平掩盖了社会成员间的收入差距，从而也掩盖了社会成员间在物质文化生活水平上的差距。这就是以总产值或人均总产值的绝对量和增长率作为衡量经济发展程度的指标的局限性之一。国内外研究经济发展的学者现在都已认识到这一点。

在研究社会主义经济发展时，指出总产值或人均总产值的上述局限性，尤为重要。这与社会主义经济发展的目的直接有关。经济发展不是目的本身，经济发展的结果将是为社会创造更多的财富，为社会提供更多的产品和服务，使人们能生活得更好，这才是经济发展的目的。列宁曾经指出："只有社会主义才可能广泛推行和真正支配根据科学原则进行的产品的社会生产和分配，以便使所有劳动者过最美好的、最幸福的生活。只有社会主义才能实现这一点。"[①] 在这段话中，特别值得注意的是"使所有劳动者过最美好的、最幸福的生活"这一句。社会主义的经济发展以全体劳动者的共同富裕为目的，共同富裕是社会主义的根本原则，只有在社会主义制度之下才能实现共同富裕这一目的。如果用最简明扼要的语句来概述社会主义经济发展与资本主义经济发展的本质区别，那么，资本主义经济发展的后果是社会的贫富悬殊、两极分化，而社会主义经济发展道路则是走向全体劳动者共同富裕的道路。

在所有制上以公有制为主体，在收入分配上以按劳分配为主体，这就是社会主义经济得以循着以实现共同富裕为目的的道路前进的基本条件。社会主义经济发展如果背离了共同富裕这一根本原则，带来了贫富悬殊、两极分化的后果，那就不能被认为是成功的，而只能被认为是失败的。

---

① 列宁. 在全俄国民经济委员会第一次代表大会上的讲话（1918 年 5 月 26 日）[M/OL]// 列宁全集: 34 卷 .https://www.marxists.org/chinese/lenin-cworks/34/055.htm.

共同富裕是一个过程，只能逐步实现

共同富裕作为社会主义的一个根本原则，这是我们必须遵循的。但究竟怎样才能实现共同富裕，则涉及一系列与经济发展战略、经济体制、经济政策等有关的理论和实践问题。

首先，应当认识到，共同富裕是生产力有较大发展条件下的产物，它不可能同低生产力水平并存。如果经济发展迟缓、经济发展程度低下，从而总产值少或人均总产值少，那么无论以何种方式进行分配，也无法实现共同富裕，更可能面临的是共同贫困。换言之，蛋糕小，无论怎样分配，都离不开贫困，只有先把蛋糕做大了，再以合理的方式进行分配，才有希望使每一个人所得到的份额较大，共同富裕才可能成为现实。因此，发展经济促进生产力水平的提高，使总产值或人均总产值有较大幅度增长，是社会走向共同富裕的前提。

其次，应当认识到，事物发展的不平衡是普遍规律。由于历史的原因和各地区资源分布的不均匀，以及各个生产单位和各个劳动者之间内部条件与外部条件的差异，同步富裕是不现实的。共同富裕不等于同步富裕。共同富裕是一个过程，只能逐步实现。假定一开始就要求共同富裕，甚至把共同富裕理解为同步富裕，那么一方面，很可能采取平均主义的分配政策，使得劳动者的生产积极性受到压抑，经济发展遇到挫折，结果谁都富裕不了；另一方面，还有可能采取"多消费，少积累""分光吃尽"的做法，从表面上看，似乎人们的现期收入增多了，结果却限制了生产力的进一步增长，使经济发展缺乏后劲，现期收入的增多只成为暂时现象，而从长期看，人们依然摆脱不了贫困。因此，共同富裕只可能在合理确定消费与积累之间的比例的条件下得以实现，只可能通过一部分地区、一部分人先富起来，先富带动后富、先富帮助后富的方式逐步实现。

再次，应当认识到，在社会主义经济中，无论是一部分地区的富裕还是一部分人的富裕，都是指通过诚实劳动和合法经营而致富。假定有的地区依靠乱开采资源，置生态环境于不顾而增加了收入，那么这种致富与国家有关环境保护、资源保护的法律是不相容的，这种致富不仅是不正当的，而且必将贻害社会，也不可能使本地区持久富裕下去。假定有些个人不是依靠诚实劳动和合法经营而增加了较多收入，那么这种致富也必然与国家有关法律、法规、政策相抵触，这种致富不仅是不正当的，对社会有害，而且也不可能起到带动另一部分人致富的作用。我们之所以鼓励并允许一部分人通过诚实劳动和合法经营先富起来，是因为既考虑到共同富裕是一个逐步实现的过程，富裕必定有先有后，有快有慢，又考虑到一部分人的先富对其余人来说有积极的示范作用。但示范作用唯有通过诚实劳动和合法经营才能发挥出来。不依靠诚实劳动和合法经营而致富，是不可能有积极的示范作用的。

最后，还应当认识到，即使对于共同富裕，也不能用狭隘的、平均主义的眼光来看待。共同富裕是指全体劳动者都能过上美好、幸福的生活，而不是指所有社会成员的收入都一样多，各种消费资料的占有量都相等。把人们的收入拉平，使人们所占有的消费资料相等，在社会主义条件下是不符合实际的。按劳分配是实现共同富裕的一项保证，但按劳分配指的是按人们提供的劳动数量与质量进行分配，而不是把收入拉平。当然，由于各个生产单位、各个劳动者之间内部条件与外部条件差异的存在，实行按劳分配的结果并不能消除人们在收入数量上的差别，也不能消除人们在消费资料占有数量上的差别。所以，在社会主义条件下，共同富裕的第一种含义是指：尽管有先富后富之分，但所有劳动者与过去相比，收入都提高了，都能过上美好、幸福的生活。共同富裕的第二种含义是指：人们之间的收入差距有所缩小，即使是按劳分配的收入、靠诚实劳动和合法经营得到的收入，也不至于差距过大。

于是出现了一个有待研究的问题：怎样才能保证实现第二种含义上的共同富裕？共同富裕与市场机制的作用之间存在什么样的关系？共同富裕与政府的收入调节之间存在什么样的关系？

收入调节与收入差距的缩小

在社会主义经济发展过程中，需要利用市场机制的作用。市场机制对收入及其分配状况既有积极作用，也有扩大收入差距的作用。从积极作用来看，在市场机制之下，企业和生产者个人的积极性可以被调动起来，效率可以提高，从而对总产值的增长有利，总产值的增长则又导致可供分配的产品总量的增长。此外，在市场机制之下，企业将根据市场供求的变动和消费者的意愿进行生产，资源可以得到较充分的利用，资源利用率的提高也将改善可供分配的产品的供应状况。

在市场机制之下，个人之间收入差距的扩大是不可避免的。当然，个人收入差距的扩大并不一定不合理。比如，由于个人劳动努力程度不同和劳动熟练程度不同而引起的收入差距扩大，具有合理性；又比如，即使在合法经营前提下，经营者也会因承担风险程度的不同和经营能力的不同而在收入上有差距，这种收入差距也有合理的因素。但不能否认的是，个人收入差距的偏大如果来自机会的不均等，或者来自现行政策所允许的非劳动收入部分（包括雇工经营收入、股息收入、股票升值收入、债券利息收入、租金收入、存款利息收入等），就不能被认为是合理差距。前面已经指出，共同富裕的第二个含义是要缩小人们之间在收入分配方面的差距，使收入差距不至于过大。对于个人收入差距的不合理部分，固然要设法予以缩小，即使是个人收入差距中的合理部分，从共同富裕和维护社会安定的角度来看，避免这种收入差距过大也是必要的。社会主义社会中的收入调节的目的正在于此。

市场在收入调节方面的局限性是显而易见的。市场本身缺乏一种可以缩小人们收入差距或避免人们收入差距过大的机制。市场在这方面至多只能发挥以下两种作用。第一，市场可以刺激收入较低的人通过自身的努力（如接受业余教育以提高技术文化水平，如出色工作、改善经营、学习他人经验以增强获取收入的能力），使自己与他人之间的收入差距缩小。第二，市场竞争过程中将会出现一些偶然的机会，它们有可能使一些人迅速由富变穷，也可能使另一些人由穷变富，从而缩小人们在收入分配上的差距。在市场可能起到的这两种作用中，第一种作用的影响面是有限的，因为一些低收入者之所以难以较大幅度地增加收入，并非由于自己不努力或不愿学习技术、文化，而是由于每个人的起点不同、环境不同，机遇也不同，既然市场不可能向每一个参与市场竞争的人提供同等的机会，那么市场也就不可能普遍地缩小人们收入之间的差距。至于上述市场的第二种作用，那么只能得出这样的结论：假定人们之间收入差距的缩小纯粹依赖偶然的机会，那就不具有普遍性，更何况，在这些偶然机会之下，同样有可能使一些富者变得更富，使穷者变得更穷，那岂不是使人们之间的收入差距更大了？

为了实现第二种含义的共同富裕，政府对个人收入的调节是必要的。政府进行这种收入调节的依据有二：

第一，政府之所以应对个人非劳动收入中超过一定数额的部分征税，是因为这些非劳动收入归根结底由劳动者创造。

第二，政府之所以应对个人劳动收入中超过一定数额的部分征税，是因为在社会主义条件下，个人的劳动收入并非唯一取决于个人的劳动数量和质量，资源状况、生产条件、价格水平的不同也会使个人的劳动收入产生差距。

可见，无论是个人的非劳动收入还是个人的劳动收入，只要超出了一定的数额，政府就有理由征收个人所得税或收入调节税。由个人的非劳动收入或个人的劳动收入积累而成的财产，在继承或转移时，如果超出了一定的数额，政府也有理由征收继承税或财产转移税。

但正如前面已经指出的，不能用平均主义的眼光来看待共同富裕，不能把共同富裕理解为把人们的收入拉平。如果那样做，不仅违背了共同富裕的原意，而且在客观效果上对社会主义的经济发展也不利，因为这既会挫伤个人经营、储蓄、投资的积极性，也会挫伤个人劳动的积极性。这也意味着，征收个人所得税、收入调节税，或征收继承税、财产转移税，都应有合理的起征点，有适当的税率，个人所得税率、收入调节税率以比例税率为宜，继承税率、财产转移税率以累进税率为宜。

扶植低收入户的有效措施

由政府进行的个人收入调节不仅包括以征税方式从高收入者那里取走一部分收入，还包括以各种方式对低收入户进行补助、扶植，增加他们的收入或提高他们获得收入的能力。

低收入户也可以分为两种类型，一类是低收入地区的低收入户，另一类是一般收入甚至高收入地区的低收入户。这两类低收入户都是从绝对意义上来说的，而不是从相对意义上来说的。也就是说，这两类低收入户都是指年人均纯收入不足以维持基本生活需要的家庭。这些家庭的温饱问题还没有解决，生活困难。

低收入户之所以成为低收入户，有不同的原因。一般收入甚至高收入地区的低收入户，可能是由于家庭中缺乏主要劳动力或家庭主要劳动力的文化技术水平过低而只能得到较少的收入，也可能是由于家庭遭到某种变故（如家庭成员长期患病、自然灾害、家庭成员死亡）而负债累累，还可能是由于在市场竞争的环境中因经营失败而负债、破产。低收入地区的低收入户，除了上述原因，还可能由于地区经济落后或资源条件的限制而难以增加收入。

对于一般收入甚至高收入地区的低收入户，政府可以根据每个家庭的具体情况，给予救济金、补助金，或者在信贷方面给予优惠，在技术培训方面给予照顾，这样，要么可以保证他们的基本生活需要，要么可以给他们提供获得较多收入的能力和机会，使他们早日走向富裕。而对于低收入地区的低收入户，除了采取以上类似措施，政府更应当着眼于改变地区经济的落后面貌，为地区经济的发展创造条件。

这里所说的改变地区经济的落后面貌和为地区经济发展创造条件，是同转换地区的经济运行机制密切相关的。在低收入地区经济发展中起主要作用的是经济运行机制，而不是单纯的补助款项或单纯的优惠政策。这并不是说低收入地区不需要政府给予的补助款项和优惠政策，而是说，如果低收入地区缺少一种可以导致内部资金积累和产业结构调整的运行机制，缺少一种可以提高资金利用率和合理组合生产要素的运行机制，那么来自政府的补助款项或优惠政策往往只被用来解决眼前的困难，却不足以使地区经济持续、稳定、协调地发展，不足以使低收入地区真正走向富裕。因此，政府对低收入地区以及这些地区的低收入户的有效扶植措施，就是促进这些地区经济运行机制的转换。

转换低收入地区的经济运行机制通常要从以下三个方面进行深入的经济体制改革。

第一，使企业成为自主经营和自负盈亏的经济实体。这样，企业作为资金投入和再投入的主体，不仅有了主动性和积极性，而且也有了自我约束的能力。要使低收入地区早日走向富裕状态，必须找到可以促进本地资源同外地资源有效结合和长期结合的形式，这种结合不是依靠行政性措施就能巩固的。如果低收入地区的企业缺乏资金投入和再投入的主动性和积极性，不能从经济利益出发选择与外地合作的方式，那么，不管这些地区有何种资源优势，这种资源优势都是潜在的，而不是现实的。

第二，要逐步解决低收入地区资源价格偏低，以及生产成本和交易成本偏高的问题。这些问题主要通过两方面的改革措施来解决。一是调整资源价格与加工制成品价格的比例，使资源价格逐渐趋于合理。二是深化流通体制的改革，疏通流通渠道，减少由于流通阻塞而导致的商品积压和交易成本偏高的现象。一旦资源价格趋于合理，流通渠道通畅了，本地资源的利用就将趋于合理，本地资源与外地资源的结合也将转向有效、长期的结合，低收入地区的发展速度将加快。

第三，要建立适合于本地区经济发展的宏观经济调控系统，政府要善于运用各种经济调节手段来促进地区经济的发展。低收入地区的经济中经常发生一些奇怪的现象：一方面，收入低，积累少，而另一方面，有相当多的收入用于同陈规陋习、封建迷信有关的不合理消费支出；一方面，资金严重不足，而另一方面，不少资金用于兴建楼堂馆所之类的非生产性投资。如此种种都表明有必要建立与完善宏观经济调控系统，并辅以必要的行政措施。

关于缩小收入差距问题的进一步思考

当我们谈到政府可以运用个人所得税、收入调节税、继承税或财产转移税之类的税收调节手段来限制某些人的收入过高时，我们考察的重点属于"事后调节"范围。但是，我们能不能除了采取收入分配的"事后调节"，还可以采取收入分配的"事前调节"呢？也就是说，能不能及早采取某些预防居民个人收入差距过大的措施呢？在社会主义制度之下，收入分配的"事后调节"与"事前调节"是应当结合，也是可以结合的。预防居民个人收入差距过大的做法，既符合社会主义社会的性质，而且只要措施得当，也有助于社会主义经济的健康发展。

可以采取的收入分配"事前调节"措施，至少有下列五项。

第一，对个人从事股票投资的"事前调节"。为防止个人在这方面获得的收入过高而采取的措施，如规定任何个人持股在某一企业股份总额中的最高限额（比如千分之五或千分之十），属于"事前调节"。此外，规定某些行业或企业只能由公有经济单位持股，规定某一可以向社会上的个人出售股票的企业股份总额中个人股所占的比例，这些也属于"事前调节"。

第二，对个人雇工经营的"事前调节"。比如，可以对雇工的待遇、劳动保护措施、福利状况做出规定，这也有助于防止雇主收入过高。

第三，对个人承包、承租收入的"事前调节"。

第四，关于工资标准的"事前调节"。总的说来，我国职工工资标准偏低，而且等级差别偏小，但这并不意味着不可以进行"事前调节"。这里所说的"事前调节"是指制定工资标准与工资级差时应当遵循的原则。复杂劳动者的工资收入固然要高于简单劳动者的工资收入，但二者收入之比应当适当小于复杂劳动与简单劳动之比。对工资标准和工资级差的这种"事前调节"，是合情合理的。

第五，关于兼职收入的"事前调节"。从长期来说，在社会主义社会中，应当把职工的精力和聪明才智引向做好本职工作，从本职工作中获得与其劳动数量与质量相称的收入。这既有利于经济发展，也有利于收入分配的协调。

社会主义制度下公平与效率协调的可能性

在讨论共同富裕问题时，我们不可回避地要接触一个理论难题，这就是：在社会主义制度下，公平与效率二者能否协调？能否在提高效率的同时实现公平，或在实现公平的同时提高效率？

首先需要弄清楚的是，当我们把公平与效率放在一起讨论时，公平是针对什么而言，效率又是针对什么而言。公平是一个道德范畴，但它具有一定的经济学含义。效率是一个经济学范畴，但它是同一定的伦理判断结合在一起的。因此，当讨论公平与效率兼顾或公平与效率协调时，我们需要从经济学与伦理学两个不同的角度来考察。

关于"公平"的概念，应当明确这样三点：

第一，"公平"的深层次含义是与社会主义制度相联系的。

第二，在日常经济活动中，"公平"是同机会的均等相联系的。在日常经济活动中，人们站在同一条起跑线上参加竞赛。参赛者之间如果有差别，那么这种差别不是表现于竞赛过程的起点（因为都站在同一条起跑线上），而是表现于竞赛过程的中途或终点（因为能力的差别使得人们取得的成果不同）。在社会主义社会中，人们在日常经济活动中的机会应当是均等的，假定客观上仍然存在着机会不均等，那么通过改革，可以逐步实现机会的均等。

第三，在收入分配领域内，"公平"是同社会主义的按劳分配原则的贯彻相联系的。在社会主义现实条件下，贯彻按劳分配原则无疑是"公平"的。越能贯彻按劳分配，"公平"的实现就越充分。

从上述三个方面来看，社会主义社会中的"公平"是公有制基础上的"公平"，是不存在对劳动者歧视的机会均等性质的"公平"，也是贯彻按劳分配条件下的"公平"。"公平"与平均主义是不相容的，平均主义恰恰违背了"公平原则"。

　　关于"效率"的概念，从微观经济的角度考察，效率是指投入与产出比。如果一定量的投入能有较多的产出，或一定量的产出只需较少的投入，就表明效率提高了；反之，则意味着效率的降低。从宏观经济的角度考察，效率是指各种资源在国民经济中得到利用的程度。在资源总量既定的前提下，如果资源闲置的数量增多了，资源被不合理使用的部分增大了，那就表明效率降低；反之，如果资源闲置的数量减少了，资源被不合理使用的部分缩小了，那就表明效率提高。效率的提高被认为是"好事"，因为这有利于经济的发展和社会生活水平的提高；效率的降低也被认为是"坏事"，因为这不利于经济的发展，不利于社会生活水平的提高。

　　由此看来，在社会主义制度下，按照上述对"公平"的理解和对"效率"的理解，可以清楚地了解到，"公平"不仅不成为提高效率的障碍，还可以成为促进效率增长的源泉。深层次的"公平"含义表明：社会主义的建立必将解放生产力，使资源得到合理配置，从而促进效率的增长；从机会均等的意义上看，机会的均等和对一切参加竞赛的劳动者的不歧视，将调动每一个劳动者的积极性，鼓励他们发挥所长，提高效率；而贯彻按劳分配，则同样起着提高劳动者的积极性和提高效率的作用。换言之，无论是微观经济中的效率还是宏观经济中的效率，在以公有制和按劳分配为主体的前提下，都是可以与"公平"并存、协调的。

那么，在实际生活中，为什么会出现所谓"公平"与"效率"相互替代而无法兼顾的现象呢？造成这种现象的原因是复杂的。

第一，由于按劳分配原则尚未得到认真贯彻，以及人们对"公平"有错误的理解（如把平均主义理解为"公平"），就会导致所谓"公平"与"效率"的交替。可以用如下方式来表达：

一些人认为："吃大锅饭"＝无效率（这是正确的），

"吃大锅饭"＝公平（这显然是错误的理解），

所以，"公平"＝无效率（由此得出错误的论断）。

第二，由于按劳分配原则尚未得到认真贯彻，以及政府的收入调节措施没有跟上，造成了社会上的收入分配差距被不合理地拉大，挫伤了人们的积极性，这可能导致一些人对社会主义制度下"公平"与"效率"的协调表示怀疑。前面提到的某些由个人承包的企业中一般工人积极性的下降，在某种程度上就与个人承包者收入过高有关，于是人们可能产生如下看法：这种经营方式既不公平，又难以提高效率，更谈不上"公平"与"效率"兼顾了。

第三，由于社会主义制度的优越性是通过适合于生产力性质及其水平的经济体制发挥出来的，因此社会主义条件下"公平"与"效率"的兼顾与协调应以合适的经济体制为前提。只有在合适的经济体制之下，资源的配置才能趋于合理，按劳分配原则才能被认真贯彻，机会的均等也才能被落实。然而，经济体制的改革与逐步完善是一个过程。在经济体制改革与逐步完善的过程中，"公平"与"效率"可能出现某些不协调的状况，这也会引起人们的误解，即认为"公平"与"效率"不可能兼顾与协调，而不了解这些不协调在经济体制改革与逐步完善过程中往往是不可避免的。

因此，我们可以得出如下论断：从社会主义社会的性质来说，在社会主义条件下，"公平"与"效率"的兼顾与协调是有可能的，而且，随着经济体制改革的进展和按劳分配原则的贯彻，随着人们对"公平"的认识的端正和对平均主义危害性的认识的加深，这种可能将成为现实。

影响收入分配的第三种力量——道德力量

现在让我们对共同富裕的经济发展道路问题再做进一步的探讨。撇开个人劳动与经营能力和积极性因素，影响收入分配的力量大体上有三种。

第一种力量是市场机制。个人提供的劳动数量与质量究竟能得到多少报酬，个人经营收入的多少，以及个人债券、股票、存款的利息（股息）收入究竟是增长还是减少，在社会主义条件下，都与市场机制的作用有关。即使从企业职工的收入（包括工资和奖金）来说，虽然这些职工并不同市场直接发生联系，但这些职工所在的企业是同市场直接联系的，企业的产品是否得到市场的认可、是否有销路、是否盈利，这一切也会影响职工的收入状况。因此，市场机制影响着收入分配。

第二种力量是政府。政府对收入分配的影响主要反映在两方面。一方面，政府制定工资标准与工资级差，政府所制定的这些标准与级差不仅直接影响全民所有制企事业单位和政府机构中工作人员的收入，而且也对非全民所有制单位的工资标准与工资级差产生影响。另一方面，政府对收入分配进行调节，如对收入偏高者的收入征收收入调节税，对低收入户实行救济、补贴和扶植，等等。

第三种力量是道德力量。它是超出市场机制与政府调节力量的又一种可以影响收入分配的力量。如果说市场机制的力量主要对收入的初次分配产生作用，政府的力量既对收入的初次分配产生作用（如"事前调节"），又对收入的再分配产生作用（如"事后调节"），那么道德力量则对收入初次分配和再分配的结果产生作用，即影响已经成为个人可支配收入的使用方向，包括个人间的收入转移、个人某种自愿的缴纳和捐献等。这样，最终归个人支配和使用的收入等于个人可支配收入减去个人转移出去的收入和个人自愿缴纳和捐献的部分。

可以将这三种力量对个人收入分配的影响用下页图表示：

在道德力量的作用下，个人收入转移与个人自愿缴纳与捐献的范围是较广泛的。比如，个人自愿为家乡建设捐赠，为残疾人福利组织捐赠，向灾区人民捐赠，向各种文化、体育、教育、卫生、宗教团体捐赠，等等，都是非强制性的，这些行为与道

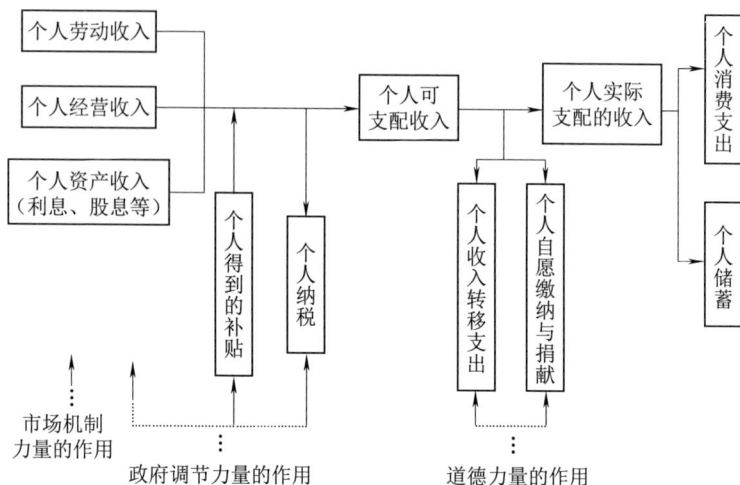

三种力量对个人收入分配的影响

德力量的作用有关。此外，党员自愿将一部分收入作为党费缴纳，也属于这一收入转移或自愿缴纳的范围。在道德力量作用下，个人可支配收入与个人实际支配的收入之间差距的大小，将取决于个人收入转移支出的多少和个人自愿缴纳、捐献的多少。

这里所说的道德力量作用下的收入分配，与个人的信念、社会责任心或对某种事业的感情有关，基本上不涉及政府的调节行为。这就是说，这是在政府收入调节之后，个人自愿把一部分收入转让出去的行为。当然，政府的收入调节政策可能在这方面有一定的影响，比如，假定政府在收入调节政策中规定，个人向慈善机构的捐献列入免税范围，这就可以鼓励一些人向慈善机构捐献。但这种形式的捐献与我们在前面所说的政府调节力量作用下的收入分配有关，而与这里所说的道德力量的作用不是一回事。这里所说的道德力量的作用是指纯粹出于个人的信念、社会责任心或对某种事业的感情而引起的收入转移、自愿缴纳与自愿捐献。

既然这里所说的道德力量作用下的收入分配是完全自愿性质的，我们就能够得出如下看法，即社会上有这种信念、社会责任心或对某种事业有感情的人越多，个人自愿缴纳或捐献的数额就越多，道德力量对缩小社会收入分配差距的作用也就越大。在现阶段，社会上可能只有少数人自愿转移出一部分收入，因此对缩小收入差距的影响很小，但从长期来看，随着社会主义物质文明建设和精神文明建设的发展，道德力量对缩小收入分配差距的作用会逐渐（尽管是缓慢地）增大。我们未尝不可以把这一逐渐变动（尽管是缓慢变动）的趋势作为一个有待研究的课题。

再论先富者对后富者的帮助

最后，让我们再回到为了实现共同富裕，先富者有责任对后富者进行帮助这个问题上来。

如上所述，共同富裕是一个过程，在这个过程中，必然有一些地区先富起来，也必然有一些人先富起来。先富者，既指先富起来的地区，也指先富起来的一部分人。

先富起来的地区将对其他地区起示范作用，先富起来的一部分人将对其余人起示范作用。这些示范作用是重要的，榜样可以对后富者有启示、有鼓励。但仅靠示范作用是不够的。这里所说的先富者对后富者的帮助，更主要的不是指示范作用，而是指具体的帮助。

先富者之所以能够先富起来，固然同这些地区和这些人的努力有关，但同样不能忽略的是自然资源状况、地理位置和历史条件，以及政府的投资、信贷和某些优惠政策。在社会主义经济发展的一定时期内，政府给经济特区、沿海地区和某些大中城市以较多的投资、信贷以及某些优惠政策，以保证这些地区的经济较迅速发展，这是符合国民经济整体利益的。而这些地区先富起来后，不应当忘记，它们有责任给后富地区提供具体的帮助。只有这些地区也跟着逐渐富裕起来，整个国民经济才能持续、稳定、协调地发展，先富起来的地区也才有可能继续发展。从这个意义上说，先富地区对后富地区的帮助实际上也是自己的经济得以继续发展的一种保证。

先富地区对后富地区的具体帮助形式证实了这一关系。比如，先富地区可以采取横向联合、技术转让、人才培训、资金融通等形式来帮助后富地区，使后富地区的资源得到合理开发，提高后富地区的收入水平，增加居民购买能力，这些措施不仅有利于后富地区，同样也有利于先富地区。

政府在促进先富地区与后富地区之间的横向联合方面是可以发挥应有的作用的。例如，政府可以制定有关政策，鼓励先富地区的企业同后富地区的企业在自愿互利的基础上进行经济技术协作，直至建立紧密型的企业集团；政府可以组织后富地区的剩余劳力，到先富地区去从事第一、二、三产业的工作；

政府还可以组织各方面的力量，推行某一先富地区对某一后富地区的"对口扶植"活动；等等。社会主义制度决定了先富地区与后富地区的根本利益、长远利益是一致的，从而使这种"对口扶植"活动得以建立在不同地区根本利益、长远利益一致的基础之上。

先富的一部分人带动和帮助后富者与先富地区对后富地区的帮助相比，有三个特点。一是这里所说的先富或其他的人都是分散的个人，而且数量较多，在实施具体帮助时，所遇到的困难也较多。二是个人之间的帮助应当遵循自愿原则，因此不宜开展跨地区的个人帮助，可实施的帮助主要局限于本乡、本镇范围内，而且往往以相邻各户为主。三是先富起来的人如果对其他的人实施帮助，其成效的大小与先富起来的人本身的素质和所处的地位有直接关系。假定先富起来的是乡干部、村干部，并且觉悟较高、威信较高、能力较强，那么在带动和帮助后富者方面就有较大成效。也就是说，个人因素在这里起着较明显的作用。

正如前面所指出，先富者的个人示范作用是重要的，但仅靠示范、鼓励不足以带动后富，需要有具体的帮助措施。在这里，我们可以把基于道德力量的作用而产生的个人自愿捐献等行为排除在外，专就捐献以外的帮助形式而论。这些形式包括：个人传授生产和经营技术与经验，个人传递商品与劳务的市场信息，个人带动相邻各户或本乡本村居民集资建立集体企业（包括第一、二、三产业的企业），等等。个人的这些行为尽管是分散的、自愿的，但政府仍然可以采取一些鼓励性的措施来予以支持。

总之，在社会主义社会中，共同富裕是一个根本原则。1985 年，邓小平同志在党的全国代表会议上的讲话中指出："在改革中我们始终坚持两条根本原则，一是以社会主义公有制经济为主体，一是共同富裕。"①公有制经济的主体地位与共同富裕二者紧密地联系在一起。正是在公有制经济占主体的基础上才有可能实现共同富裕，而共同富裕的实现又将巩固公有制经济的主体地位。平均主义导致普遍穷困，这当然不符合社会主义原则，而少数人富、多数人穷同样不符合社会主义原则。在我国经济发展与经济改革过程中，通过一部分地区和一部分人的先富来带动、帮助其余地区和其余人致富，这一目标是完全可以实现的。这就是社会主义制度优越性的体现。②

---

① 在改革中我们始终坚持两条根本原则，一是以社会主义公有制经济为主体，一是共同富裕 [N/OL].[2017-04-11].http://cpc.people.com.cn/n1/2017/0411/c69113-29203145.html.
② 厉以宁.论共同富裕的经济发展道路 [J].北京大学学报：哲学社会科学社会版，1991(5).

迈向共同富裕的三大途径

蔡昉

中国社会科学院原副院长，中国社会科学院国家高端智库首席专家

实现全体人民共同富裕，是中国特色社会主义现代化的一个基本要求。走向共同富裕有"多途"，但和当前面临的挑战相关，可以通过以下三方面途径加快推进共同富裕的进程。

做大蛋糕和分好蛋糕

做大蛋糕和分好蛋糕，需要做好以下三点。

第一，要保持经济增长在合理区间。

党的十九届五中全会提出了到 2035 年基本实现社会主义现

代化远景目标，其中包括人均 GDP 达到中等发达国家水平。要实现这一目标，发展是解决一切问题的关键和基础。

按照我国潜在增长能力预测，要想实现上述目标，需要在未来 15 年里保持 14.7%~14.9% 的年均增长速度。按照现在的发展趋势和生产要素资本、人力资本、生产力提高幅度等潜能推算，"十四五"结束时，我国人均 GDP 可达 13000 美元到 14000 美元，能够进入高收入国家行列；到 2035 年，人均 GDP 接近 23000 美元，将非常接近中等发达国家水平，但还差一点。

如果通过一些必要的改革提高潜在增长率，到 2025 年将人均 GDP 提升到 14000 美元，那么到 2035 年人均 GDP 就可以接近 23000 美元，相当于今天葡萄牙的人均 GDP 水平，从而进入中等发达国家行列。这是我们必须达到的目标，也是走向共同富裕的一个基础。

第二，要保持经济增长与收入增长同步。

历史上，GDP 的增长和居民收入的增长常常是分离的。但党的十八大以来，我国 GDP 增长和居民可支配收入增长的同步性非常强，这意味着人均 GDP 的提高可以转化为居民收入的提高，居民能够共享发展成果。

未来，还应继续调整国民收入结构，提高居民收入和劳动报酬份额。同时，也要进行收入分配制度改革，缩小各种收入差距。

第三，初次分配和再分配要叠加发力。

党的十八大以来，居民收入差距，也就是基尼系数有所下降，但几年后又趋于平缓。基尼系数代表一个国家和地区的财富分配状况，数值越低，表明财富在社会成员之间的分配越均匀，反之亦然。基尼系数通常把 0.4 作为收入分配差距的"警戒线"。

目前，我国的基尼系数保持在 0.46 左右，陷入徘徊状态。这说明我国的收入分配结构还不够合理。事实上，初次分配是有极限的，不太可能把收入差距降到 0.4 以下。从 OECD（经济合作与发展组织）国家的经验来看，初次分配后的基尼系数多在 0.4 以上，有些甚至超过 0.5。之所以最终的分配结果都在 0.4 以下，有的甚至能达到 0.3，是因为税收和转移支付实现了再分配。

因此，要想把收入分配结构改善到合理水平，必须借助再分配。中国已经进入社会主义现代化的新发展阶段，再分配应该成为越来越重要的手段。而且，很多发达国家的经验也显示，虽然经济增长、技术变革、全球化可以做大蛋糕，但并没有自然而然分好蛋糕的机制，所以必须借助再分配手段。

促进和扩大社会性流动

党的十九大明确提出，要促进社会性流动。历史上的流动，主要是横向流动，比如农民工从原来务农转移到非农产业、小城镇、中等城市、大城市、沿海地区。但是，在横向流动中也有纵向流动，比如居民收入、身份、地位的提高，以及岗位提升等。这得益于两点：第一，教育水平改善速度非常快，普及九年义务教育和高校扩招，让更多的人进入教育序列当中；第二，经济增长非常快，蛋糕做得非常大。

而现在，我国已经进入中高速或者中速的增长时期，劳动力的流动显著放慢。在这个时候，更应关注向上的纵向流动。如果没有切实的手段，社会性流动容易变成零和博弈，相当于挤一辆公共汽车，你挤上来我就掉下去，这种现象会发生，也会产生社会冲突。中央提出扩大中等收入群体，核心就是加速社会流动。

如果按收入将居民分为五组，从宏观看，每组的收入都在提高，这是今后必须保障的，如果不能做到这一点，就谈不上扩大中等收入群体。从微观看，每个家庭的收入也在不断增加，这是过去的一个重要特点，但今后可能会出现零和博弈的现象，一些家庭的收入改善速度或将明显慢于其他家庭。从中观看，很多家庭可以从低收入群体或次低收入群体不断跨越收入组，进入更高的等级中，这些群体是社会流动的关键，也是扩大中等收入群体的关键。

因此我们提出，应该进入一个扩大中等收入群体的倍增计划，主要涉及以下三个群体。

"倍增"之一，脱贫后低收入农村人口。

党的十八大以来，大概有1亿的农村绝对贫困人口脱贫，但他们仍是低收入群体。OECD国家的相对贫困标准是居民收入中位数的50%。2019年，我国农村居民收入的中位数是14389元，它的50%就是7195元；2020年有所提高。

假设30%的农村家庭符合这个标准，总人数至少为1.53亿，数量非常可观。如果能够把这部分人培育为中等收入群体，将创造又一个共同富裕奇迹。

"倍增"之二，进城农民工市民化。

2020 年农民工的平均工资是 4549 元，是中等收入群体下限水平。虽然农民工大部分也能算得上是中等收入群体，但他们仍面对一堵"无形的墙"，即得不到充分的社会保障，无法享受基本公共服务。因此，只有把他们变成城市居民，他们才能成为真正意义上的中等收入群体，否则是非常不稳定的。比如 2020 年，因为新冠肺炎疫情的原因，外出农民工和住在城镇的农民工均减少了 3%。

2020 年，我国农民工总量 28560 万人，其中，外出农民工 16959 万人。如果能够把这些人变成中等收入群体，意义非常巨大，足以实现中等收入群体的倍增计划。

"倍增"之三，让老年人过上中等收入生活。

第七次人口普查结果显示，老年人口比原来想象的多，老龄化程度比原来想象的高。目前 65 岁及以上人口高达 1.9 亿人，60 岁以上人口高达 2.6 亿人，这是一个庞大的中等收入群体后备军。如何让老年人达到中等收入生活水平，是我们老有所养的基本要求。同时，这也是共同富裕的需求，是扩大中等收入群体，保证消费需求能够继续支撑中国经济持续增长的一个基本条件。

社会福利全覆盖均等化

迈克尔·波特在《国家竞争优势》一书中讲道，经济增长会跨越四个阶段：第一个阶段是要素驱动，依靠资源和劳动力；第二个阶段是投资驱动，配合资源大规模投入资本；第三个阶段是创新驱动，依靠技术和生产力的提高；第四个阶段是财富驱动。波特认为，在前三个阶段，经济增长都是上行的，而到了财富驱动阶段，经济增长是减速的，而且一不小心就会陷入停滞。

中国经济发展已经跨过了要素驱动和投资驱动阶段，当下需要做的，是把创新驱动和财富驱动紧密结合。

长期以来，特别是 2012 年以来，制约中国经济增长速度的是供给侧，是潜在增长能力。但现在，随着中国人口趋近于零增长，需求侧的制约越发明显。这意味着，我国正面临双重制约。按照这个分类，中国需要把创新驱动和财富驱动这两个阶段和两类手段相结合，在供需两侧同时发力，既要保持必要速度，也要学会运用积累起的财富实现增长。

在这个发展阶段，现代化不能回避的就是中国特色的福利国家建设。如果人均 GDP 在 1 万美元到 2.5 万美元之间，政府的社会福利支出能够从 26% 提高到 36%，那么这 10 个百分点的提高，就意味着能够基本建成福利国家。

从现在到 2035 年，中国正处在第三和第四个发展阶段，所以必须真正建立起福利制度。除此之外，建设福利国家也保证了人的基本需求，可以实现社会政策托底，支撑创造性破坏。否则，没有宏观层面的支撑就永远会在微观层面去保岗位、保产能、保企业、保产业，最后的结果就是旧的不能出去，低效率的企业不能退出。

福利国家是国力发展到一定阶段必然要走的路。当然，我们有中国特色，就是七个"有所"：幼有所育、学有所教、劳有所得、病有所医、老有所养、住有所居、弱有所扶，是覆盖全生命周期的。

因此，在这一阶段，我们既要关注供给侧，保持潜在增长能力，也要从需求侧、共同富裕入手，保障消费能力的提升，以提高潜在增长率。

扎实推进共同富裕的覆盖面和普遍性

杨宜勇

中国宏观经济研究院市场与价格研究所所长

共同富裕是社会主义的本质要求，是人民群众的共同期盼。当前，我国发展不平衡不充分问题仍然突出，城乡区域发展和收入分配差距较大。改革开放 40 多年来，"让一部分人先富起来"的目标已经实现，要扎实推进共同富裕新举措，进一步完善"先富带后富"的体制机制，因地制宜探索有效路径，扩大富裕的覆盖面和普遍性。

促进全体人民共同富裕是一项长期任务，随着我国开启全面建设社会主义现代化国家新征程，必须把促进全体人民共同富裕摆在更加重要的位置。

完善"先富带后富"体制机制

进一步完善先富带后富的体制机制，就是要通过制度完善进一步凸显先富的示范作用和社会责任，进一步激励后富积极有所作为和改变生活面貌。

一是鼓励勤劳创新致富，坚持在发展中保障和改善民生。为人民提高受教育程度、增强发展能力创造更加普惠公平的条件，畅通向上流动通道，给更多人创造致富机会，形成人人参与的发展环境。幸福是奋斗出来的，共同富裕也是奋斗出来的，要进一步解放思想、创新思维，在全社会大力弘扬创新崇高、劳动光荣、人人平等的理念。大力弘扬劳模精神、劳动精神、工匠精神，激励更多劳动者特别是青年一代走技能成才、技能报国之路，培养更多高技能人才和大国工匠，为全面建设社会主义现代化国家提供有力人才保障。

二是坚持基本经济制度，立足社会主义初级阶段，坚持"两个毫不动摇"，坚持公有制为主体、多种所有制经济共同发展，允许一部分人先富起来，先富带后富、帮后富，重点鼓励辛勤劳动、合法经营、敢于创业的致富带头人。

一方面，毫不动摇地巩固和发展公有制经济，推行公有制多种实现形式。深化国有企业改革，完善各类国有资产管理体制，推动国有资本更多投向关系国家安全和国民经济命脉的重要行业和关键领域，不断增强国有经济活力、控制力和影响力。

另一方面，要毫不动摇地鼓励、支持、引导非公有制经济发展，保证各种所有制经济依法平等使用生产要素，公平参与市场竞争，同等受到法律保护。

三是要尽力而为量力而行，建立科学的公共政策体系，形成人人享有的合理分配格局。同时统筹需要和可能，把保障和改善民生建立在经济发展和财力可持续的基础之上，重点加强普惠性、基础性、兜底性民生保障建设。

尽力而为，就是要求我们主动问需于民、问计于民，加强对群众诉求的分析预判，强化为民服务工作的前置性，变被动接受为主动了解，解决群众的需求和期盼，努力解决群众最期盼、最关心的问题，多做暖人心、得人心的实事，让民生工作更通民意、更接地气。

量力而行，就是坚持科学精神，既要积极回应群众所需，又要充分考虑发展实际，通过实实在在的发展、实实在在的民生举措，切实保障和提升人民群众的获得感、幸福感、安全感。普惠性民生一方面要惠及全体人民，另一方面要关注特殊群体，不让其掉队，使老百姓共同享有改革和发展的成果。基础性民生强调保基本，要充分保障人民最基本的生活需要及生存和发展权利，相应提供标准化的基本公共服务。兜底性民生就是指政府制定政策保障困难群众的基本生产生活需求，这些又具体体现在最低工资制度、社会救助和残疾人福利三方面。

普惠性、基础性、兜底性民生建设的内容会随社会发展与民生诉求的升级向更广阔领域延伸，不仅要不断扩展项目内容，提供更高质量、更多样化的民生服务，而且要将人民的精神文化需求考虑进来，推动公共政策体系向更高水平迈进，持续促进人的全面发展。

进一步缩小收入分配差距

新阶段共同富裕是在促进经济发展和收入增长普遍实现的基础上，适当缩小不合理收入差距，进一步缩小居民收入差距、城乡收入差距和地区收入差距。

一是提高发展的平衡性、协调性、包容性，加快完善社会主义市场经济体制，增强区域发展的平衡性，强化行业发展的协调性，支持中小企业发展。协调发展是重要的新发展理念之一，必须贯彻促进共同富裕的全过程。

只有坚持协调发展，才能解决我国发展中存在的区域、城乡、物质文明和精神文明、经济建设和国防建设等不协调问题，促进新型工业化、信息化、城镇化、农业现代化、绿色化同步发展，在增强国家硬实力的同时提升国家软实力，不断增强发展的整体效能，更好地促进共同富裕。

二是促进基本公共服务均等化，加大普惠性人力资本投入，完善养老和医疗保障体系、兜底救助体系、住房供应和保障体系。

基本公共服务均等化是指全体公民都能公平可及地获得大致均等的基本公共服务，其核心是促进机会均等，重点是保障人民群众得到基本公共服务的机会，而不是简单的平均化。推进基本公共服务均等化是一项长期艰巨的任务，必须持之以恒。

三是既要清理规范不合理收入，整顿收入分配秩序，坚决取缔非法收入；又要加强对高收入的规范和调节，依法保护合法收入，合理调节过高收入，鼓励高收入人群和企业更多回报社会。按照国际惯例，个人捐赠和企业捐赠占 GDP 的比重是一个重要的衡量指标。我国在这方面起步较晚，低于国际平均水平，还有较大的提升空间。

四是保护产权和知识产权，保护合法致富，促进各类资本规范健康发展。全社会既要增强法治理念，又要加强依法监管，维护竞争中性，反对各种各样的不公平竞争。

因地制宜探索有效路径

对共同富裕的长期性、艰巨性、复杂性要有充分估计，坚持循序渐进，鼓励各地因地制宜探索有效路径，总结经验，逐步推开。

一是浙江以其市场主体多元性、较为突出的科技创新能力、为人称道的社会治理水平为基础，在构建推进共同富裕的体制机制上先行先试。实施"山海协作"工程推动区域协调发展，实施"千村示范、万村整治"工程推进新农村建设，实施"欠发达乡镇奔小康工程""百亿帮扶致富工程"，为欠发达乡镇加快走上绿色发展、生态富民、科学跨越道路奠定了扎实基础。

二是北京在"十四五"规划中提出"创建国家共同富裕示范区"。北京市作为首都，若能够率先达到共同富裕，具有极大的象征性意义。

"十四五"时期，北京市将加强普惠性、基础性、兜底性民生建设，优化收入分配结构，有效缩小收入分配差距。未来 5 年，北京市一批民生福利"大礼包"将逐步落地，比如最低工资标准稳步提升，城市副中心、"三城一区"的优质学校布局更合理，社保最低缴费年限调整，租购房享受公共服务同等权利，等等。

三是广东以推动基本公共服务均等化为重要抓手，以完善和创新社会治理为重点工作，让共同富裕更可感知、可拥抱、可获得。当地政府进一步聚焦教育强省、健康广东等重要民生领域目标，在发展中补齐民生短板，办好社保、住房、养老等民生实事。

四是江苏着力发展壮大乡村集体经济，不断提高农村基本公共服务水平，农村社区福利比较好。坚持因地制宜探索资源开发型、资产运营型、为农服务型、异地发展型、休闲观光型"五型经济"，推动一大批经济薄弱村一跃成为新农村建设示范村。江苏提出"六大体系"，即五级书记抓扶贫的责任体系，精准管理、因人施策的工作体系，整体帮扶、连片开发的帮扶体系，统筹整合、精准滴灌的资金管理体系，部门联动、统一协调的政策支撑体系，以及考核和督查巡查体系，为解决东部地区相对贫困问题提供了重要经验。

扩大中等收入群体

在扎实推进共同富裕的过程中，"提低"是基础，"调高"是指引，"扩中"是关键。着力扩大中等收入群体规模，抓住重点，精准施策，推动更多低收入人群迈入中等收入群体行列。要优化中等收入群体结构，增强中等收入群体消费能力。对已经进入中等收入群体的居民，要想方设法提高他们的收入水平，改善收入结构，进一步提升消费能力。有关专家测算，目前中等收入者的规模是 4 亿人，力争到 2035 年达到 8 亿人，到 2049 年超过 10 亿人。扩大中等收入群体比重的重要举措包括以下五个方面。

第一，大力发展教育特别是高等教育。虽然中等收入群体的标志主要表现为收入水平，但扩大中等收入群体的决定因素在发展教育，特别是高等教育。

第二，学会用好三方机制协调，积极推进劳动集体合同。集体合同是工会（或职工代表）代表职工与企业就劳动报酬、工作条件等问题，经协商谈判订立的书面协议。集体合同的内容主要包括三个部分。一是劳动标准条件规范部分，主要有以下内容：劳动报酬、工作时间、休息与休假、保险待遇、生活福利、职业培训、劳动纪律、劳动保护等。二是过渡性规定，主要包括因签订或履行集体合同发生争议的解决措施，以及集体合同的监督检查办法等。三是集体合同文本本身的规定，包括集体合同的有效期限、变更解除条件等。集体合同是推进中等收入群体形成的重要制度。

第三，加强对垄断行业收入分配的监督和管理。按国际惯例提高某些行业的市场准入程度，鼓励公平竞争，形成平均利润和平均收入。对少数特殊的垄断性行业，要加强收入分配的控制，防止分配差距过大。与此同时，还要逐步规范市场行为，完善竞争法规，创造平等的市场环境。当前尤其要破除不合理的垄断，创造条件促进劳动力流动。

第四，千方百计改善农民的收入预期。在加快城市化的步伐时，要加强农村金融发展，加大农村基础设施投入。政府只要增加一点对农村的财政拨款，再通过增加农村信贷，先把那些有回报的项目搞起来，就可能一面改善农村消费环境，一面提高农民收入，从而扩大农村的中等收入群体。

第五，继续全面深化收入分配制度改革。在促进劳动力市场的发育完善、人才和劳动力的充分竞争以及劳动生产率不断提高的过程中，深化收入分配制度改革，规范收入分配秩序，形成收入分配“中间大，两头小”的合理格局。

在初次分配环节，应尽量避免违背经济规律的人为因素和行政手段的过度介入。通过建立现代产权制度，完善公司治理结构，利用谈判机制适当提高劳动所得的比重。政府对收入分配的宏观调控主要在再分配领域，再分配要加大调节力度。第三次分配是自愿分配和自愿转移支付，不能强迫也不能摊派，只能循循善诱，积极倡导。

从全局来看，扩大中等收入群体的难点在农村。要加强促进共同富裕舆论引导，为促进共同富裕提供良好舆论环境。要促进农民农村共同富裕，巩固拓展脱贫攻坚成果，全面推进乡村振兴，加强农村基础设施和公共服务体系建设，改善农村人居环境。

扩中不仅要扩大中等收入者的队伍，而且要提高中等收入者的平均收入水平。为了消除社会上已经存在的某些富而不贵的现象，必须同步促进人民精神生活共同富裕，强化社会主义核心价值观引领，不断满足人民群众多样化、多层次、多方面的精神文化需求。

围绕"两高三均衡"推进共同富裕

贾若祥

国家发改委国土开发与地区经济研究所综合研究室主任

"治国之道，富民为始。"中央财经委员会第十次会议明确指出，共同富裕是社会主义的本质要求，是中国式现代化的重要特征，要坚持以人民为中心的发展思想，在高质量发展中促进共同富裕。

共同富裕成为我国推进现代化建设的重要奋斗目标。对于共同富裕，首先要解决怎么看的问题，即要科学理解共同富裕的丰富内涵。在此基础上，还要解决如何办的问题，即如何才能更加积极有为地促进共同富裕，确保共同富裕能够实现更为明显的实质性进展。

"两高三均衡"是当前更加积极有为推进共同富裕的重要战略路径，"两高"即高质量发展和高品质生活，"三均衡"即区域发展、城乡发展、收入分配相对均衡。

科学理解共同富裕内涵

实现共同富裕是广大人民群众对美好生活的向往，也是中国共产党矢志不渝为之奋斗的重要目标。

中华人民共和国成立初期，毛泽东同志就指出，现在我们实行这么一种制度，这么一种计划，是可以一年一年走向更富更强的，并强调"这个富，是共同的富，这个强，是共同的强，大家都有份"①。改革开放初期，邓小平同志提出让一部分人先富起来，先富带动后富，最终实现共同富裕的发展目标。

党的十八大以来，习近平总书记反复强调，共同富裕是中国特色社会主义的根本原则，实现共同富裕是我们党的重要使命。全面建成小康社会，一个也不能少；共同富裕路上，一个也不能掉队。党的十九届五中全会首次提出把"全体人民共同富裕取得更为明显的实质性进展"作为现代化建设的远景目标之一，国家"十四五"规划纲要明确提出"更加积极有为地促进共同富裕"，并研究制定促进共同富裕行动纲要。2021 年 6 月，《中共中央 国务院关于支持浙江高质量发展建设共同富裕示范区的意

---

① 毛泽东.毛泽东文集：第 6 卷 [M].北京：人民出版社，1999.

见》发布正式。2021 年 8 月，中央财经委员会第十次会议研究扎实促进共同富裕问题。

促进共同富裕已经成为我国社会主义现代化建设新征程中的一项重大历史使命，也是新时代我们必须要答好的一份顺应广大人民群众期盼的历史答卷，需要科学理解共同富裕的丰富内涵，确保沿着正确的方向扎实推动共同富裕，不断增强人民群众获得感、幸福感、安全感，不断夯实中国共产党长期执政基础。

共同富裕是全民共富。从共同富裕的范围来看，共同富裕不是少数人的富裕，而是涵盖全体人民的共同富裕。下一步，要在继续做好"富裕"文章的基础上，进一步做好"共同"的文章，在继续做大"蛋糕"的基础上，同时做好"分蛋糕"的工作，聚焦短板，聚焦问题，不断完善收入分配制度，不断完善先富带后富机制，确保低收入群体也能实现富裕，从而实现全体人民走上共同富裕的道路，过上幸福美好的生活，使发展成果能够惠及全体人民。

共同富裕是全面共富。共同富裕不仅仅是指"钱包鼓起来"，而且是使人民群众物质生活和精神生活都富裕，是多维度的富裕，是人的全面发展和社会的全面进步，是物质文明、政治文明、精神文明、社会文明、生态文明的全面提升。当前，共同富裕的奋斗目标就是普遍达到生活富裕富足、精神自信自强、环境宜居宜业、社会和谐和睦、公共服务普及普惠，最终实现人的全面发展和社会全面进步。随着时代不断发展，共同富裕的内涵也会与时俱进。

共同富裕是共建共富。从共同富裕实现的路径来看，共同富裕不是整齐划一的平均主义，不是人民群众均质化的"一样富"，也不是全体人民在共同富裕道路上的"齐步走"，而是根据贡献大小有差别的共同富裕。全体人民的辛勤劳动是实现共同富裕的根本路径，加快探索知识、技术、管理、数据等要素价值的实现形式，拓宽城乡居民财产性收入渠道，多渠道增加居民收入。不断完善先富带后富的帮扶机制，持续推进智力支援、产业支援、民生改善、文化教育支援，促进相对欠发达地区加快发展，确保在共同富裕的道路上能够"跟上队"。

共同富裕是逐步共富。实现全体人民共同富裕是一项长期艰巨的任务，是一个逐步推进的过程，不可能一蹴而就。要坚持循序渐进，对共同富裕的长期性、艰巨性、复杂性有充分估计，鼓励各地因地制宜探索有效路径，总结经验，逐步推开。在推进共同富裕建设的进程中，既要遵循规律、积极有为，又不能脱离实际、吊高胃口，要尽力而为、量力而行，注重防范化解重大风险，使共同富裕与经济发展阶段相适应、与现代化建设进程相协调，不断形成推动共同富裕的阶段性、标志性成果。

高质量发展夯实共富物质基础

在高质量发展中促进共同富裕。高质量发展是实现共同富裕的基本前提和必然路径，是实现共同富裕的根基所在。要立足新发展阶段，不断提高贯彻新发展理念、构建新发展格局的能力和水平，为实现高质量发展提供根本保证。通过改革创新，不断提高发展质量效益，推动经济发展实现量的合理增长和质的稳步提升，为共同富裕奠定扎实的经济基础。

巩固拓展脱贫攻坚成果，全面推进乡村振兴，加强农村基础设施和公共服务体系建设，改善农村人居环境。推动农村一、二、三产业融合发展，做优做强现代农业，发展智慧农业，促进农业变强、农民变富、农村变美。

推动现代服务业同先进制造业、现代农业深度融合。畅通金融服务实体经济渠道，健全实体经济中长期资金供给制度安排，创新直达实体经济的金融产品和服务，增强多层次资本市场融资功能，持续增强高质量发展活力。

多渠道增加收入，实现高品质生活

高品质生活是实现人的全面发展目标所在，也是新时代人民对美好生活的最重要向往。深入践行以人民为中心的发展思想，以满足人民日益增长的美好生活需要为根本目的，促进城乡居民收入增长与经济增长更加协调，更好满足人民群众品质化、多样化的生活需求，通过"提低、扩中、调高"，畅通向上流动通道，给更多人创造致富机会，着力构建橄榄型收入分配结构。

"提低"就是多渠道提高低收入群体收入水平，不断拓展增收渠道，抓住重点，精准施策，推动更多低收入人群迈入中等收入行列。促进基本公共服务均等化，加大普惠性人力资本投入，完善养老和医疗保障体系、兜底救助体系以及住房供应和保障体系。

"扩中"就是着力扩大中等收入群体规模，以高校和职业院校毕业生、技能型劳动者、农民工等为重点，提高就业匹配度和劳动参与率，提高技能型人才待遇水平和社会地位，实施高素质农民培育计划，完善小微创业者扶持政策，不断壮大中等收入群体。

"调高"就是加强对高收入的规范和调节，依法保护合法收入，合理调节过高收入，鼓励高收入人群和企业更多回报社会。清理规范不合理收入，整顿收入分配秩序，坚决取缔非法收入。

区域协调发展中协同推进共富

推进共同富裕是一项系统工程，要结合区域协调发展战略、区域重大战略等深入实施，协同推进，形成与区域协调发展战略、区域重大战略等同频共振、协同发力的良好局面。

立足各地区比较优势，因地制宜推进高质量发展，在高质量发展中实现高水平的均衡。推进西部大开发形成新格局，实施一批重大生态工程，强化开放大通道建设，促进高质量发展。推动东北振兴取得新突破，增强维护国家国防、粮食、生态、能源、产业安全能力，大力发展民营经济，不断完善营商环境。开创中部地区崛起新局面，做大做强先进制造业，积极承接新兴产业布局和转移，促进中部地区高质量崛起。推动东部地区率先实现高质量发展，加快培育世界级先进制造业集群，率先建立全方位开放型经济体系，引领我国现代化建设。聚焦实现战略目标和提升引领带动能力，推动黄河流域生态保护和高质量发展、京津冀协同发展、长江经济带发展、粤港澳大湾区建设、长三角一体化发展等区域重大战略取得新的突破性进展，促进区域间融合互动、融通补充。

完善先富帮后富的帮扶机制，坚持东西部协作和对口支援，深化东北与东部地区对口合作，完善对革命老区、边疆地区、生态退化地区、资源型地区和老工业基地等精准支持政策，促进发达地区和欠发达地区更好地共同发展，不断增强区域发展的平衡性。

强化"三农"工作，补齐共富薄弱环节

农业、农村、农民是促进共同富裕的薄弱环节，如何促进农业变强、农村变美、农民变富是促进共同富裕的重点任务。

推进巩固拓展脱贫攻坚成果与全面推进乡村振兴战略的有效衔接，推动新型城镇化与全面推进乡村振兴战略的有机对接，深入探索破解城乡二元结构、缩小城乡发展差距、健全城乡融合发展的体制机制，建立健全城乡要素平等交换、双向流动政策体系，促进要素更多向乡村流动，增强农业农村发展活力和动力，加快形成以工促农、以城带乡、工农互惠、城乡一体的新型工农城乡关系，让广大农民平等参与现代化建设进程，共同分享现代化建设成果。

深化分配制度改革，缩小共富差距

鼓励人民勤劳致富、合法致富，缩小收入差距，壮大中等收入群体，是让人民群众真真切切感受到共同富裕看得见、摸得着、真实可感的重大举措。

坚持按劳分配为主体、多种分配方式并存的分配制度，着重保护劳动所得，完善要素参与分配政策制度，在不断提高城乡居民收入水平的同时，持续缩小收入分配差距。

正确处理效率和公平的关系，构建初次分配、再分配、三次分配协调配套的基础性制度安排，加大税收、社保、转移支付等调节力度并提高精准性，使全体人民朝着共同富裕目标扎实迈进。

优化政府、企业、居民之间分配格局，支持企业通过提质增效拓展从业人员增收空间，合理提高劳动报酬及其在初次分配中的比重。完善再分配制度，加大转移支付等调节力度和精准性，加大保障和改善民生力度，建立健全改善城乡低收入群体等困难人员生活的政策体系和长效机制。充分发挥第三次分配作用，发展慈善事业，完善有利于慈善组织持续健康发展的体制机制，畅通社会各方面参与慈善和社会救助的渠道。不断完善先富帮后富的帮扶机制，通过"大手拉小手"，实现共同富裕的目标。

走通"先富共富"之路

贾康

中国财政科学研究院研究员，华夏新供给经济学研究院院长

改革开放之初，邓小平高瞻远瞩地提出了中国社会主义现代化建设"三步走"的战略构想，其后的发展实践和举世瞩目的成就，雄辩地证明了邓小平这一构想及其顶层设计规划的高水准。伴随"三步走"和全面小康进程的推进与实现，中国这一世界上最大人口规模经济体中的广大社会成员，正走上收入水平逐步提高的致富之路。

邓小平坚定地认为，贫穷不是社会主义，必须以改革开放解放和发展生产力，使人民群众富裕起来；同时他又清醒地认识到，致富的过程不可能是所有人齐头并进，必须开明、务实地允许一

部分地区、一部分人先富起来，但社会主义的本质是共同富裕，部分地区、部分人的"先富"是为了更好地带动所有地区、所有人跟进的"共富"过程。邓小平在"先富共富"框架思路中对这一重大问题明确、简洁的表述，包含着丰富而深刻的理论内涵。本文将基于邓小平的"先富共富"思想框架，结合当前全面小康的实现和进一步推进"共富"的前瞻性思考，试着理论联系实际地进行一些条理化分析。

允许"部分先富"走向"共同富裕"

马克思主义经典作家所做出的历史唯物主义理论创新，深刻揭示了生产力决定生产关系、生产关系反作用于生产力的发展规律，指出资本主义生产方式下生产力的继续发展，将从本原层面决定性地引出走向社会主义生产关系的社会变革。依此思想指引，在实践中建立了社会主义生产关系框架的经济体，如中国，必然应该顺乎逻辑地运用社会主义的生产关系而大力和卓有成效地解放生产力，也必定应当顺乎逻辑地在解放生产力、发展生产力的进程中推动、鼓励人民群众、社会成员进入收入逐步提高的致富过程。但在中华人民共和国成立之后的几十年间，中国对马克思主义原理所包含的基本逻辑关系的认识和把握走过了曲折的探索过程。1978 年，党的十一届三中全会做出了改革开放的伟大历史抉择。基于马克思历史唯物论的基本原理和已有实践中的经验教训，邓小平明确地认定："贫穷不是社会主义"①，要通过生产关系的自我革命，即改革，使生产力得到极大解放，人民群众走上富裕之路，由此真正体现社会主义制度的优越性。而如何实现这一愿景呢？邓小平又明确提出了"让一部分人、一部分地区先富起来……根本目标是实现共同富裕"②的思路。这一思路的重要指导意义，已充分体现和积极落实在改革开放40余年来中国令全球瞩目的超常规发展成就中，中国居民收入提升所形成的中等收入群体的绝对规模，一般认为现已达到4亿人以上，居全球第一。但同时，对于邓小平"先富共富"的思路，近些年社会上、网络上却有一些误解，认为邓小平只知道让一部人先富，却没有重视共富。

客观地了解、分析邓小平的这一思路，需要如实地摆明如下认识框架，进一步廓清其中关键性的基本逻辑和战略思维要点。

第一，在总体思路框架中，邓小平追求的战略目标在其归宿上，是确切无疑地与"三步走"实现中华民族伟大复兴一体化的共同富裕。他所指出的"让一部分人、一部分地区先富起来"，只是整个发展中前半段所允许的过程现象。邓小平对"共富"的追求及其认定，是始终如一、坚定不移的，而且把这一点提到了最高的位置：这属于他说过多次要搞清的"社会主义的本质"。他在不同场合反复表达过这种意见：如果我们的改革与发展不能最终走向共同富裕，那就失败了；中国如果出现了严重的两极分

---

① 邓小平.社会主义必须摆脱贫穷 [M]// 邓小平文选：第三卷.北京：人民出版社，1993.
② 邓小平.拿事实来说话 [M]// 邓小平文选：第三卷.北京：人民出版社，1993.

化，会发生"闹革命的问题"①。"什么是社会主义，如何发展建设社会主义"这一"邓小平理论"所解决的核心问题，对应的其实就是从允许"部分先富"而必须走向共同富裕的"先富共富"战略设计框架。

第二，在实现战略性目标的路径和演变过程中，邓小平清醒地意识到，"贫穷不是社会主义"，但为摆脱贫穷，不可能让拥有十几亿人口、区域差异悬殊的世界上最大规模的二元经济体——中国，齐头并进地一起脱贫而同时走向富裕。作为务实、高明的改革战略家，他牢牢地抓住发展这个"硬道理"，并说明在发展中必须允许一部分人、一部分地区先富起来，这十分鲜明地体现了"拨乱反正"后的"实事求是"，也完全符合经济学分析认识中所形成的"倒 U 曲线"（亦称"库兹涅茨曲线"）等的学理分析。

第三，在由"先富"走向"共富"的政府作为和时段把握方面，邓小平有明确的认识与意见。他的看法是："先富共富"的倒 U 曲线我们并不能坐待其自然而然形成，领导决策和政府能动作用的发挥至关重要。邓小平十分鲜明地强调，沿海地区要加快对外开放，使这个拥有两亿人口的广大地带较快地先发展起来，从而带动内地更好地发展，这是一个事关大局的问题。而且他还具体地把这一个大动作的时点，摆到世纪之交的 2000 年前后（后来，恰是在这一时点到来前，即 1999 年，党中央召开专门会

---

① 邓小平. 吸取历史经验，防止错误倾向 [M] // 邓小平文选：第三卷. 北京：人民出版社，1993.

议确立"西部大开发"战略，成为其后一系列区域发展战略和对欠发达地区加强政策倾斜支持的先声）。邓小平在深圳时曾表示，赞成该市每年按固定比例从财政划出一部分资金作为贫困地区开发"造血"型项目基金的做法。在《邓小平年谱》中记载的1993年9月16日与其弟邓垦的谈话中，他特别强调："十二亿人口怎样实现富裕，富裕起来以后财富怎样分配，这都是大问题……我们讲要防止两极分化，实际上两极分化自然出现。要利用各种手段、各种方法、各种方案来解决这些问题……少部分人获得那么多财富，大多数人没有，这样发展下去总有一天会出问题。"[1] 他态度再鲜明不过地说："这个问题要解决。"[2]

以上三个方面集中反映了我们应当了解、澄清的邓小平关于"先富共富"的基本思路、核心观点。本来如此清晰，怎么会时不时在网上出现误解？不能不说，这与我国进入"中等收入国家"后收入分配矛盾的凸显、社会心态的变化，以及网络时代和"精神快餐"时代人们诉求表达的情绪化特点等都有关系。而通观现实，虽然有种种不尽如人意之处和不容忽视的矛盾纠结，但是我国这些年推进的一些重大事项，比如着力推进的社会保障体系建设，公共财政对低收入群体和社会弱势群体的扶助（如数千万套房屋的棚户区改造与保障房建设），中央和省市自治区对欠发达地区的转移支付，以精准扶贫措施实现农村贫困人口脱贫，实施个人所得税动态优化的改革，等等，都属于邓小平给

---

[1] 冷溶，汪作玲. 邓小平年谱：1975-1997（下）[M]. 北京：中央文献出版社，2004.
[2] 冷溶，汪作玲. 邓小平年谱：1975-1997（下）[M]. 北京：中央文献出版社，2004.

予高度重视的"促进共富""解决问题"的具体举措。

在新的起点上跨越"中等收入陷阱"

作为拥有全球最大人口规模的中国，如期达到全面小康已成现实：总量上中国的GDP（折为人均）在2010—2020年翻了一番。同时在"社会政策托底"层面，最具代表性的关键事项即"十三五"开局时农村区域还存在的7000万贫困人口（具体标准是个人纯收入低于人民币2010年不变价的2300元水平），在"精准扶贫"的贯彻落实之中，已实现全部脱贫。

第一，这意味着中华民族伟大复兴和实现社会主义现代化战略，在"三步走"战略的第三步中如愿达到一个重要中间节点。改革开放之初，邓小平高瞻远瞩，放眼70年提出"三步走"战略规划。在其"经济总量翻两番"的前两步提前实现之后，党中央决策层又为第三步战略目标明确规划了2020年达到全面小康的节点目标——它前承2000年的初步小康，后接党的十九大提出的到2035年要"在基本实现社会主义现代化的基础上，再奋斗15年，把我国建成富强民主文明和谐美丽的社会主义现代化强国"。

第二，这意味着中国为全世界的减贫事业和全人类的物质文明提升，做出了无与伦比的巨大贡献。中国是世界第一人口大国，由于历史等原因，过去长期是贫困人口大国。中华人民共和国成立之后，在"一穷二白"基础上致力于国家工业化和经济发展的过程中，一直把减贫作为重大目标。改革开放 40 余年来，随着生产力的发展和人民生活水平的提高，我们终于走到了 7000 万农村贫困人口脱贫的历史新境界。从全球看，按照世界银行的标准，占世界极度贫困人口比重前三位的地区与国家，原来是撒哈拉以南非洲、印度和中国。而近 30 年来，撒哈拉以南非洲和印度的贫困人口占世界贫困人口的比重有所上升，同期中国的比重则大幅下降，已从 1981 年的 43% 下降到 10% 以下。中国为人类减贫事业做出的贡献为全球所瞩目和肯定，并且有望进一步减少国内与世界银行标准贫困线以下的人口数。

第三，这意味着中国作为当今世界最大的发展中国家，有望在新的起点上跨越中等收入陷阱，在未来 10 年左右时间内经受住历史性考验而成长为高收入经济体。随着全面小康的到来，中国人均 GDP（2019 年）已达到 1 万美元，居世界银行标准的中等收入经济体上半区的顶部。中国的中等收入群体，在约 4 亿人的基础上还将显著增加。但按照前面大半个世纪全球范围内统计的现象来看，确实有中等收入陷阱之说：达到中等收入的经济体，绝大多数不能如愿继续上升为高收入经济体。然而按照近些年中国的发展态势，尽管有告别"高速"增长阶段的"新常态"到来，但仍有相当大的可能性在未来 10 年以 5% 以上（或左右）的"中高速"延续收入增长。这种"中高速"，其实对世界较大经济体而言仍是"高速"。目前，我们又面对中美贸易摩擦升级和 2020 年年初突发的新冠肺炎疫情等带来的不确定性因素。但只要把握好中国可选择的以改革开放、解放和发展生产力的确定性，形成中国工业化、城镇化巨大发展空间所支持的发展后劲，再经过 10 年左右时间，就有可能如愿跨越中等收入陷阱，确立高收入经济体的地位。

第四，这意味着我们可以对"中国为什么行"做出进一步和比较全面的总结。新中国 70 多年风雨兼程，于曲折探索中迎来了经济社会发展的高歌猛进，已形成"大踏步跟上时代""蓄之既久，其发必速"的上升态势。虽然还有种种矛盾制约与未来难以避免的艰难险阻，但在现代化之路的新起点上，我们已经具有更丰富的经验和更充足的信心，现在只需继续对准方向，搞对激励，把相对优势和巨大潜力充分发挥出来。因为我们有坚定不移贯彻改革开放大政方针、以经济建设为中心的基本路线和在供给侧结构性改革主线上打造现代化经济体系的道路自信，有坚持马克思主义基本原理并在发展中将其中国化来指导创新实践的理论自信，有在改革深水区攻坚克难完成经济社会转轨从而显著提高供给体系质量与效率的制度自信，以及弘扬中华民族几千年传统中的精华并吸收一切人类文明积极成果的文化自信。

第五，这也意味着我们将更清楚地认识中国现代化之路上"行百里者半九十"、承前启后奋力拼搏进取的要领。中国人民经过 100 多年前赴后继、可歌可泣的努力，终于迈入"从未如此接近伟大民族复兴愿景"的"强起来"新时代。但是，以全面小康为新起点，如何化解仍不容忽视的收入差距过大、收入分配和财产配置不公的矛盾而增进社会和谐？如何完成增长方式的转变以实现高质量发展？如何完成体制机制的转变，建成具有高标准法治化营商环境和充分实现社会公平正义的生机勃勃、成熟完善的社会主义市场经济？奋斗未有穷期，我们仍然任重道远。我们唯有"思想再解放、改革再深入、开放再扩展、工作再抓实"，勇于涉险滩"冲破利益固化的藩篱"，在改革的深水区"啃硬骨头"，在"历史三峡"的瓶颈期"不忘初心、牢记使命"，经受住未来关键性的 10 年和 30 年的历史性考验，才能使人民对美好生活向往的"中国梦"，在现代化的伟大民族复兴中成为现实。

走通"先富共富"之路的基本原则

一部分人、一部分地区先富，固然产生了可能带动其他人、其他地区也谋求致富的示范效应、辐射效应，但也必然带来一定阶段内随着收入差距扩大、社会矛盾累积而产生的较低收入社会成员的不安与不满。对这种矛盾纠结如果处理不当，必然制约经济社会健康发展，甚至出现由于收入分配领域的经济问题导致的社会化、政治化问题等不良结果。邓小平在关于"先富共富"的论述中，敏锐地、前瞻性地强调指出了防范与克服"必然发生"的两极分化问题，而"先富共富"框架中也内含并关联着我们应正确把握的在国民收入分配领域内的若干基本原则。

1. 以合理的收入分配激励创业创新

创业创新所引发的经济发展活力，从根本上决定了社会发展，并支撑生产关系走向进步和升级的社会生产力。"发展是硬道理"，要求收入分配一定要首先从有利于发展生产力的视角处理好鼓舞、激励"做大蛋糕""创新发展"的机制功能问题。这一原则是从"生产决定分配"的历史唯物论原理出发处理根本发展动力的问题。总体而言，人民群众的收入只能是在经济增长的基础上实现同步增长，劳动者的报酬只能是在劳动生产率提高的基础上实现同步提高。否则，再美好的分配愿景也将成为无源之水、无本之木。

2. 承认各要素的贡献，把按劳分配和按生产要素分配相结合

社会主义初级阶段市场经济运行，固然需要处理好"按劳分配"的机制构建，同时还必须协调处理好按照资本、土地、技术成果等要素贡献因素做出分配的机制构建，这样才能有利于解放生产力和可持续发展。这一原则主要处理的是初次分配环节"分好蛋糕"问题，以求不断地激励"做大蛋糕"。初次分配层面上，需要更多侧重市场竞争中的规则公平和过程公平。

3. 在"倒 U 曲线"前半段适当允许、容忍收入差距扩大的同时，要主动施加调节，遏制"两极分化"

"倒 U 曲线"所指的收入差距扩大到顶端后又会缩小的过程，不应认为也不可能是一个纯自然过程。发达经济体所形成的社会福利政策及税收、社会保障制度等经验，都体现了体制机制设计的可塑性与主动作为的空间。在追求共同富裕的中国，这种可塑

性更值得被借鉴和进一步强化。这一原则主要针对再分配和第三次分配领域，针对皮凯蒂研究所揭示的资本长期强势问题形成矫正效应，来进一步"分好蛋糕"，以服务于可持续地"做大蛋糕"和谐发展的目标诉求。再分配、第三次分配领域，需要更多侧重对市场竞争所形成结果的适当平滑调整，以及与之对接的下一轮各相关主体"起点的公平"。

4. 以"阳光化、鼓干劲、促和谐、扶弱者"为要领，运用系统工程思维构建分配制度体系

解决收入分配问题是一个庞大的系统工程，与经济结构、经济发展方式、经济体制紧密相连，需要以系统工程的思维看待和改进分配制度体系，注重整体设计，综合集成，标本兼治。分配制度体系的不同层次、不同环节，可以有分配功能的不同侧重，但这一原则总体而言是追求以所有分配功能的系统化协调、互补来形成"做大蛋糕"与"分好蛋糕"两者间的良性循环。发展成果"蛋糕"的做大与分好，通盘都需要规则、过程的"阳光化"，因为"阳光是最好的防腐剂"，是公平正义的必要保障。就基本顺序而言，应首先考虑鼓励、激发创业创新主体的干劲，把蛋糕做大，因为这是"生产决定分配"所揭示的前提条件；到分蛋糕的环节，则要更多注意以权衡促和谐，既反对平均主义，又防止两极分化；种种主客观原因造成的分配结果环节上的"弱势群体"，则需要再分配机制（二、三次分配）特别予以关怀和扶助。

5. 以改革有效制度供给为龙头带动分配制度、政策体系动态优化

发展必然具有阶段性特征，制度安排与政策设计需要适应客观发生的阶段转变，做出动态优化。此原则主要处理的是"做蛋糕"与"切蛋糕"互动循环发展过程中的长效机制框架建设与阶段性动态优化的改革攻坚克难问题。在处于改革深水区的中国，这一原则必然需要处理优化直接税、完善社会保障、政府间转移支付制度等一系列问题。

走向共同富裕必须攻坚克难

以中国步履维艰的直接税制度建设为例。借鉴美国等市场经济体构建现代税制的经验，结合中国"富起来"时代已发生的收入分配差距扩大、急需形成规范化再分配调节机制以促进共同富裕的现实，党的十八届三中全会通过的《中共中央关于全面深化改革若干重大问题的决定》明确要求，"逐步提高直接税比重"，这是中国打造现代税制走向现代社会的客观要求。直接税的特色是触动既得利益，其涉及的房地产税（实指狭义的住房保有环节税收）"加快立法并适时推进改革"的任务，实际上已讨论多年，也早已经历了以"物业税"为名的多地"模拟空转"试点。上海、重庆两地以"房地产税"为名的差异化方案先行试水，却迟迟未能按照"税收法定"原则正式启动其立法过程。这项将涉及千家万户实际利益、绝非"帕累托改进"（指只有人受益而无人

受损的改进）的改革举措，如果终能形成相关法律，在各地区根据具体情况逐步择机分步进入实施过程，还需要在执法实践中总结经验，并以"全民参与"的法定机制，对这一影响较大的直接税实行多轮动态优化。

以上这些，不正是在中国走向现代化国家过程中所要追求的法治化、民主化制度机制的形成过程吗？同理，未来还要出现多轮动态优化的个人所得税，以及在具备官员财产报告、公示制度之后很有可能考虑开征的遗产和赠予税（都是直接税），从而也会在"税收法定"原则下，引出与房地产税制度建设类似的"规范的公共选择"过程。

"不怕慢，就怕站。"中国实现现代化愿景过程中的制度建设有某种"渐进改革的路径依赖"，那么就特别需要我们坚定地在改革的大方向下，从"加强与优化管理"角度切入，积极推进从摩擦系数相对小的"非帕累托改进"举措，争取在房地产税等类似改革任务的前行之中，先建框架，凝聚各阶段的"最大公约数"式的社会共识，以一系列的"最小一揽子"配套方案来实现财税的进步、收入分配机制的优化和国家治理的现代化，"积小胜为大胜"，直至经济社会转轨的最终完成和共同富裕愿景成为现实。

从增长到均衡的战略调整

陈云

复旦大学国际关系与公共事务学院教授

从 1978 年改革开放算起，中国经过 30 余年高速发展，在 2010 年成长为经济总量世界第二的经济大国。一般来说，为了实现自身快速发展，后发国家都有机会利用后发优势实施赶超战略，并收获高增长的红利，但考虑到中国有 14 亿人口，这无疑是一个了不起的成就。当前，中国已经全面建成小康社会，步入全面建设社会主义现代化国家的新征程，但从人均 GDP、产业结构、核心技术和贫富差距等指标来看，中国的现代化道路依旧任重道远。

发展的重心转移：从增长到均衡

改革开放以后，中国现代化的时间表大致可以分成五个阶段：第一阶段为改革开放之初到 1990 年，主要任务是解决温饱问题；第二阶段为 1991 年到 2000 年，目标是使人民生活总体达到小康水平；第三阶段为 2001 年到 2020 年，中心任务是全面建成小康社会（整体脱贫）；第四阶段为 2021 年到 2035 年，目标是基本实现现代化；第五阶段为 2036 年到 2050 年，实现全面建成富强民主文明和谐美丽的社会主义现代化强国的目标。

进入 21 世纪后，党中央更加重视发展的平衡性。2006 年，十六届六中全会要求推动经济发展和社会全面进步，提出以"民主法治、公平正义、诚信友爱、充满活力、安定有序、人与自然和谐相处"为总要求建设社会主义和谐社会的构想。2007 年，党的十七大报告指出，必须深入贯彻落实科学发展观，其核心是"以人为本"，基本要求是"全面协调可持续"。2012 年 11 月，习近平总书记在参观"复兴之路"展览时正式提出"中国梦"。"中国梦"的核心目标与"两个一百年"的目标具有一致性，即到 2021 年中国共产党成立 100 周年和 2049 年中华人民共和国成立 100 周年之时，逐步并最终实现中华民族伟大复兴。"中国梦"强调国家、民族和个人是命运共同体，国家富强、民族振兴、人民幸福是终极追求。随着中国经济进入高质量发展阶段，GDP增速有所放缓，同时，经济发展重心发生了转移——更加注重质量和结构，更加重视解决发展不平衡、不充分的问题，而不是单纯强调经济总量的扩张。这也是党的十九大报告中"两步走"战略没有再提 GDP 翻番类目标的主要原因。

近年来，针对我国发展中的不平衡不充分问题，党中央出台了一系列"再平衡"政策措施，具体包括 6 个方面。一是农村发展战略，如"村村通公路"（基础设施）、美丽乡村建设（生态战略）、脱贫攻坚战略（消除绝对贫困）等。二是生态环境战略，如在国内倡导节能减排，在国际上签署《巴黎协定》，推动新能源汽车行业的发展，等等。三是弥补民生短板，如城市安居工程（棚户区改造、经济适用房建设、公共租赁房建设等）、智慧城市建设（智慧生活、智慧服务）等。四是深化经济体制改革，如推动以上海自贸区为首的自贸试验区建设，实行外商投资准入负面清单化，出台平台经济领域的反垄断指南等。五是推动数字经济发展。六是支持浙江省高质量发展建设共同富裕示范区（参见本文最后部分的论述）。可见，从增长到均衡的新征程已然开启。在这段征途中，我们势必会面临巨大的挑战。

复合型发展、全球化、收入分配机制的耦合

1. 复合型发展的挑战

从单一的工业化建设，到"四个现代化"建设，再到全方位的富强民主文明和谐美丽的社会主义现代化强国建设，中国特色社会主义一直是一个动态演进的过程。

作为后发国家，中国具有一定的优势条件，即可以利用相对

便宜的土地和劳动力吸引外资，同时可以借鉴和引进发达国家先进的经验和技术，省去很多走弯路的过程。但与此同时，挑战也客观存在。其一，必须创造性、综合性地回应工业化各阶段的发展课题。当前，中国尚未完全完成工业化，但却必须同时应对以环境气候问题为代表的后工业社会议题，因为这已经是全球性议题，中国作为 GDP 全球第二的经济大国，必须回应国际社会的关切。在 2015 年召开的气候变化巴黎大会开幕式上，习近平总书记做出了积极减排的承诺。这既是发展中大国的责任，也是中国在国际舞台上获得更多公共话语权和领导权的重大决策。其二，后发劣势问题。后发国家面临的后发劣势，主要体现为子系统缺乏整合性。在现代化进程中，经济发展、政治发展、社会发展是系统工程，彼此相互支撑。在实践层面，如果只注重迅速地从后发优势中获利，忽略各个子系统间的联系，当后发优势的红利耗尽的时候，后发劣势就会成为发展的"陷阱"。

2. 全球化的挑战

全球化有利于缩小差距、实现共同富裕吗？法国经济学家托马斯·皮凯蒂在《21 世纪资本论》中通过对自 18 世纪工业革命至今的财富分配数据进行分析，提出了一个简洁有力的公式：资本收益率远大于经济增长率。由此可知，原本期待的"涓滴效应"（设想一下婚礼上常见的"香槟酒杯宝塔"，香槟从塔尖倒下来，自上而下注满所有酒杯）并不会自动发生，相反，发展差距、收入差距不可避免。他认为，不加制约的所谓自由资本主义会加剧财富不平等。《国家为什么会失败》的作者德隆·阿西莫格鲁和詹姆斯·A. 罗宾逊则更加明确地指出，一个国家采取包容性制度还是榨取性制度，决定着国家的成败。

在全球化背景下，传统精英治理失灵，民粹主义势力抬头，很多国家改变了政治版图，发达国家也不例外。其中，美国民粹主义势力兴起的背后，是贫富差距问题（以及移民问题）。一方面，以华尔街为代表的金融界和巨型跨国企业借助全球化的东风，不断增加资本收益（香槟酒杯宝塔最上面的酒杯自我膨胀）；另一方面，"铁锈带"的蓝领工人的工作被剥夺，失业率增加（香槟酒杯宝塔最下方的酒杯容量萎缩，向下递减）。根据皮尤研究中心发布的报告，2015 年中产阶级在美国成年人口中所占的比例只有 50%；而在 1971 年，这一比例为 61%。这些数据说明，美国已经从橄榄型社会走向哑铃型社会，不稳定性显著增加。2021 年 6 月初，七国集团财长会议达成协议，对跨国公司划定全球最低税率（不低于 15%），目的是纠正失衡的收入分配格局，制定更加合理、规范的游戏规则。这可以看作全球化背景下主要发达国家政府在二次分配中的新政。

置身于全球化浪潮中，中国也面临着类似的考验，亟需优化重大政策，加强国际协作，克服收入分配不均问题。

3. 改善收入分配机制，打造中国版福利国家的挑战

就当下的中国来说，改革开放之初提出的"让一部分人先富

起来"的目标已经实现了；相比之下，"共同富裕"的实现更为困难。无论在世界还是在中国，贫困和收入差距问题是永远的焦点。在贸易摩擦的大背景下，构建以国内大循环为主体、国内国际双循环相互促进的新发展格局势在必行，但内循环的实现有赖于国内消费市场的扩大，从本质上说是收入差距的缩小。

收入差距经由市场主导的一次分配和政府主导的二次分配形成。缩小收入差距的对策也要从这两大机制着手。

就市场机制来说，自由主义市场原理倡导自由竞争，相信通过涓滴效应，可以实现共同富裕。然而就像托马斯·皮凯蒂所说的那样，在资本收益率远大于经济增长率（因此也大于工资增长率）的前提下，任由市场进行分配会导致两极分化。这是什么情况？还是拿香槟酒杯宝塔来做比喻：在资本收益的驱使下，最顶端的那几个酒杯会自我膨胀，这样，虽然倒下来的酒的总量有所增加，但越下层的酒杯就越难接到酒。此外，在两极分化的格局下，尤其要注意贫困的代际传递，也就是累积性的世代贫困问题。因为这一问题久而久之会导致阶层固化，从而激化社会矛盾（参考下文"小镇做题家"的例子）。

可以看出，单一的市场机制容易产生财富分配的马太效应。为了应对市场分配的扭曲，需要切实保障劳动者权利，尤其是保障劳动者顺利就业，使他们得到合理分配。由此，应确立工会为集体谈判代表，并推动形成民主的企业治理机制。此外，在政府主导的二次分配中，需要通过灵活有力的税收政策和财政政策，让更多人有机会增收致富。在具体的公共政策中，实现教育

公平、教育均衡化尤为关键，因为它是斩断贫困代际传递的有效
手段。为此，政府需要进一步强化公平公正的二次分配政策，实
现教育的均衡发展。

推进共同富裕需要关注的重点领域

2019 年，中国的人均 GDP 超过 1 万美元，更加接近中等
发达国家水平。如何避免中等收入陷阱，实现"中国梦"？围
绕共同富裕，又有哪些值得关注的重点领域？

1. 在动态治理视野下，持续推进反贫困政策

当前，中国已经历史性地解决了绝对贫困问题。但必须清醒
地认识到，贫困是发展的伴生性问题，是动态概念。只有切实破
除贫困的生成机制，才能从根本上彻底解决贫困问题，降低贫困
发生率。目前，"脱贫不脱政策"还在持续，对脱贫户的观察和巩
固仍在进行，脱贫攻坚与乡村振兴的有效衔接机制以及促进农民
收入可持续增长的内生性机制尚在完善。如习近平总书记所说，
"脱贫摘帽不是终点，而是新生活、新奋斗的起点"[①]。

参照国际经验，一国的贫困线有绝对贫困线和相对贫困线两
种。前者将生存必需的营养和物资折算成收入的水平，在此以下
的人口规模，用"绝对贫困率"表示（发展中国家主要采用这一

---

① 习近平. 在全国脱贫攻坚总结表彰大会上的讲话 [OL].[2021-02-25]. http://cpc.people.
com.cn/n1/2021/0225/c64094-32037041.html.

指标）；后者指的是全体国民的中位数收入水平，同样，在此水平以下的用"相对贫困率"表示（发达国家主要采用这个指标）。国内相对富裕的省份，有必要和国际接轨，逐步引入"相对贫困"的概念，并在民生福利政策中加以体现。

2. 警惕资本陷阱：产业资本化运作和垄断对收入差距的影响

全球化背景下，资本兴风作浪，形成行业垄断，损害创新土壤和收入分配格局的例子屡见不鲜。

以美国为例，第二次工业革命后，石油、钢铁领域逐步形成寡头垄断的格局。一开始，人们认为在世界市场上攻城略地，非大企业不可，由此，美国政府对垄断资本表现得很宽容。然而，恶果很快显现：在巨额利润面前，垄断企业开启资本狂欢，创新意愿大打折扣；与此同时，中小企业大量破产，民众生活水平节节下降，引发了大规模的社会批判。直到 1901 年美国总统西奥多·罗斯福（老罗斯福）继任，他先后对 40 多家托拉斯提起反垄断诉讼，最终拆分了包括牛肉托拉斯、石油托拉斯、钢铁托拉斯、烟草托拉斯等在内的一大批寡头企业，维护了健康的市场竞争环境。

如果说反贫困是二次分配领域的课题，反垄断则是市场领域（一次分配）的重点和难点。

2020 年年末，中央经济工作会议强调反垄断和防止资本无序扩张的必要性。针对互联网巨头企业相继投入大量资源入局生鲜社区团购事件,《人民日报》发表评论,告诫互联网巨头别只惦记几捆白菜、几斤水果的流量,科技创新更令人心潮澎湃。疫情之下,社区团购有正功能,互联网巨头介入其中无可厚非,但这些巨头必须履行好企业的社会责任,不能违反《反垄断法》和《反不正当竞争法》的相关规定。

需要明确的是,互联网企业利用资本优势和流量优势(市场垄断地位)攻城略地,在各领域低水平扩张,后果很严重。

一是埋头搞创新的企业会越来越少。道理很简单:既然很方便就可以获取垄断利润,为何还要辛辛苦苦去创新?现实中"屠龙少年成恶龙"的现象屡见不鲜。例如,互联网巨头在嗅到新的商机时,便会迅速复制相似的技术或商业模式,排挤新企业的进入,挤压小型创业企业的成长空间,或者干脆进行资本收购(恶意收购),收购以后,却对影响既有盈利模式的创新丢弃不用。

二是导致分配格局恶化。互联网平台企业巨大的议价能力,往往会恶化实体从业者的收入份额。比如,农村电商固然可以促进农产品销售,但是利润分配中获利最大的是平台企业,而不是农户。另外,在企业中,员工往往处于相对弱势的地位。且不论那些没有与企业签订正式劳动合同的外卖员,即使是正式员工,也经常处于"996"的高压状态下,因而被戏称为"IT民工"。

三是对就业产生负面影响。互联网平台企业的迅速发展对实体经济造成了较大冲击,很多中小实体企业面临倒闭的风险。就社区团购而言,互联网巨头涌入后,社区菜场摊贩、小店主的生计面临考验。更严重的是，互联网巨头一旦布局成型，他们要抢占的就不只是菜贩手中的蔬果，还有社区商店经营的日用品，甚至家电产品等。就业是基本民生保障，是影响收入分配格局的关键因素。为此，必须高举"反垄断"大旗，斩断互联网巨头运用资本攻城略地的野蛮生长链条，倒逼它们反思创新之路，承担起应有的社会责任。

3. 教育体制改革：学业减负和教育资源均衡化

青少年是国家的未来，是实现"中国创造"的主力军。通过教育为青少年赋能，是缩小贫富差距、实现共同富裕、建设现代化国家的重要路径。可见，无论是宏观层面还是微观层面，教育都具有举足轻重的意义。

作为应试教育的产物，"小镇做题家"一度成为热门话题。通过悬梁刺股式的刷题方式考上大学，走出"小镇"（边缘落后地区），在大城市站稳脚跟的"小镇少年"的奋斗经历，引发了很多人的共鸣。从公共政策的角度，我们必须反思以下几个问题：其一，中国各地区间存在明显的发展差距，"小镇少年"的学习条件和生活压力是"城市少年"难以想象的，而随着经济总量的提升，地区间的差距还会不断扩大，如何减轻"小镇少年"的生活压力，是公共部门需要认真思考的问题。其二，"刷题"是中国应试教育的法宝，它与创造力所需要的好奇心、热情和独立思考能力相去甚远。这个问题普遍存在于"小镇少年"和"城市少年"身上，是横亘在创新面前的巨石，不改革应试教育，就难以撼动家长和学生的刷题热情，"高分低能"问题会一代代复制下去。其三，"小镇少年"在城市站住脚相当不易，因为缺乏广泛的人脉、活络的社交能力以及广阔的视野，他们最后能达到的境界也较为有限。从某种意义上来说，"小镇少年"代表的是中国年轻人的大多数，社会能给他们多大的发展空间，决定着中国的未来。因为他们的回报，是"中国梦"最广阔的地基。

1999 年高校实施扩招政策以后，高校毕业生人数年年创新高，同时大学生就业问题也越发突出。除了数量问题，就业市场的结构性问题也不容忽视，突出表现为人力资源的培养和市场需求之间严重倒挂。这既是市场结构的问题，也是教育体制的问题。值得庆幸的是，教育体制问题已经得到相关部门的高度关注。2021 年年中以来，"双减负"的新闻络绎不绝，各地也陆续出台了相关政策，过度市场化的义务教育机构逐渐回归公共产品属性。除了减负，各地还须重视教育资源均衡化问题，这是更为困难的挑战。但只有做到教育资源均衡化，择校的必要性才会大大降低，青少年也才能从应试教育中解放出来，在好奇心的驱动下实现自主学习、自由学习，从而自发地成为"中国创造"的有机组成部分。

藏富于民的浙江模式的启示

浙江不是 GDP 总量领跑全国的大省，却是藏富于民的典范，也是城乡收入差距最小的省份。

所谓发展模式，是一个国家或地区基于其特有的历史、经济、文化背景（初期条件）形成的发展机制，是在推进现代化过程中对政治体制、经济体制以及发展战略等的选择，其发展绩效受到体制、政策、文化和行为方式等变量的影响。

中国土地广袤，各地拥有共性的同时，也有自身的特性，因此不能一概而论，推行一样的发展模式。在这种情况下，区域亚模式对整体模式的变迁往往起着试验田的作用。1978 年以来，改革的推进一直靠的都是"自下而上的创新"和"自上而下的吸收"相结合的方式，也就是说改革的起点在基层。例如，1978 年安徽小岗村的"土地承包到户"被上级主管部门关注到，并及时加以吸收、推广，成为全国性的新制度。

20 世纪 80 年代，沿海涌现出若干成长型地区，这些地区不但实现了经济高增长，而且在发展方式上因地制宜。它们的经验带给其他地区深刻的启发性意义，其中，深受瞩目的是外资主导的"广东模式"和乡镇企业主导的"江浙模式"。后者主要依靠乡镇企业发展劳动密集型产业，劳动力大多来自当地农村，市场也主要在国内，并通过循环积累逐渐提高企业的技术含量（包括邀请来自国企的"周末工程师"传授技术），显现出内生型发展的特征，受到更高的评价。

20 世纪 90 年代中后期，"江浙模式"再分化，形成民营经济主导的"浙江模式"和外资企业主导的"苏南模式"两种类型。从开发绩效来说，"浙江模式"较好地实现了"成长的共享"，更接近内源式发展。2020 年 8 月赛迪研究院发布的《2020 中国县域经济百强研究》报告显示，以人均可支配收入计算，浙江省在城市居民可支配收入、农村居民可支配收入、人均可支配收入三个指标上都高于全国"百强县"的平均值，也高于广东、江苏和山东三省——2019 年全国 GDP 最高的三个省份。可以说，论"藏富于民"和"共同富裕"，浙江显然更胜一筹。

2021 年 6 月，《中共中央 国务院关于支持浙江高质量发展建设共同富裕示范区的意见》正式发布，浙江省成为"高质量发展建设共同富裕示范区"。对共同富裕目标的再强调并付诸实践，意味着"中国版福利国家"正在出发。那么，浙江模式的启示是什么？

总的来说，浙江模式的成功在于民间首创精神和有为政府的紧密结合，两者缺一不可。

前已述及，收入分配格局是由市场主导的一次分配和政府主导的二次分配组成的。走向共同富裕，需要深化市场改革（消除垄断，激励创新，完善一次分配格局），也需要深化政府改革——除了强化市场监管，政府还要在二次分配（社会福利政策）中发挥积极作用，其中的重点和难点是教育改革、住房制度改革、医疗改革等。为促进共同富裕，浙江政府除了要打造高效的市场经济发展环境，在二次分配领域也要大有作为，如 2006 年率先免除义务教育学杂费。但民生问题种类繁多，非常复杂，作为试验田的浙江需要不断摸索，迎接挑战。

2021 年 7 月 19 日，《浙江高质量发展建设共同富裕示范区实施方案（2021—2025 年）》正式发布，它提出将率先形成以中等收入群体为主体的橄榄型社会结构，并列出了结构性指标，如全省居民人均可支配收入达到 7.5 万元，劳动报酬占 GDP 比重超过 50%；家庭年可支配收入 10 万~50 万元的群体比例达到 80%、20 万~60 万元的群体比例力争达到 45%；等等。这些指标都具有鲜明的共同富裕导向。

从增长到均衡的战略调整，既需要在后进地区持续构建稳固的反贫困机制，也需要在先进地区开展创新实践，试水"中国版福利国家"道路，它们共同构成了共同富裕的"两个车轮"。

2021 年，中国的发展模式处在全新的起跑线上。

第二篇

经济发展与共同富裕

资本市场变局与金融风险化解

魏杰

清华大学经济管理学院教授，清华大学文化经济研究院院长

最近，关于共同富裕在内的几个问题备受关注，新的提法也已经出现。第一个提法是要解决"资本无序扩张"的问题。这个问题一出来，就得到了企业界的强烈反响。大家感到疑惑，什么是资本的无序扩张？这是不是打击资本的前奏？甚至有资本公司开始思考要不要改成资产管理公司的问题。

事实上，国家并没有打击资本的意图。那为什么会提出"资本无序扩张"的问题？资本有三个基本定义。第一，资本是逐利的，是追求利润和利益的。资本不逐利，就不能称为资本。第二，资本是人格化的，如国有资本、民营资本等。第三，资本在追逐

利润的过程中，既可能与国家的宏观政策相吻合，也可能与之相对立，或者说二者是不协调的。前者即"资本的有序运行"；反之，当这种不协调达到一定程度的时候，就可以称为"资本无序扩张"。所以，判断资本的运行是有序还是无序，主要指标就是国家的宏观经济政策。任何企业在逐利的过程中，都要注意与国家的宏观政策相协调。

引导资本良性发展

1. "资本无序扩张"的主要领域

当前，我们为什么要提出资本的无序扩张？大家注意，它所指的并不是整个经济形势，而仅限于资本在五个领域的无序扩张，是有所指的。具体这五个领域包括：

（1）房地产行业

房地产资本不断利用高杠杆推动高地价，利用高地价推动高房价。尤其是 2015 年以后，大量地产商下沉到了四、五、六线城市，但是，这些城市的房产存量已经足够。因为可以保值增值，于是，大量房产变成了投资品，房子的基本属性也就变成了消费品。因此我们认为，房地产行业资本的无序扩张极大地扩大了资本的属性，改变了房地产的消费属性，导致整个行业陷入重重困难。当前，不仅是某家房地产企业的问题，而是整个房地产行业大量的供应商、投资人、购房者等都面临着有所未有的危机。我估计，至少要三年时间才能解决它所带来的后遗症。

（2）教育行业

主要是指义务教育阶段。我们国家的教育分为两类，分别是义务教育和非义务教育。义务教育是由国家出钱，非义务教育则由个人、国家和社会共同完成。现在，在义务教育阶段，资本的无序介入导致社会上各种各样培训机构的大量涌现，使得本该接受义务教育的群体，不得不支付更高的成本。据不完全统计，目前，一个初中生家庭每年支付的教育费用高达10万元。因为教育行业资本的兴风作浪，制造了整个社会的焦虑状态。

（3）娱乐圈

娱乐圈资本的不断扩张，不断包装各种所谓的偶像、"饭圈"、粉丝圈，导致一系列问题不断爆发。

（4）互联网产业

非常明显，一些资本利用互联网平台不断推动垄断，使得中小企业不断被盘剥，甚至举步维艰。因为资本在不断盘剥生产者和消费者，国家不得不提出"要重视线下零售"。如果任由资本的触角无序延伸，营销成本将长期高企，中小企业基本是无法生存的。

（5）互联网金融

一些资本变相利用科技，即所谓的金融科技。资本不但大搞所谓"金融科技"，还要在科创板上市，更有甚者，还要把高利贷包装成普惠金融，导致企业和消费者的融资成本不断上升。但是，科技就是科技，不能把金融利用科技看成科技本身，二者的性质完全不同。金融利用科技也依然是金融，这一点绝对不能混淆。

目前，我们所强调的所谓资本的无序扩张，主要就是在这五个领域，而不是指整个社会的资本。这五大领域资本的无序扩张导致中国宏观经济难以持续，所以要着手解决。其目的不在于打击资本，而是希望更多的资本进入和国家宏观政策相吻合的轨道上来，并且解决目前中国经济的短板。

2. 引导资本补产业链短板

众所周知，中国经济的短板非常严重，别人一"卡脖子"，我们就不得不陷入增速下滑状态。那么，我们的短板是什么呢？有五个方面非常明显。

（1）高端发动机

大到飞机发动机、汽车发动机、航母发动机，小到呼吸机的发动机，我们都不行。我国呼吸机的产量很大，但不赚钱，其原因就是短板过于明显。别人稍加调整，我们就做不下去了。

（2）新材料领域

中国有许多新材料是进口的，关键材料有 57% 要靠进口。现在生产大飞机，飞机一降落，整个重量要压在起落架上。但是，轮胎我们生产不了，没有这个材料；轴承我们生产不了，没有轴承钢。可见，材料很重要。2020 年，韩国和日本发生纠纷，结果以韩国的失败告终。为什么？韩国的半导体产业位列世界前五，但是材料来自日本。日本 40 年前就高度关注精细化工产业，其产品就是半导体原材料。这种材料，韩国没有，结果，日本一"卡脖子"，韩国就得"趴下"。前不久，我在某市调研，市领导说，他们要坚决听从中央决定，把所有的化工企业都关了。我告诉他，中央不是要你关掉化工厂，而是让你们解决污染的问题。化工行业主要要解决废气排放的问题，精细化工主要要解决废水排放的问题。2020年，我们引入了两个世界500强的化工企业落地，就是要补新材料领域的短板。

（3）数控机床

现在对精细零部件的要求都很高，其精度要靠数字化机床来完成，我们却没有相应的技术。过去，中国造的机床还是可以的，但是后来纷纷倒闭。到最后，曾经显赫一时的沈阳机床厂也被央企重组了。所以，在数控机床领域，我们的短板也非常严重。

（4）生物医药和医疗设备

我国的生物医药制品和医疗设备，包括CT（电子计算机断层扫描）、核磁共振设备都需要大量进口。癌症以及一些常见病的药物也是进口的，但我们暂时还不具备相应的研发能力。

（5）信息硬件

芯片、半导体、集成电路的研发和生产，我们都不行。其中，不要说5纳米、10纳米的芯片，就是28纳米芯片的量产，我们也没有实现。虽然华为的5G技术很不错，但是支持5G技术的技术普遍不行，所以在世界上的份额在不断下降。

因为目前存在这五大短板，所以国家希望更多的资本能够进入这些领域，一起来解决中国经济的问题。但是，有人赚了钱之后并不想进入这些领域，只想着垄断、赚快钱、收割中小企业和消费者。资本因为没有进入所需要的领域，所以被称为无序扩张。我们一定要正确理解"资本无序扩张"这个提法，这不是在打击资本，而是要顺应国家宏观经济政策的方向，从国家的短板领域发力，助力中国经济的发展。

用三次分配促进共同富裕

宏观经济的第二个大问题，是"共同富裕，三次分配"。促进共同富裕不是"杀富济贫"，更不是意识形态。我们国家"十四五"规划纲要提出的新的发展理念是，构建以国内大循环为主体、国内国际双循环相互促进的新发展格局。国内经济循环一方面靠投资，一方面靠消费，这是国内经济的两个主体，其中的重点是消费。消费在中国未来的增长贡献率能达到60%，用以保证中国经济的持续发展。所以，经济能不能实现持续增长，关键要启动国内的消费。

二战之后，曾经有一个重要的历史经验和教训。在20世纪80年代，作为战败国，日本和德国经济崛起，发展得非常迅速，威胁到了美国的霸权地位。为了打击这两个新的经济增长点，美国与上述两个国家分别签署了新的《广场协议》，其核心就是要求它们的币种升值。美国要求日元每年升值5%，连续升五年。日本本来是出口导向型国家，一旦本币升值，出口就无法持续。所以，围绕这一战略，日本发明了"启动内需"的提法。当时，日本并没有什么内需，老百姓有房有车，没有更多的刚性需求，怎么办？他们启动了房地产和股票，等于启动了泡沫经济。日本房价最高时是 1989 年，东京房产的价格比美国还高，结果出现了经济的萧条。德国同样签署了《广场协议》，但德国没出问题。因为两德统一了，民主德国比较贫穷，联邦德国可以不出口，把产品直接卖给民主德国，民主德国成为联邦德国巨大的市场。所以，德国没有发生日本的状况，保持了持续的增长。同时，中国的改革开放，使我们也成了德国产品重要的市场，从另外一个途径保证了德国经济的持续增长。

鉴于德国成功利用两德统一产生的内需促进经济社会发展的经验和日本"启动内需"受挫而沉沦 20 年的教训，以及当前世界逆全球化思潮和美国、部分西方国家围堵中国的现实，我们可以得出结论，中国必须获得巨大的市场，尤其是消费市场，用扩大内需来促进经济的持续增长。只有消费的持续上升，才能保证中国的持续增长，从而解决两个问题。第一，消灭贫困。贫困人口没有消费，只涉及温饱，消灭贫困等于产生了市场。第二，要扩大中等收入人群比例。中等收入人群是消费的主力，扩大中等收入人群比例，就能有持续的消费力。

为此，中国做了几件事。2020 年完成的农村脱贫、现在启动的乡村振兴和三次分配促进共同富裕，都是为了扩大中等收入人群，变潜在需求为现实需求。我们有 14 亿人口，其中有 4 亿是中等收入人群，这个数量显然不够，还要继续扩大比例。为了这个目标，我们要完善"三次分配制度"。初次分配以效率为原则，要依靠市场，由市场化来完成；再分配以公平为原则，要依靠法律，依靠两个制度，即依靠累进的所得税制度和社会保障制度来完成；第三次分配要以道德为原则，鼓励高收入者自愿捐款到公益基金会，以捐赠的方式，让更多的资金进入国家的科技创新基金和公益事业，进入整个社会发展的关键环节。

化解金融风险

我们最近反复强调的问题，就是要化解金融风险。实际上，这个提法是 2020 年才开始强调的，但是很多人不以为然，没有意识到风险的到来。最近，由于问题频仍，诸多头部企业或者说优秀的企业都出了状况，包括房地产企业，如泰禾、恒大等；也包括很多非房地产企业，甚至连清华紫光都还不了债。这些现象明确地告诉我们，金融风险开始释放了。2021 年开始，不断引发了一系列的问题。所以，我们在总体上必须要化解金融风险，不能让系统性的金融风险发生。

中国应如何化解金融风险呢？

1. 财政政策稳杠杆

从财政层面上看，有两个数据涉及金融风险。第一，赤字率。政府的当年借债与当年的 GDP 之比为赤字率。中国为其设定的上限是 3%。2020 年，因为新冠肺炎疫情，我们的赤字率达到了3.6%，这是改革开放以来第一次突破上限。长期以来，我国一直把赤字率限定在 3% 以内，从来没有超过这一数字。2019 年，我国的赤字率是 2.8%，为什么到 2020 年就变成了 3.6% 呢？因为新冠肺炎疫情，收入大幅度减少，支出大幅度增加。后来，疫情陆续暴发、免费的核酸检测等，都导致财政支出的大幅度增加，最终不得不靠借债来维系。赤字率达到峰值，问题就会接踵而至，进而形成债务风险。因此，我们不得不实行积极的财政政策，争取尽快解决它。这一数字在 2021 年拟压到 3.2%，预计 2022 年可能会压到 3% 以下，让这个指标回归正常状态。

第二，宏观负债率。政府、企业和个人借债总额与资产总额之比为宏观负债率，中国为其设定的上限是 250%。但截至 2020 年 10 月底，我国的宏观负责率已经达到了 279%，也是严重超标，很可能会导致未来的风险。

事实上，早在 2016 年年底，我国的宏观负债率就已经上升到了 270%，所以中央在 2017 年就提出要"去杠杆"，"去杠杆"就是去负债。2018 年和 2019 年，又分别提出"结构性去杠杆"和"稳杠杆"，这些都与这一指标有关。但是，如此调控的结果是，2020 年的宏观负债率飙升到了 279%，所以，2021 年又强调了"稳杠杆"和"稳负债率"两个概念。"稳杠杆"的同时，GDP 会上升，从而降低负债率。目前看来，这个方法是有效的，2021 年一季度的宏观负债率已经降到了 270%，有明显的回落。明后年继续努力，可能使其回归常态。

因为金融风险是由债务风险演变而来的，这两个数字一旦冲破上限，就会从债务风险演变成金融风险。这就预警我们要谨慎。所以，稳金融、稳杠杆就是将几个领域的两项指标，即赤字率和宏观负债率降下来。赤字率争取在 2022 年恢复到常态的

3%，宏观负债率要争取在 2022 年、2023 年恢复到 250%，这样方可适当地避免金融风险的产生。

2. 货币政策适当回调

货币的供应要满足经济发展的需要。如果太多，超过发展需要，就会形成通胀，反之则导致通缩。两种情形都会引爆金融风险，所以要有国家统筹。怎么统筹呢？货币的供给要与需求大致平衡，这是一个原则。GDP 增速决定了我们需要多少货币。M2（广义货币供应量）增速等于货币的供给速度，净资产的增速 + 通胀率 = 货币增速，要大致控制这个等式。2020 年，这一数字出现了想象不到的变化。2020 年年底，央行不得不投放更多的货币，原因是新冠肺炎疫情导致的借债。企业借、政府借、个人借，各方都呼唤更多的钱，所以，M2 的增长速度达到了 10.2%，但同时，GDP 的增长不过 2.3%。这说明，货币的供给已远远大于需求，通胀率达到了 2%。货币的超发必然导致价格上涨：一是消费者物价指数（CPI）；二是投资品价格，如大宗商品、原材料等；三是资产价格，如股票、房产和黄金价格，这三种价格统称资产价格。货币超发之后，价格都会上涨。2020 年的货币超发，导致 2021 年年初价格的轮番上涨，到现在大宗商品的价格还下不来。

当然，不仅是我国的货币增加了，美国也多了起来，所以全世界的大宗商品价格都在上涨。对我国而言，通胀和资产泡沫的压力使得货币政策的调整迫在眉睫。目前看到，2020 年 12 月底，我们的 M2 增速是 10.2%，2021 年 6 月是 8.3%，8 月是 8.2%，货币供给与 2020 年相比被大大压缩了下来。这说明，我们有可能适当调整货币政策。最近，中小企业资金紧张，因为 2020 年更多的钱流入了房地产行业和大企业。2021 年货币收缩以后，中小企业的资金更紧张了。所以，2021 年 7 月 15 日，中央下调了存款准备金率。M2 分成两部分，一部分是由央行控制的存款准备金，其余部分贷给市场和个人。同时，我估计，与 2020 年相比，2021 年的货币政策已经适当开始松动。最近，因为这样的松动，股市开始上涨。2021 年后半年，M2 增长速度和 GDP、通胀率等式的两边会继续调整，差距与 2020 年相比会大规模缩小。这是化解金融风险的第二个层面。

3. 金融相关的七项内容

中国互联网金融走在世界前沿。但货币和金融是两件事，前者讨论要生产多少货币，后者讨论前者如何运行。化解金融风险的第三个层面就是金融本身。中国目前讨论金融的时候包括七项内容。

（1）解决银行体系问题

银行体系是金融的重要组成部分，所以，金融的首要问题是关于银行的。我们国家银行目前的资产是 320 万亿元左右，面临着非常明显的两大压力。

其一，过高的呆滞坏账率。目前，银行体系贷出去的钱超过了 180 万亿元，其中承认的呆坏账有 3.4 万亿元，应该是近几年来最高的。

其二，部分银行难以继续运转，处于破产的边缘。一些银行的"窟窿"处在"冰山"以下。2021年，预计还有一些城商行、农商行或其他地方银行会出问题。目前，包商银行、恒丰银行和锦州银行已经被银保监会接管。我们知道，不能让所有的压力都集中由国家承担，地方也要承担起责任。2021年，国家调低了八家银行的信用等级，其中有四家属于辽宁省，四家属于山西省。还有不少地方在着手进行银行重组，这些都说明银行的压力与风险在持续加大。

目前，国家接管的三家银行，对包商银行的接管已近尾声。其中的处理原则有三条：第一，保证存款人利益，包商银行的存款基本上都兑付；第二，银行的创办者和股东利益受损，所以，包商银行以破产处理；第三，如果银行创办股东的钱不够，那就是大额存款利益受损。我估计，未来银行出问题，都会依据这三条原则处理。所以，大家可以查一查自己：有没有银行投资？所投的这家银行到底怎么样？是否有银行大额存款？这些都要研究好。我想，可能有好多城商行、农商行迫于压力，会支撑不下去。比如，恒大地产的1.2万亿元负债里，银行就有1200亿元。诸多企业不断出事，银行如果被拖下水，也可能会陆续出事。

而化解金融风险的重要方向是银行。对此，我们要做三件事。第一，尽快处理呆坏账。这要求所有银行必须在2021年年底之前尽快解决呆坏账率的问题。大量银行正在试图解决这个问题，好的银行把差的重组之后，呆坏账率就能解决。第二，充足银行资本金达到 30%。所有银行的资本金充足率都要达到 30%，以保证其抗风险的能力，保证一处出事，不会引发所有的问题出现。第三，推动银行按治理公司模式进行管理。推动银行的公司治理，是从制度上堵住漏洞。2021 年，受到处分的银行高管已经突破了 100 人，从董事长、行长、副行长、分行行长等不一而足。必须要加快银行的公司治理节奏。我建议，对于企业和个人，要注意高利率银行机构，有些钱可能要不回来。否则，银行"爆雷"可能就在 2021 年年底到 2022 年年初，2021 年 8 月公布的八家银行降低信用等级就是标志。中央要求地方政府负起责任，重组的步伐可能会加快。

（2）控制非银行金融机构

金融的第二个组成部分是非银行金融机构，这是我国金融的重要组成部分，具体而言，就是指保险、信托、券商、期货等。它们是金融机构，不是银行。非银行金融机构的整个资产加起来可能有 40 万亿元左右。银保监会已经托管了 4 家保险公司、3 家信托、2 家期货。最近不断"爆雷"的是信托，所以一定要注意，房地产信托产品可能是下一步"爆雷"最厉害的一款。

另外一个是保险。保险是非常精细的业务。很多保险公司属于开发商。开发商热衷于购买保险公司，因为用保险公司的钱等于没有成本。保险资金没有到兑付那一天，都是零成本的。2021 年 3 月，银保监会点名了五家保险公司，第五个已接近"爆雷"。

保险和信托是目前"爆雷"最多的两个行业。估计对非银行金融机构的监管也是下一步化解金融风险的重要组成部分。

（3）重点监管债券市场

债券市场是中国金融重要的组成部分。

债券市场分为三个方面。第一，政府债。中央兜底政府债，即由中央发行国家或地方债券。政府债现在的余额大约为45万亿元，含中央政府债和地方政府债。政府债应该不存在风险，因为它是以国家信用为基础的。这里面有一个问题，那就是"隐性政府债"。要注意，"隐性政府债"根本就不是政府债。政府债和政府融资化所形成的债不同，这里有严格的法律界定。前者是国家认可同意的，而地方融资债是融资平台公司债。尽管中央发文要求各级政府尽快自行解决"隐性政府债"的问题，即地方政府或投资平台等借款，但是有许多不属于政府债的数字，财政查不到。我们估计"隐性政府债"已达到15万亿元左右，量不小，所带来的纠纷会越来越多。第二，信用债，即公司债。信用债发债都有抵押和担保。这里面，如果有做实的担保抵押，问题就不太大；但如果担保抵押不实，问题就出来了。目前，有大量不能支付的信用债，部分信用评级3A的公司也出现了不能正常兑付的情况。2021年，如果有30万亿元的信用债还不上，这个领域难免就会频频"爆雷"。因此，当前压力最大的就是信用债，其总量有2000亿元左右，因为企业的持续"爆雷"，估计到2021年年底会增加到5000亿元。所以，政府要求债务人尽量想办法还钱。第三，金融债。金融机构发的债叫金融债，属于可转换债，可以变成股东的债。虽然金融机构原则上很难破产，但金融债也有风险。我们在处理包商银行问题的时候，发现它在二级市场发了46亿元的债。这部分钱，它是不认账的，其持有者的钱就打了水漂。这说明，金融债也存在风险。因此，2021年，金融债会进入重点监管领域，责任落实到机构以及个人。

目前，债券市场余额总共110万亿元。其中，公司债"爆雷"最严重，所以是目前要解决的首要问题。国家要求所有公司必须想办法保证债权人的利益，政府不可能兜底，因为既兜不起，也不应该兜，只能做到保证债权人利益。

（4）股市

股市是金融的第四个组成部分，这部分基本上是利好消息。

"十四五"有一个重大改革，即最大限度降低间接融资比例。目前看到，国家对股市基本是繁荣和推动的格局。2021年9月3日，北京证券交易所注册成立，这标志着国家对资本市场的偏重。资本市场目前是一种利好消息，2021年的股票市场预计会成为亮点，因为国务院要推动和繁荣中国股市，已正式出台了五大对策。

第一，审批制改为注册制。修改上市制度，意味着上市规则由政府拍板转化为由市场、由投资人来决定。目前有科创板注册制、北交所注册制，保证了资本决定的高质量的企业上市。上市之后要进行全面改革，整个A股市场要全面走向注册制。

第二，改革退市制度。加快推动退市制度，实现多元化退市、主动退市。央企A股企业主动退市，违规财务造假的企业退市，股票价格调到1元以下的企业退市，让垃圾股尽快离开股市。这对退市的推动力很大，估计2021年最少有50家企业退市。仅7

月一个月，就有 7 家企业接连退市，垃圾股正在逐渐离开股市。加快推动退市制度，能够促进股市的繁荣。

第三，提高上市公司质量，完善上市公司治理。目前，老百姓不愿买股票，因为不了解上市公司的情况，而且上市公司"割韭菜"的既往史，也影响了股市的信誉。大量上市企业通过减持、股票质押、收购股票资产套现走人等投机性行为釜底抽薪，遏制了股市的发展。2021 年，相关部门全面整顿上市公司，严格监控，推行强制退市，全面提升上市公司质量，将过去打击投资人的现状转向了完善公司治理。

第四，建立多层次资本市场，推动中长期资金进入股市。我们的股市之所以稳不下来，就是因为缺乏中长期资金。现在，基金的数量比上市公司还多，而且都是短期操作，股市难以稳定。要推动中长期资金进入股市，如保险基金、社保基金。还有一个重要的基金来源，那就是外资。外资进入中国，第一买中国的国债，我们在国际上发的国债基本上是秒杀一空；第二买好的上市公司股票。未来还要吸引更多的中长期资金进入。

第五，严厉打击财务造假和欺诈上市。2021 年 3 月施行的《刑法修正案》，把两个行为纳入了刑法体系，一是财务造假，二是欺诈上市，其威慑力不言而喻。过去，针对这两个行为没有刑法处理，只有行政处罚，最高罚款 60 万元，难以震慑犯罪。现在，一旦发现上市公司和会计师事务所造假，相关人员就可能面临刑法制裁。截至 2021 年 3 月，已经有 70 家企业主动要求撤回申请材料或终止注册，估计是财务方面有瑕疵，申请人不敢冒这个风险。

共同富裕

国际上有几大会计公司也都陆续离开了北京，因为在新的《刑法》条例中，中介机构伙同企业造假同罪处理。

总体来讲，繁荣股市大致就是这五大对策，估计未来会吸引大量资金进入中国股市。而在股市当中，也会有更多的资金进入科技创新领域。所以，现在的股市应当是一个投资的好机会。

（5）外汇

外汇也是金融的重要组成部分，其风险主要受两个重要数据的影响：一个是外汇储备量，另一个是汇率。截至2021年6月底，外汇储备量的公布数据约为32600亿美元，其总量呈上升趋势，没有出现太多的回落，完全能满足国际支付的需要。

我国的外汇储备量由三部分构成。第一，企业出口顺差所赚得的利润。2020年第四季度出口要远远好于预期，顺差量较大，这部分是有充分利润的。但它的占比较小，仅仅有8000亿美元。第二，对外借款。当前，全世界有几个国家或地区处于负利率时代，比如欧盟、日本，把钱放在银行里不仅没有利息，还要交保费。而中国是一个正利率国家。2020年，我们是二十国集团里唯一一个实现正增长的国家，所以，其他国家愿意借钱给我们。只要中国发国债，基本是秒杀一空。第三，外资带来的资金。这部分资金还在增加，而且进大于出。2021年，这三个部分都在持续增长，尤其是对外借款和外资带来的资金占比较大。综合这几点，中国外汇储备量达到30000亿美元以上应该没有问题。当然，外汇也不能太多了，保持这个量就够了，应该不会有问题。

再说说汇率。因为要应对新冠肺炎疫情，美国的主要办法是印钞，其国债发行到了 28 万亿美元。美元的超发，导致人民币面临前所未有的升值压力。当然，相对人民币的升值，美元也在大幅度贬值。但是，它带来的最大问题就是人民币面临的升值压力太大，而非贬值。总体看来，人民币兑美元的价格保持在 1：6.5~1：7 之间比较合理。本币汇率如果大幅度贬值就可能导致问题。低于 1：6.5，甚至升到 1：7 左右，出口企业是承受不了的。鉴于人民币本币升值带来的出口压力，这段时间大部分企业不敢接订单。

当然，现在美国很难从总体上影响我们，因为美元很难进入我国。金融界有三个理论：一个是汇率基本稳定，一个是货币政策独立性，一个是资本自由流动。中国选择了前两个。因为中国不允许炒外汇，第三个就没有放开，所以，美元进不到国内来。美元希望流向中国，转嫁它的问题，但中国不接盘。

相应的应对办法就是，出口企业涨价或者不接订单，使美元在美国国内不能过夜。当前，美元兑人民币的汇率是 1：6.43，再努力一下可以到 1：6.5。处在这个点位的时候，估计大量的出口企业就可以正常运作了。这是我们应对人民币升值压力时所想到的释放办法，不能让它升得太快。所以，美国在打贸易战，我们可以用所有出口产品提价的方式来应对。进口企业借着美元升值，把自己的美元全部变成产品，也可以冲淡美元贬值对我们的影响。所以，外汇应该不会有太大的影响。

（6）严控房地产

讨论金融的时候为何要立足房地产的圈子？因为当前，房地产对金融的渗入太深。现在，房地产总体负债 280 万亿元，其中有 30 万亿元属于个人买房贷款，50 万亿元属于开发商贷款，所以要严控房地产。过去，我们一直强调两点：一是金融地产化，即金融机构都在为房地产服务。比如，银行存款的 39% 贷给房地产，信托机构 51% 的资金都流向了房地产，大量的金融机构在为房地产服务，导致金融地产化。二是地产金融化，这说明房地产商盖的房子不是用来住的，而是在盖金融资产。在这种情况下，住房不再是消费品，而是所谓的金融资产，地产就此变成了金融活动。比如，2016 年开始，大部分房地产进入五、六线城市，甚至是七线城市。当时，这些地方并不需要这么多房子。那么新的楼盘，一方面是当地人在买，另一方面，一、二线城市有很多人因为限购政策，也转移到小地方去买房。这是我们房地产出问题的发端。

大家也许知道，我们对中国的城市化进程有一个中长期设计，即要求在 2025 年，城市化率达到 65%。其中，重点要建立四大城市群：大湾区、长三角、京津冀和成渝区。可以想见，这些地区对人口的虹吸效应。所以，这些地区房地产的刚性需求还会上升。但是，外地流入人口一开始是买不起房子的，所以，国家决定建一大批公租房，这样人口才会出现新的流动，会大量重新进圈，重新买房子，保证房价不会大跌。但是，其他地区因为人口的持续流出和房屋过剩，不再具有投资价值，因此会出现大量空置现象。所以，房地产不但会大跌，而且有一些贷款可能会还不上，这就可能引爆金融风险。这一风险预计会从四、五、六线城市的房地产行业开始，这一趋势现在很明显，而且是不以人的意志为转移的。

事实上，当房子不再具有消费价值，也就失去了它的投资价值。中国的经济中心在南移，人口结构也会发生新的变化，所以我估计，当大量房地产被当作投资品兴建，离开了它本身的商品属性，就很难保证投资增长。所以，这批被作为金融产品的房地产可能会带来很麻烦的后果，大家要有充分的思想准备。

现在，中央对房地产高度关注，唯恐它引爆金融风险。所以，最近我们会看到，有四大对策来解决这一问题。第一，不得踩三条红线，即"剔除预收款的资产负债率不得高于70%，净负债率不得高于100%，现金短债比不得低于1倍"。这三条红线对所有地产商设定了一个矩阵上限，对杠杆率做了约束。这意味着，房企可以负债，但是不能超过上限。我们知道的有八家企业，包括恒大、绿地和融创三大地产商，都踩在这三条红线上。所以，中央要求，所有企业要把负债率降到三条红线以下，它们对房地产企业的约束力很强。第二，对金融机构规定贷款上限。金融企业给房地产企业贷款、对个人贷款也有上限约束。政策要求所有金融机构把贷款数量降到规定上限以下。看得出来，我们遇到的情况很严重，所以目前的金融机构基本都受到了严格的约束。我们看，四大国有银行给个人放贷，基本是在一线城市，因为它们的风险意识比较强。四、五线城市基本不给个人放贷。第三，地产商的资金被全面纳入监控。比如，全面监控房地产业的资金调动，不允许房地产商把盖房款挪作他用。2021年3月，发改委正式宣布监控了恒大和宝龙两个地产商。这两家企业有那么大的投资规模，在全国建了诸多汽车厂，却没有收益，钱从哪里来？是不是挪用了消费者买房的钱？恒大多元化的投资战略把它拖到这样的境地，最重要的一个领域就是汽车，2020年亏损200多亿元。所以，国家必须全面监控它的资金，避免这样的企业制造出巨额的烂债。第四，扩大房地产税试点。2021年6月，国务院召开了一次座谈会，要求扩大房地产税试点。这个信号告诉大家，别乱买房子，要收税了。房子不是简单的投资问题，过度投资也是要缴税的。房地产税试点以后，很快要扩大。所以，大家不要单纯考虑投资，还要考虑消费的概念。

针对房地产，中央大致释放了上述四个信号，目的就是要防止房地产继续冲高，把它的风险抑制在一定的范围内，争取用三年时间，彻底让房地产回归良性秩序。后续，我估计还会不断地引发一些问题，所以大众对房地产的投资一定要慎之又慎。要认真自查一下，我们到底买了哪些房子，它的杠杆率是多少，等等。

（7）互联网金融

互联网金融是中国金融的重要组成部分。全世界只有中国有互联网金融，美国没有，英国的互联网发达，金融也发达，但也没有互联网金融。目前，互联网金融给我们带来了挑战。互联网技术有两个功能非常重要，分别是记账功能和支付功能。记账功能衍生出的网上支付确实很便捷，人们不用再跑银行，用手机在网上操作就可以了，极大提高了金融的效率。但是投资活动的核心是风险防范，而互联网技术只有投资功能，没有风险防范功能。

所以，从事互联网投资的 5000 家 P2P（互联网金融点对点借贷平台）公司全部倒闭。而实际上，恒大财富就是 P2P，毫无意外，它也出问题了。不得已，政府用了三年时间，才把5000 多家 P2P 公司和比特币的问题解决了，但是留下了 8000 亿元的资金"窟窿"，已经追不回来了。

金融企业应当符合如下原则：第一，互联网金融是金融利用科技，仍然是金融，不是科技，二者不能混淆。金融上市的市盈率为 3%~5%，不能按科技股的上市标准，市盈率可以达到100%，股价可达六七十元。因此，"金融科技"的说法是伪命题。我们重申，金融利用科技也不是科技，它还是金融；互联网技术应用于金融也不是创新，而是通用技术。互联网创新或者科技创新是指硬件创新，就是集成电路、半导体、芯片的创新，应用程序是创新，但不属于金融科技创新，因此，相关企业不能把自己包装成科技公司。这是蚂蚁金服终止上市的原因之一。第二，按照法律规定，金融上市企业的资本金充足率应达到 30%，而蚂蚁集团只有 1%。基于这一点，监管机构要求蚂蚁金服进行整改，而不是上市。第三，蚂蚁金服是普惠金融还是高利贷，抑或是市场金融？这三种金融都可以在中国存在，但法律的保护程序不一样。结果发现，蚂蚁金服虽然报的是普惠金融，结果其贷款利率甚至比高利贷还高，那显然是通不过的。第四，小额贷和企业贷也完全不同。小额贷是个人贷款，按照国家规定，小额贷只适用于区域性市场，不能跨区域经营，也不能进入全国性市场。第五，金融企业必须有防范风险的制度设计。银行防范风险的制度设计就是要有担保和抵押。比如，如果你是信用担保，那么属于哪一种信用，是过去的信用还是未来的信用？过去的信用不行，因为有人欠你的钱，过去能还，现在不一定能还。所以必须得是未来信用，但未来信用贷款要有一系列的详细资料来证明。比如，企业贷从事哪些产业，这些年的盈利是多少，利润是多少，资产情况怎样；比如校园贷，一旦发现问题，有600亿元不能按时还怎么办？贷款人都是大学生，是把他们抓起来，还是列入"老赖"名单？不论怎样，风险最后都会转嫁给银行，那是不可以的。所以，企业必须要设计一套严格的防范风险制度。基于此，我们已经取消了校园贷、美丽贷，它们支持了过度的消费，却把风险转嫁给了银行，这显然是不行的。所以，这类企业不是上市，而是整改的问题。第六，为了防范风险，金融企业必须被纳入监管体系中。按照法律规定，金融必须接受监管，包括金融业务、金融基础设施、金融机构等。支付宝就是一个金融基础设施，应用程序也属于金融基础设施，它们都必须纳入监管，而且是串通式监管。这表明，企业不能随意定义自己为投资公司，你的自然人是谁，实际控制人是谁，这些问题都要回答清楚。

除了上述6项原则，互联网还有另外一个问题，即区块链技术。区块链有两个特点，一个是多中心的，一个是保证信息的真实性。这项技术引发的问题是，它冲击了货币体系，导致比特币、狗币等100多种虚拟货币出现。这是一个大问题，也是一个法律问题。法定货币制度规定，只有主权国家才能发行货币。美国发行的是美元，中国发行的是人民币，其背后都是主权国家。而虚拟货币是个人发行的。全世界没有任何一个国家宣布法定货币过时了，还认为目前的国家制度就是法定货币，个人不能发币。从这个角度来讲，虚拟货币不是货币，只是一场高科技游戏而已。

因此，对于这个问题，我始终提醒大家要注意。2021年，国务院正式发文，严厉打击虚拟货币和挖矿活动，从法律上将其界定为非法。用虚拟货币挖矿，78%在中国，其中一个在内蒙古，一个在四川。国务院发文之后已全面清理。如果互联网金融的这两大问题得以解决，就不会引发太大的金融风险。

总而言之，我们讨论的化解金融风险，目前的制度安排就是在财政、货币和金融这三个层面，而且这三个层面都出台了相关政策。对此，我们已经做出了系统的安排。因为有相应的政策安排，我估计，中国爆发系统性金融风险的可能性正在逐渐减小。

经济治理框架的三大转变

邢自强

摩根士丹利中国首席经济学家

改革开放 40 多年来，中国经济高速增长，在 2020 年年末，基本实现了比 2010 年人均收入翻一番、全面脱贫达到小康社会这个目标，现在中国在经济、在资本市场历史中处于一个非常重要的拐点时刻。

在经济高增长、全面实现小康社会的过程中，中国和世界各国都面临着一些共同挑战：企业越来越巨头化；贫富差距、收入差距扩大，引发了一些社会问题。再叠加最近三四年中美关系的变化，全球化的黄金时代结束，变成了逆全球化。中国自身面临人口老龄化，最新（第七次）人口普查数据也可以明确地验证这一点。所以，治理社会问题、减少贫富差距，应对中美关系的变化和逆全球化，缓解人口下降带来的巨大压力，当面临以上三大挑战时，中国的决策层开始把经济治理的重点从实现以增长优先的小康社会阶段转向共同富裕阶段，力图平衡增长和安全。

首先，这里的安全指什么？安全包含了三层意思。一是社会安全，要通过社会公平、缩小贫富差距、治理社会问题来实现。二是数据安全，新的时代数据太重要了，数据既是新的生产要素，因为它不仅属于企业，还有其特别属性，即敏感的国家安全属性，因此，需要新的治理框架。三是产业链的安全，即一些"卡脖子"的科技行业和能源领域能不能实现自给自足。在一定意义上，这三大安全比增长还重要，这是从 2020 年下半年以来整个经济治理体系发生的巨大变化，这也意味着平衡增长与安全已经提上了日程。

其次，这种框架对投资者意味着什么？我们列出了三个 R，即再平衡（rebalancing）、再估值（reassessing）和投资重置（resetting）。

第一，再平衡，意味着中国在整个蛋糕继续做大的过程中更重视蛋糕的分配，对劳动者会越来越倾斜和有利。从长远来看，纯粹的资本回报和企业利润可能在蛋糕分配中的比例会有所下降，可能会对潜在经济增速有所影响，但效率毕竟不再是主导因素，这是新阶段的取舍。

第二，再估值，很多过去被认为爆发式增长的所谓"黄金赛道"的行业和商业模式，如果它们加剧了社会焦虑和贫富差距，或者和数据安全、产业链自主、碳达峰的目标相抵触，具有"负外部性"特点，那么这些行业和商业模式未来还会继续遇到新的强势监管举措。

第三，投资重置，全球的商界、投资者在这个过程中要重新衡量与中国相关的投资。既然在大的框架上，中国整个经济治理逻辑和产业政策会重置，那么全球商界、投资者看中国、投资中国也会存在心态和投资方向上的重置。过去采取的都是比较简单的照搬美国式的投资方式，比如，投资消费商业模式创新的平台经济，赴海外（特别是美国）上市，对标美国同类平台企业的估值和商业故事，但是这些方式显然和中国经济下一阶段力主发展的方向不完全匹配，需要做出改变。投资中国，也需要向与产业链自主、数据安全、环保减碳相关的行业进行重置和倾斜。打个比方，在整个全球配置中国的资金中，大家比较关注一个指数——MSCI 中国指数（也称为"大摩明晟指数"），这个指数是基于中国上市公司（包括在境外上市）编制的加权，互联网公司占了一半的比例，即接近 50%，但高端制造业、新能源产业链、半导体产业链等加起来不到 15%。这已经跟中国经济下一阶段的发展方向很不匹配。所以全球资金对中国投资组合会有一个巨大的重置，这是一个简单的结论。

治理框架的三大转变

我现在就上述的结论简单分析一下。上文提到中国已经转变了整个政策重心，而且脉络清晰，有迹可循。实际上，上述的三大挑战互相交织，构成数十年未有之大变局，也共同促成了当前经济治理框架的三大转变：一是实现小康社会后，追求共同富裕的自然过渡；二是逆全球化寒流，中美关系变迁；三是中国少子化、老龄化加速。

第一，过去 8 年间，中国决策层反复强调的大目标就是全面建成小康社会，取得全面脱贫。全面脱贫是小康社会 KPI（关键绩效指标）中的核心指标，其基础是收入增长，只有收入增长才能使最低收入的人民群众脱离贫困线。所以早在 2012 年十八大时，决策层就坚定不移地提出了 2020 年人均收入比 2010 年翻一番的目标。这个目标原本在 2020 年 3 月的"两会"可望宣布基本实现，但是正好赶上新冠肺炎疫情，会议的主要任务就成为先控制好疫情，再实现经济恢复，所以宣布这个目标的实现有所延迟。一直等到 2020 年年底的中央经济工作会议，才宣布全面脱贫目标的实现，人均收入和 2010 年比基本上达到了翻一番的目标。这样，中国建成小康社会的目标基本完成。

根据决策层的长期纲领，下一阶段就是共同富裕阶段。在实现小康社会的这段征途里，我们看到中国也面临着全球都在面临的挑战，就是贫富差距、收入差距、社会问题。比如，收入水平最高的 20% 的高收入群体，与收入水平最低的 20% 之间的差距，从 2000 年到 2020 年不断扩大。所以到共同富裕阶段，要平衡增长和社会公平，也是题中应有之义。

讲到共同富裕，我们也理解存在很多不同的讨论和声音，有些是来自商界、来自企业家的担心：共同富裕是否意味着追求绝对的均等富裕。实际上为了进一步阐明共同富裕的目标，中央把沿海的发达省份浙江定为共同富裕示范区，也发布了浙江省2025年共同富裕的发展目标、初步进展和一些指标。

实际上，共同富裕最重要的是"一个目标、三个抓手"。"一个目标"就是壮大中等收入群体的规模，以浙江为例，中等收入人口在浙江总人口中的比重要达到80%。也就是说，再平衡经济蛋糕的分配，将更有利于普通劳动者——现在浙江劳动者在GDP的分配里所占比例大概是47.8%，2025年的目标是要把这个比例提升到50%以上。"三个抓手"就是财政转移支付、社会安全保障和企业社会义务。这个过程中很显然既有初次分配政策，也有再分配政策。比如，我们可能会看到在调节收入分配领域中的财产领域，不管是房地产税还是遗产税，可能逐步有一些新的税收方面的调节安排。

但是，关于共同富裕的纲领，讲到更多的是怎么扩大中等收入群体的规模，即家庭年收入在10万到60万元之间的群体规模，将来这一群体要提升到占整个人口金字塔的大部分，呈现一个橄榄型的收入结构。这里包括很多政府要主动承担起公共职责，比如通过做活国有企业，将国企股权转化给社保，增加分红充实社保，来增强对乡村和失业人口医保水平的进一步覆盖，让这部分人的报销比例能达到在职职工的报销比例。同时还包含中央和省级政府统筹地方土地出让金收入，在教育、医疗和房地产等几座大山上，政府通过转移支付进行统筹，主动作为，增加公共支出、公共投入，减轻老百姓个人支出的负担。不管是在教育领域对公共教育资源进行资金、人力、物力的投入，还是在医疗领域，力图让老百姓在整个医保中自付比例比较低，其余大部分可以通过大病医保等方式报销，抑或在房地产领域增加公租房的比例，都是浙江关于共同富裕纲领的重要组成部分，浙江政府正逐渐打造社会安全网。

在这个过程中，企业显然需要承担更多的社会义务，比如对劳动者福利的保护，对灵活就业人士社保、养老保险和医疗工伤保险的覆盖。同时政府通过税收优惠和社会荣誉等方式也要为企业回馈社会创造更好的条件。

从长线来看，中国经济也会逐渐对工资和企业利润之间进行再平衡。但是我们看到浙江省在发布共同富裕纲领时，特别强调和明确阐明，共同富裕不是追求均等的富裕，而是要继续容忍收入和财富水平的差异，来保护好私营企业的积极性。所以我认为这是第一个大背景。

第二个大背景，恰逢过去三年中美关系地缘政治的变化。过去，在全球化阶段，不管来自哪里的资金、以什么样的架构、投资中国什么样的企业（包括以新经济、数据为主的企业），如果在境外上市，大家在蜜月期可能都采取一种共赢的手段。但是现在中国更重视数据安全，特别是拥有大量数据的企业，出于数据的使用与保护的考虑能不能去境外上市，境外的监管层是不是有可能接触审计底稿，等等，都被纳入更高的考量框架。这是逆全球化的地缘政治背景下不得不考虑的安全因素。

第三个大背景，中国2020年进行了第七次人口普查，2021年公布了普查数据，这次人口出生率的下降幅度、老龄化的速度比此前预料的还要快，这也反映了各种社会问题的困扰。

第四个大背景是，2021 年，从德国到英国，从中国郑州到美国加州，各种极端天气频现，这反映了在全球变暖、碳排放不断增加的情况下政府应对环境持续的压力，也对中国的能源架构敲响了警钟。2020 年 9 月，中国向世界宣布中国碳达峰与碳中和的愿景。

以上这四个相关的背景，恰恰是为了实现社会安全、数据安全、产业链自主安全这三大安全，以及不可忽视的环境与能源安全，这是未来新的治理体系最关注的优先事项。在这个过程中我们发现，近期关于金融科技、互联网平台，甚至包括加密货币以及对碳排放、校外培训的监管举措，看似东打一棒、西打一锤，实际上都是治理框架转变的重要组成部分。当然，这种纷至沓来的监管风暴，好像让一些境外的商界、投资界有点始料未及，一些境外媒体还充满了片面的解读声音，但是从大方向上来讲，我们刚才讲到的治理框架的脉络是确定的，这些监管举措都是在试图给新经济堵漏洞、补短板、稳杠杆，增强社会公平、数据安全和产业链自主。

如果我们对过去半年的监管新规一一逐项剖析，实际上确实存在垄断的平台巨头签排他性的协议，侵蚀了中小企业利益的情况。在金融科技领域，要有资本金的约束比例，把金融业务当成金融来监管，才可以降低金融风险，降低监管套利。外卖平台等指导意见，是在保护灵活就业人员，因为中国在聘的第三方等灵活就业人员已有数千万，这些都是新的就业模式，但是他们基本的工伤、医疗、社会福利，以及平台对他们的考核机制是否造成了过度竞争、过度内卷，都需要用政策加以规范。从 2021 年 7 月开始，国家对数据类企业境外上市，包括跨境的数据安全开启了新一轮的审查，这就是刚才讲的地缘政治已经跟过去大不一样了，在这种新的背景之下，数据安全上升到了新高度。所以把这些脉络连起来，中国新阶段的治理重点不言自明：重新平衡企业盈利和劳动者报酬在分配中的比例，督促企业承担必要的社会责任，维护数据安全和产业链自主。

但是对大部分行业来讲，监管新规不是要把现有的商业模式推倒重来。我看到一些商界或者媒体的评论都会引用对校外教育培训行业的情形来说明，但教育培训行业的情形还是相对特殊的，对大部分行业来讲，目前监管的新框架不是要彻底推倒现有的商业模式。现在中国是要平衡增长和安全，但是在整个 2035 年远景目标里，成为全球的经济和创新强国依然是重要目标。在这个过程中，决策层肯定很清楚，中国比较依赖企业家精神，依赖充满活力的私营部门推动创新，维持中国的生产率增长。所以在确立这种新的监管框架的过程中，我们相信最终政策会有意识地动态调整，有破有立，试图达到平衡，避免过度地影响私营部门的信心。

历史监管的共性与新时代特点

这里也存在一个问题，即境外可能对中国政策框架的变化、决策模式的理解和我们不一样。现在一个新的特点是中国新的金融市场和资本流动更加国际化，这是过去五六年人民币资产国际化、开放金融市场带来的好处。所以西方投资者对中国市场的参与度越来越高。但他们似乎第一次碰到中国这种监管周期的变化，觉得政策的变化似乎缺乏可预见性。实际上，如果我们仔细研究就可以梳理出这种转变的框架，在中国很多行业都出现过监管政策变化的周期。本轮监管周期不是第一次，记得在20世纪90年代治理三角债和产能过剩时，决策层就讲过，很多官方媒体也引用过，中国很多行业"一放就乱，一乱就管，一管就死"。中国针对相关行业实施监管的变化经常出现，其背后有三大共性，以下通过总结六大行业在过去20年出现的监管周期变化，来揭示这三大共性。

第一个共性，先发展后监管。

过去有些监管相对比较宽松、比较温和，但是行业又处于野蛮生长阶段，这和中国特定发展阶段的背景相关。比如，2006—2008年针对采矿业、钢铁业等的监管是要克制产能过剩；2008—2010年针对奶粉行业的食品安全监管；2013—2015年针对高端餐饮和酒类的消费监管；2016年和2017年主要针对资本流出、金融控股大鳄的监管；2018年对整个游戏行业、对医药行业集采的措施，也有很多监管变化。这些都显示了在新兴行业发展的初期阶段，监管通常都是比较滞后的。地方政府保增长的心态、商业机会，以及政府对创新的宽容，这些因素交织起来，导致监管初期都非常宽松。直到行业经历了长达5年甚至更长的野蛮生长，特定的社会问题就会慢慢发酵出来。比如，过去金融风险很高，在经过几年发展后，监管层开始意识到这一新兴行业的问题，政策监管就快速转向，调动各种行政资源对该行业全面加强监管。这是第一个共性，先发展后监管。

第二个共性，监管周期的收紧有迹可循。

在早期预警中包含了如下一些信息：下一步要不要出新规的讨论意见或起草意见，官方最后是否出台这个意见稿，并开始实施，最终阶段官方还会释放出一个政策效果，即已经达成的信号。所以监管存在一个完整的周期。

具体来讲，早期预警可能就包含我刚才提到的在野蛮生长了 5 年之后，金融风险行业出现了一些相关联的明显恶化的金融风险指标，这个预警过程通常持续一两年。比如在 2020 年年底开启的对科技巨头反垄断之前，社会上对平台企业二选一的争议已经持续了好几年。又比如对于灵活就业人士的福利、工伤、保障政策也引发了一两年的讨论。

在社交媒体上我们可以看到 2016 年、2017 年开始的金融清理攻坚战，以及同时期的供给侧去产能的攻坚战，这两者的共同背景是金融风险指标的大幅度恶化。比如，2015 年、2016 年宏观杠杆率大幅飙升，PPI（生产价格指数）工业品价格连续数年处于通缩，这些都带来债务风险，不得不防。在这里我们可以看到监管周期的大幕逐渐开启。一般决策层先审议相关的草案或者发布征求意见稿，最终的实施方案通常在半年或一年后对外正式发布。

再比如，最近很多人在问，为什么数据类企业突然不能像过去一样自由、便利、快速地去境外上市了？怎么突然有一个新规要求审批了呢？了解中国整个监管框架变化的人就会发现，针对这些企业的证券市场新的监管意见，在2020年11月就已经经过相关部门的审议，当时通过的是大纲，而2021年7月初才对外发布具体的意见，这与正常的监管框架的转变程序、时间长度都比较吻合。当然，在发布大纲指引之后，各个部门还会陆续推出更加具体的实施细则。这是第二个共性。

第三个共性，在监管落实的过程中，可能会看到市场与政府的一些积极互动，有时需要灵活调整步伐，才能有利于新监管框架的顺利实施。

对市场来讲，在政府开展新的监管措施、调整过去的监管环境之后，市场和企业可能需要一两年的时间逐步学习，适应新的监管框架，理解政策意图，规范商业模式。如果在这一两年内政策与市场的良性互动发展比较顺利，监管措施的效果就比较好，可能决策者会适时宣布主要调控取得了较大的成果。比如2021年3月的"两会"，决策层就表示，包括"去产能""降杠杆"在内的金融清理等三大攻坚战的主要目标已经如期完成，这就显示了市场和政府之间的良性互动。

在监管框架转变的过程中，也不排除一些部门层层加码，政策调整偏离了方向，这样就会对企业信心产生影响，进而影响到经济和就业。一般在这个时候，决策层也会适时微调步伐，同时以更加市场化、法治化的方式有序地推进市场的变化。我们也看到过相关的案例，比如供给侧改革去产能，当时有的地方一刀切，之后发现了问题，也采取了更好的市场化方式。再比如2020年年底宣布的碳中和、碳达峰，2021年年初有很多北方省份包括南方一些缺电的省份采取了运动式的手法"关停并转"一些产能，反而造成上游产品的价格大涨。

当然，也存在极少数的情况，政策收紧力度过大，再突然附加一个外部冲击，比如2018年贸易摩擦升级，境外出现经济危机，外需衰退，等等，都可能对中国私营部门的信心造成较大的打击。但是有破有立，大的监管框架不会变，我们会看到决策层通过降税费、加大融资和财政的支持，以及深化其他行业的改革开放等手段，对另一些经济重点领域增加支持，来对冲经济下行的风险。这是我们从过去历轮监管周期中总结出的几个方向。

这里需要补充一点，虽然这次监管框架的变化具有以上三大共性，但是也有很多新时代的特点，最主要的就是伴随经济治理大方向的转变，现在监管框架转向实现社会公平、产业自主和数据安全，持续的时间也不是半年或一年，而是长期框架的转变，对经济、对资本市场的影响也就更为深远。总的来讲，容易导致社会收入差距拉大、环境污染加大、威胁数据安全的一些商业模式，今后几年会受到进一步监管的约束，比如对大数据、科技企业、平台经济以及对房地产的管理，看起来会继续强化；相反，跟国家战略方向比较一致的行业，比如在硬件科技行业实现自主化，在网络安全行业进行更多的投资，在创新医药行业继续支持生物科技和生物医药，在国产大众消费品品牌上持续投入，在教育层面的职业培训上提供支持，以及在新能源的产业链发展上，都仍然有望在新的监管框架之下获得政府的支持。

全球资本在中国市场配置的转变

坦率来讲，很多境外投资者对中国这一轮政策转变的框架、周期的长度和最终的目标在短期上是没有完全理解的，他们认为政策造成了不确定性，所以短期内可能会压制其对中国市场的估值。

但从长线来讲，经济结构的演变对投资的影响可能更为深远。在共同富裕的新的发展阶段，刚才提到诸多的治理新举措，最终可能会使劳动力报酬占中国 GDP 的比例逐渐攀升。也就是说，在整个蛋糕的分配中，劳动者占的比例会更高，这当然有利于中等收入群体的扩大，有利于长线推动消费这个所谓经济增长的"压舱石"，特别是面向大众群体的消费、服务行业将进一步规模化、规范化。

在资本市场方面，我们能看到一个特点，之前我讲到 MSCI 中国指数，是衡量中国配置的一个最重要的国际指数，它可能会面临巨大的重新配置。2021 年年初，中国互联网占整个指数的一半，我们觉得未来这个比例会大幅下降，它会和中国整个经济结构更匹配。而在经济结构里我们可以看到，像高端制造业升级、可再生能源的产业链、半导体战略的硬件科技自主化，以及整体的大众消费品牌，这些产业的比例现在还是偏低，它们的比例应该有望大幅度提升。在目前的 MSCI 中国指数里，互联网占50%，而世界上另外一个互联网经济很发达的国家美国，也有一个衡量整个上市公司的指数，那就是美国标普 500 指数。在该指数中，互联网的权重不到 15%，可见中国的这个比例显然过高了。

因此，从行业来讲，之后会出现全球配置中国、投资中国的整体重置。在这个过程中，我觉得中国自己也应该把握好节奏，协调政策，避免重新超调，一旦超调影响企业的信心、外商投资的信心，就会给中国的内生增长动力，包括外部融资带来风险。这就要求监管层首先要在加强监管和呵护市场信心之间取得平衡，并且在具体实施过程中不要层层加码、过度监管，损害企业的创新动力和信心。其次，政策在实施过程中要加强沟通、引导，跟市场对话，比如通过国务院的新闻发布会，及时回应企业和市场关注的热点。而且出台的多轮政策要更加讲求协同性，这样可以避免全球投资者因信心和文化造成的壁垒误读中国政策，从而影响全球对中国的信心。

我为什么总讲信心，总讲全球资本对中国的信心，因为现在中国面临着人口老龄化加剧，这就意味着经济增长将越来越依赖创新，而创新的一个重要源泉就是中国私营企业保持的企业家精神，他们对创新的投入是否有信心极为重要。同时，人口的快速老龄化会造成储蓄率明显下降。储蓄率下降的大背景下，中国会越来越需要国际资本。过去老百姓把钱存在银行，银行拿这个钱给国内的企业融资，自给自足；现在储蓄率不断下降，90 后、00 后不存钱了，中国会从资本的输出国逐渐变为吸收资本的输入国，在这个过程中稳住全球资本的信心，持续吸引外资，才能使中国迈向高收入经济体，提升生产率，因此信心是重要的助力因素。

在这一轮监管框架的变化中，我们也看到国家正在逐步提供更清晰的信号和指引。比如，2021年7月，在全国"专精特新"中小企业高峰论坛上，决策层已经开始说在新的发展阶段，中国统筹发展和安全之间的关系，目的是保护公平竞争，促进资本市场有序发展，保护消费者利益。再比如，在出台教培行业新规之后，资本市场出现了一定的波动，相关部门就与市场参与者进行了及时的交流沟通。又比如，前面提到的地方政府的新闻发布会，在关于共同富裕的行动纲领中进一步阐明了共同富裕不等同于追求同等富裕，政府仍将追求效率和公平的平衡。这些都是非常清晰、有利的信号。

下一步就要看到底有哪些迹象会显示本轮监管周期基本尘埃落定。大家知道在新的监管框架下，只要沿着这个规则发展，就要关注三大信号：一是对数据企业开展的新一轮数据治理审查，什么时候完成；二是完成审查之后，企业是否可以赴境外上市，是否对此有一个比较明晰的制度；三是关于现在互联网巨头平台企业，关于外包员工、第三方员工的福利，具体怎么做，反垄断将出台哪些具体解决方案，这些要更清晰化。

这三方面的举措现在还没有结束，还需要一段时间才可能明朗，但是我觉得2021年8月中央政府发布的2021—2025年有关监管和立法规划还是非常积极地释放出一些信号。我们希望将来新的监管出台要更协调，更讲究部门的协同，同时要与立法的节奏匹配。在这个过程中，要更讲究对政策咨询、公共意见的收集，要释放出更多的信号。过去几十年我们的监管确实存在一些波动的周期，现在我们想改变过去先发展、后治理的路径，对新兴行业增强一些前瞻式的监管，并且在这个过程中提供相对长一点的过渡期，让市场和企业有充足的时间进行调整，包括加强统筹规划，最大化协同效应，这些都是我们的决策层已经释放出来的积极信号。

未来中国的投资机遇

这一轮中国经济出现的新的监管框架，对全球投资者意味着什么？总的来说，下一步投资中国还是充满了机遇。我总结了中国要应对的"三D挑战"——人口老龄化（demographics）、逆全球化（deglobalization）、碳中和（decarbonization）。这些都需要新的投资周期和机遇。

随着人口老龄化，经济增长中来自人口、劳动力的贡献就会越来越小，如果还想实现到2035年中国人均GDP比现在翻一番、达到中等发达国家的水平，比如人均收入要达到2万美元（这是正常的中等发达国家的人均收入水平，类似于希腊、葡萄牙等国）的目标，那么在这个过程中，中国每年要保持4%~5%的GDP增速。让如此老龄化的经济还要保持这个增速，就要靠提升全要素生产率。

要实现这个目标，我认为政府需要几大抓手。一是进一步推进城市化。这里讲的城市化是城市化2.0。这个2.0是什么意思？主要不再是过去撒胡椒粉式的小城市化，而是考虑在五大都市圈实现城市群的一体化。比如，以上海为龙头实现三省一市一体化。特别是要打破户籍制度的壁垒，实现养老、医保、公共福利的互认，使人员、资本的流动更自由，在整个公共设施包括基建在内的互联互通方面做出进一步的跃迁。又比如在"十四五"规划里，中国在高铁方面投资的主要目标不再是"五纵五横"，那些基本上修完了，下一步要在五大都市圈实现大城市和周边卫星城之间快速通勤的高铁，从现在的3000公里提高到6000公里。在城市化的过程中要辅以改革，过去大城市有大城市病，还有各种各样的制约，以后都要进行相应的政策倾斜和改革。

二是人口老龄化带来的资金问题。中国会逐渐出现不能自给自足，会从一个资本的输出国慢慢变成需要资本流入的国家，这对中国是一个挑战也是一个机遇。全球现在资金充裕，特别是在发达国家，包括美联储在内的中央银行，刺激政策易放难收，全球利率不断走低，各类投资者都在寻找回报。在这个背景下，中国只要让监管更透明、更具可预见性，维护好全球投资者的信心，想进来的资金还是很多的。根据我们的估算，如果资本市场（包括债券、股市、外汇）按照目前监管层推出的改革方案推行下去，未来中国能吸引2000亿美元的流入，不管是发国债做国内的基建投资，弥补赤字，还是高科技企业需要融资、首次公开募股，这2000亿美元都可以助力中国经济增长。这就是人民币的国际化。

在这个大背景下，有城市化，有人民币国际化，再加上中国比较看好的还是消费，我们估算了一下，大概到 2030 年，随着各种监管的新框架推进落实，实际上要重新平衡资本和劳动者在经济蛋糕分配中的比例，劳动者的报酬所占的比例有望上升。这个过程对消费最有利，整体的消费市场到 2030 年有望接近 13 万亿美元，和今天的美国市场差不多。

三是行业性的机会也更明确。有很多行业面临萎缩，这个赛道会越走越窄，比如我们在赛道上会看到一些已经非常成熟的家电、房地产行业。但是也有一些行业会处于变轨之中，虽然现在觉得这些行业的渗透率到顶了，但是通过叠加技术的变化又充满了新的可能性，比如汽车行业变成了电动汽车行业之后，智能汽车、自动驾驶就和传统的汽车行业完全不一样。

最后一些行业是我们最看好的新兴行业，新兴行业中有很多与中国人口结构、消费结构有关，包括情感的陪伴、老人的照护，以及保险、职业培训的教育，这些都与中国人口结构的变化密切相关。现在大家比较重视的投资赛道是针对 30 岁以下年轻人的，比如经常出现的娱乐、游戏，以及完全针对年轻人的层出不穷的网红式的消费体验。但是我们需要强调的是，35 岁以下的人口数量在未来 10 年会急剧缩减，差不多会缩减 6500 万人左右，即整个 35 岁以下缩减的人口会相当于今天英国的人口。同样想提升的是 55 岁以上的相对中老龄人群，这一群体是"前浪"，"前浪"的人口数量在未来 10 年将增加 1.25 亿，相当于增加了整个今天日本的人口。而且从资产、收入、整个消费实力上也是"前浪"更强一点，相反"后浪"即 35 岁以下人口面临的则是人口数量的萎缩及其整个消费资金占比的萎缩。现在大家比较看好的层出不穷的热点、网红赛道，未来将越走越窄，这是我对投资一些简单的理解。

共同富裕的需求侧逻辑

徐奇渊

中国社会科学院世界经济与政治研究所副所长、研究员

巨大的国内市场,以及在此基础上对全球要素资源的强大吸引力,是我国在全球竞争中的重要优势。如何巩固增强、充分发挥这方面的优势,进而和供给侧结构性改革有机结合? 2021 年3 月,"两会"审议通过的《中华人民共和国国民经济和社会发展第十四个五年规划和 2035 年远景目标纲要》(本文以下简称《纲要》)提出了"扩大内需战略",并且指出"把实施扩大内需战略同深化供给侧结构性改革有机结合起来,以创新驱动、高质量供给引领和创造新需求"。"两会"期间发布的政府工作报告指出,2021 年的重点工作之一就是"坚持扩大内需战略"。

与宏观调控语境下的"扩大内需"不同,"扩大内需战略"的着眼点更高,贯穿的时间线更长。可以说,"扩大内需"已经从中短期的宏观调控概念扩展到了中长期的发展战略,这一战略对实现双循环新发展格局、实现共同富裕的发展目标,都具有重要意义。其中,扩大内需战略的内在要求就需要改善分配,实现共同富裕;同时,扩大内需战略的提出,其最终目标也是要实现共同富裕。因此,共同富裕既是目标也是手段。

"扩大内需"从宏观调控概念升级成发展战略

1998 年亚洲金融危机期间,2008 年美国次贷危机期间,我国都提出过"扩大内需"的宏观调控政策。不过这些"扩大内需"的政策都属于总需求管理范畴,并且以财政政策、货币政策为抓手。但是长期以来,我国的消费需求实际上在更大程度上受到约束和抑制,这些约束和抑制因素有:供需不匹配、分配不平衡、流通有阻滞,甚至消费本身也面临一些限制。

当前提出的"扩大内需"则跳出了宏观调控的视角,这和外部环境的变化、国内结构性问题密切相关。近年来,经济全球化遭遇逆流,本次新冠肺炎疫情也可能加剧逆全球化趋势,各国内顾倾向明显上升,我国发展面临的外部环境可能出现重大变化。在此背景下,2020 年 4 月,习近平总书记在中央财经委员会第七次会议上提出了"坚定实施扩大内需战略",以及推动"构建以国内大循环为主体、国内国际双循环相互促进的新发展格局"。①

2021 年的政府工作报告提到了"实施扩大内需战略""培育完整内需体系""贯通生产、分配、流通、消费各环节，形成国民经济良性循环"。《纲要》也有近乎相同的提法。其中，生产环节的创新驱动、高质量供给与供给侧改革密切相关，而消费需求是扩大内需战略的最终着力点，分配问题又是扩大内需战略的重中之重。需求侧改革正是跳出了总需求调控的框架，要解决一系列制约消费需求的深层次结构性因素。

改善分配是扩大内需战略的关键

过去的国民经济循环中，分配问题比较突出，甚至在供求之间的转化过程中起到了阻滞作用。《2020 年国民经济和社会发展统计公报》显示，2020 年 GDP 增速为 2.3%，我国成为全球唯一获得正增长的主要经济体。但是从总需求结构来观察，最终消费支出拉动 GDP 下降了 0.5 个百分点，最终消费需求的负增长是多年来所罕见的。最终消费需求负增长与短期的、临时性的冲击有关，具体而言，有以下因素：新冠肺炎疫情冲击带来的收入增速放缓，消费者对未来的不确定性预期上升，等等。

---

① 习近平. 国家中长期经济社会发展战略若干重大问题 [J]. 求是，2020(21).

但是也要注意到，在新冠肺炎疫情之前，最终消费支出在 GDP 中的拉动作用已经呈现出一定的下行态势。其中，2015 年最终消费支出拉动 GDP 增长了 4.86 个百分点，之后这一力量在波动中逐渐减弱，到 2019 年新冠肺炎疫情之前已经降至 3.52 个百分点。在同一时期也可以看到，全国居民收入的基尼系数在 2015 年降至局部低点之后，近年来又有温和上升。

目前还没有公布 2020 年的基尼系数，我们可以通过观察城镇居民收入的中位数、平均值两个增速，来对收入差距的变化进行观察。其中，中位数是指数值大小处于中间位置的数字，在收入差距大的时候，会出现平均值大于中位数的情况——这正是很多人所感叹的"又被平均了"。作为中间数值，中位数更能反映一种中间状态。因此，如果中位数增速大于平均值增速，说明收入差距在缩小，反之收入差距则呈现扩大之势。

观察中位数和平均数两个口径的城镇居民人均收入增速，我们看到，2016 年之前，中位数增速大于平均值增速，收入差距在持续改善（见下页图）。而在 2016—2019 年，中位数和平均值增速开始趋同，甚至出现了逆转。在 2020 年新冠肺炎疫情期间，中位数增速进一步呈现出小于平均值增速的情况。这说明，新冠肺炎疫情期间收入差距问题更加突出了，不过即使在疫情之前的几年中，收入差距的挑战就已经有所上升。因此，2020 年的最终消费需求下降，除了疫情冲击带来的收入增速放缓和不确定性预期上升，也有收入差距问题在趋势上反映出来的问题。

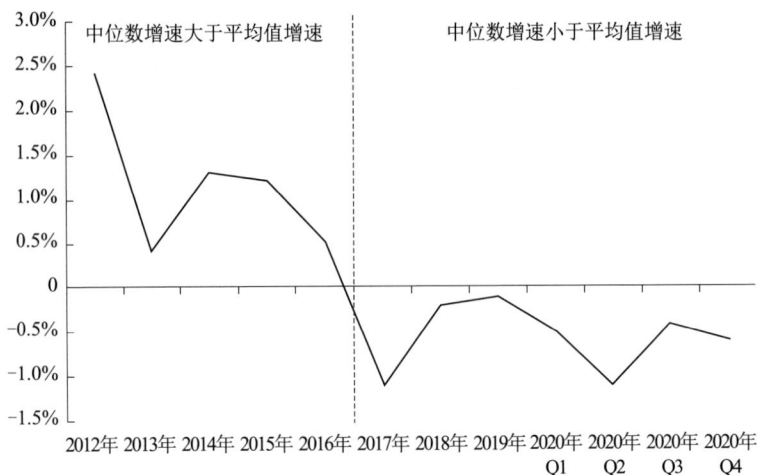

3.0%
中位数增速大于平均值增速
中位数增速小于平均值增速
2.5%
2.0%
1.5%
1.0%
0.5%
0
-0.5%
-1.0%
-1.5%

2012年 2013年 2014年 2015年 2016年 2017年 2018年 2019年 2020年 2020年 2020年 2020年
　　　　　　　　　　　　　　　　　　　　　　　　　　　 Q1　　Q2　　Q3　　Q4

城镇居民人均可支配收入的两个增速之差显示：
近年来收入差距有所扩大

数据来源：国家统计局，Wind（万得）数据库，2021。

缩小收入差距，改善分配格局的路径

要实现扩大内需战略，就需要缩小收入差距，改善分配格局，对三次分配的体制、机制问题进行梳理。《纲要》给出了"十四五"期间这方面的工作思路，在初次分配环节，同时关注效率与公平，而在再分配、第三次分配环节则更加重视社会公平。

《纲要》指出，在初次分配方面，应坚持按劳分配为主体、多种分配方式并存，提高劳动报酬在初次分配中的比重，健全工资决定、合理增长和支付保障机制，持续提高低收入群体收入，扩大中等收入群体。同时，完善按要素分配政策制度，健全各类生产要素由市场决定报酬的机制，探索通过土地、资本等要素使用权、收益权增加中低收入群体要素收入。多渠道增加城乡居民财产性收入。同时，扩大中等收入群体，尤其是实施扩大中等收入群体行动计划，以高校和职业院校毕业生、技能型劳动者、进城务工人员等为重点，不断提高中等收入群体比重。

再分配和第三次分配方面，《纲要》也提出，"完善再分配机制，加大税收、社会保障、转移支付等调节力度和精准性，发挥慈善等第三次分配作用，改善收入和财富分配格局"。一直以来，住房问题既关系到民生和社会保障，又关系到财富分化和经济的长远发展。《纲要》强调，在"十四五"期间仍要坚持房子是用来住的，不是用来炒（"房住不炒"）的定位，在完善住房市场体系和住房保障体系两个方面分别发挥政府和市场的作用，尤其是提出了"建立完善个人收入和财产信息系统""推进房地产税立法""发挥住房税收调节作用"。"十四五"期间，我国还要采取加快培育和发展房屋租赁市场、增加保障性住房供给、发展共有产权住房、改革完善住房公积金制度等措施，以缓解住房问题。

扩大内需战略为宏观调控权衡提供了新的空间

扩大内需战略以及相关的需求侧改革措施，与总需求视角的宏观调控并不矛盾，两者关系可以是一致的。在 2021 年政府工作报告中，涉及"扩大内需战略"的具体措施，不但提到了前述需求侧改革措施，而且也提到了总需求调控的内容。例如，在扩大有效投资方面，"2021年拟安排地方政府专项债券3.65万亿元，优化债券资金使用，优先支持在建工程，合理扩大使用范围。中央预算内投资安排6100亿元。继续支持促进区域协调发展的重大工程"。事实上，"扩大内需战略"既包括了需求侧改革，也包括了传统的总需求调控。这两者都是从需求角度出发，前者侧重于中长期的视角，后者侧重于短期视角。

同时，扩大内需战略为宏观调控政策的权衡提供了新的空间。关于CPI是否要纳入资产价格因素的讨论，关于货币政策是否要考虑房价的讨论，都反映了我国经济金融形势面临复杂的挑战。一方面，宏观经济面临有效需求不足，制造业投资和居民消费增长乏力，新冠肺炎疫情冲击之下这一问题更加凸显；另一方面，资产价格相对上升较快，尤其是房价对消费、投资行为都产生了一定影响。

在这种复杂、困难的权衡当中，供给侧结构性改革十分必要，但仍无法解决全部问题。而以总需求为调控对象的宏观经济政策也在有效需求不足和资产价格较高之间面临两难选择。在这样的两难选择之下，扩大内需战略和需求侧改革可以发挥重要作用，为宏观调控提供更大的政策空间。当然，实施扩大内需战略并非易事。尽管如此，"扩大内需战略"的提出以及这方面的努力，仍将有可能为宏观调控的艰难平衡提供新的政策空间。

金融手段如何助力实现共同富裕

张明

中国社会科学院金融研究所副所长，国家金融与发展实验室副主任

刘瑶

中国社会科学院财经战略研究院助理研究员

"十四五"规划和2035年远景目标纲要提出，要实现人均国内生产总值达到中等发达国家水平，中等收入群体显著扩大，基本公共服务实现均等化，城乡区域发展差距和居民生活水平差距显著缩小的奋斗目标，全体人民共同富裕取得更为明显的实质性进展。2021年8月17日，中央财经委员会第十次会议强调，要在高质量发展中促进共同富裕。

改革开放以来，金融业发展促进了储蓄投资转化与资金信贷

配置，成为我国经济快速增长的重要驱动力。那么在现阶段，我国应该如何通过金融手段助力实现共同富裕呢？笔者认为，可以从充分发挥金融政策的再分配效应、大力推进金融工具创新、系统强化创新型金融体系的顶层设计三个方面来发力。

发挥金融政策的再分配效应

促进共同富裕的手段之一是再分配问题。要在高质量发展中促进共同富裕，就应正确处理效率与公平的关系，构建初次分配、再分配、三次分配协调配套的基础性制度安排。而通过金融手段助力实现共同富裕的理论逻辑，就是要发挥金融政策的正向再分配效应。

1. 发挥总量型货币政策的正向再分配效应

在传统认识中，扩张性货币政策将推动经济周期性繁荣，降低失业率，缩小收入分配差距。理论上讲，货币政策的正向再分配效应主要通过三条渠道发挥作用。首先是收益异质性渠道。扩张性货币政策将降低企业融资成本，抬高商品价格，促进企业扩大再生产并增加就业，这有利于以劳动报酬为主要收入来源的中低收入人群，而对工资变动缺乏弹性的高收入人群影响不大，从而有助于缩小收入差距。其次是费雪效应渠道。扩张性货币政策如果引发未预期到的通货膨胀，就会导致名义资产负债表发生重估，以高收入者为主体的名义债权人将遭受损失，而以低收入者为主体的名义债务人将从中受益。最后是资产负债表渠道。扩张性货币政策将修复企业受损的资产负债表，缓解不利的流动性与通缩螺旋。这有利于中小企业与低收入借款者增加收入，进而缓解收入不平等。值得一提的是，如果扩张性货币政策与限制杠杆率的宏观审慎政策配合实施，那么货币政策的正向再分配效应将会显著增强。

2. 发挥结构性货币政策的正向再分配效应

结构性货币政策的实施能够在更大程度上发挥货币政策的精准调控功能。这是因为，我国金融市场以银行间接融资为主，国内利率的非市场化因素削弱了金融定价功能，叠加政府隐性担保，导致刚性兑付、金融机构同质化、金融业竞争不足等问题，从而容易产生金融资源的结构性错配与扭曲。上述问题无法通过常规货币政策予以解决，尽管结构性货币政策出台的初衷并非调节收入再分配，但支农支小再贷款、定向降准、定向中期借贷便利（TMLF）等结构性货币政策工具具有引导信贷流向、强化激励相容的效果，有助于引导资金向经济发展的薄弱环节流动，进而缩小区域城乡发展差距，缓解中小企业融资难，并最终促进共同富裕。

3. 发挥信贷政策的正向再分配效应

信贷政策能够发挥平衡经济总量与优化经济结构的双重功效。要更大限度地发挥信贷政策的再分配效应，就需要关注其与其他政策的搭配使用。例如，可以将信贷杠杆与税收杠杆协调使用，促进信贷收支与财政收支双重平衡，在稳定经济增长的同时改善收入分配。又如，可以将信贷政策与宏观审慎监管搭配使用，在防范金融风险的同时改善收入分配结构。

推进金融工具创新

在金融市场的实践中，一些创新金融工具的使用能够显著提高资金配置效率，降低交易成本，在相关政策指引下有助于促进共同富裕的实现。

1. 大力发展数字金融与普惠金融

与传统金融相比，"数字金融＋普惠金融"的组合具有降低金融交易门槛、促进信息流通和价格发现、打通金融服务"最后一公里"的显著优势。数字金融与普惠金融的发展能够显著缓解收入与财富不平等。首先，数字金融与普惠金融通过创新储蓄、信贷与支付手段，扩大了广大群众对金融资源的可获得性、可接触性与支付便利度；其次，数字金融与普惠金融涵盖的长尾市场包含了大量被排斥于正规金融体系之外的低收入群体，提高了后者的资产收益率与资金流动性；最后，数字金融与普惠金融降低了信息不对称，能够更加有效地进行资金匹配与信用监控，从而有助于缩小收入差距。随着数字技术普及程度的提高，源于区域与群体间发展不平衡的"数字鸿沟"有望逐渐消失。

2. 大力发展绿色金融

近年来，绿色金融与经济增长的耦合程度不断上升，且两者之间存在显著的空间依赖关系。绿色金融囊括了绿色信贷、绿色保险、绿色债券、绿色基金、绿色股指、绿色信托及碳金融等工具，能够从多维度提高资金配置效率，在乡村振兴、扶贫减贫领域发挥了突出作用。在农业领域，绿色金融是农业供给侧改革的重要支撑，绿色金融创新能够支持农业适应气候变化，实现可持续发展。在农村领域，绿色金融可以推动乡村企业绿色转型，提升其经营绩效与环保业绩，改善其融资约束现状，从而增加农村就业以及农民收入。对农民来说，绿色金融可以通过盘活资源、将传统生产方式与新生业态进行无缝对接等方式，帮助农民增收致富。

3. 大力发展养老金融

当前，我国正面临生育率下降与老龄化加剧的深层次问题，长期以来，过度依靠财政提供基本养老保险的模式已不可持续，养老金融亟待快速、有序以及可持续发展。养老金融能够促进财富在代际、不同群体之间合理有序地转移，与调节收入再分配的社会保障制度具有长期的逻辑一致性。养老金融通过市场化手段，使得有关资金流通过金融体系实现社会财富的有效增值以及合理分配，从而有助于促进共同富裕。在实践过程中，要促进金融体系对养老金融的全方位支持，并用财税政策予以配合；还要拓展养老金融的服务对象，降低服务门槛，更好地发挥养老金融的普惠性与再分配效应。

4. 积极发展主权财富基金

主权财富基金使用主权国家的储备资产在全球范围内进行长期多元化金融投资，取得的投资收益能够增加一国的总体国民福利并推进该国经济的代际可持续增长。根据设立目的的不同，不同类型的主权财富基金对缓解财富不平等的作用机制相差很大。例如，稳定基金设立的初衷是通过基金盈利增加一国财富，防止资源枯竭后经济增长显著震荡，实现跨期平滑国家收入。又比如，养老储备基金创设的目的是应对老龄化社会冲击，健全养老保险体系，跨期平滑国民财富。再比如，战略基金创设的目的是配合国家发展战略需要，增强本国企业竞争力，增加国民财富。随着时间的推进，一些最初设立的稳定基金和战略基金，也具备跨越代际平滑财富的功能。

5. 积极发展 ESG 主题基金

ESG（environment, social and governance，即环境、社会责任与公司治理）基金主要衡量上市公司是否具备社会责任感，是否具有可持续发展潜质。相关数据显示，社会责任感更强的公司通常股价更稳定，回报率更高，也能更好地应对信任危机。我国经济在迈向高质量发展的过程中，将会更加注重公平，更加强调三次分配。因此，公益慈善以及以 ESG 基金为代表的社会责任理念，有望成为共同富裕的加速器。愿意承担更多社会责任的上市公司，在资本市场上将会得到更多机构投资者的信任，在政策层面也有望得到更多的激励与倾斜，这无疑有助于打通促进共同富裕的良性循环。事实上，ESG 投资的流行也有助于倒逼中国经济关于绿色可持续发展、代际可持续发展、金融普惠化等结构性改革。

加强创新型金融体系的顶层设计

要更好地发挥金融政策的正向再分配效应，更好地使用创新金融工具来促进共同富裕，离不开创新型金融体系的全方位支持，而要构建创新型金融体系，需要进行系统缜密的顶层设计。

1. 深化金融供给侧结构性改革

当前，我国金融市场实现资源配置的功能仍有较大提升空间，面临着要素定价市场化程度不高、金融结构扭曲、金融机构非功能性扩张及市场与政府关系不明确等问题。例如，我国目前尚未全部完成利率市场化与汇率市场化改革，在此背景下，银行利率定价自主权较弱，汇率缓释外部冲击能力有待强化，容易导致金融政策的正向再分配效应达不到预期效果。又比如，在我国经济步入新常态的背景下，间接融资模式下民营企业融资难、融资贵问题凸显，人民币贷款在新增社会融资中占比不降反升，这种间接融资占据主导地位的金融结构难以匹配新发展格局的金融需求，也难以发挥金融工具减贫、缩小财富差距的功效。因此，要实现共同富裕，就要深化要素定价市场化改革，促进金融市场结构性优化，实现金融机构功能性发展，从而进一步提高金融市场的资源配置效率和价格发现功能。

2. 支持金融体系创新

金融体系创新的关键在于建立一个成本更低、风险共担、收益共享、价格发现功能更强的创新型金融系统。首先，坚持市场中性原则，对不同人群、机构、交易者给予同等的市场主体地位。其次，优化金融市场结构，合理配置直接融资与间接融资、债券融资与股权融资结构，推进首次公开募股注册制，完善多层次、多功能资本市场体系。再次，建设统一完整的市场体系，打破货币市场、债券市场与信贷市场的多重分割。最后，充分发挥金融科技优势，降低单笔金融业务成本，提高金融服务可得性，鼓励金融产品创新。通过实施上述举措来构建支持创新的金融体系，可以有效避免金融偏向与金融资源错配，从而助力实现共同富裕。

3. 审慎渐进推进金融开放

一般而言，金融市场开放程度越高，金融参与者运用金融资源获取收益、降低风险的能力就越强。特别是随着金融全球化的深化，全球金融市场的价格发现与资源配置功能显著增强。越来越多的中资企业在境外进行投融资活动，优化了我国企业投融资模式，获得了更为可观的收益，这自然有助于促进实现共同富裕。同时，国际机构投资者持有更多样化的投资组合，抗风险能力更强，鼓励境外投资者在境内投融资有利于构建更为成熟的国内金融市场。不过，在国内经济增长模式正在转型、要素市场化改革尚未完成、存量金融风险尚未根本性消化的前提下，后续的金融开放应遵循审慎渐进的方式。近年来，中国政府已经显著加快了国内金融市场对外资金融机构的开放。一方面，目前针对QFII（合格境外机构投资者）、RQFII（人民币合格境外机构投资者）的投资额度限制已经全面放开；另一方面，目前国内已经出现了外资独资的商业银行、证券公司、基金公司、租赁公司等金融机构。在金融市场开放提速的前提下，资本账户的开放应该格外审慎。中国政府应该相当重视跨境银行借贷（其他投资）、地下渠道资本流动、衍生品跨境流动等高风险科目。

4. 强化金融监管

防范系统性金融风险爆发，是通过金融手段促进共同富裕的底线保障。这是因为，但凡爆发金融危机，最终都会对中低收入群体造成更加负面的不对称冲击。加强金融监管能够有效减少投机套利行为，缓解因市场漏洞而加剧的财富失衡。首先，金融机构要提高自身应对系统性风险的能力，限制风险资产头寸，约束过度风险承担行为。其次，监管部门要把控重点领域、重点行业的风险，做好系统、及时的监测预警。当前值得关注的金融风险包括地方政府与地方国企债务风险、房地产相关风险、中小金融机构相关风险、商业银行不良贷款风险等。最后，中央政府应加强财政政策、货币政策和宏观审慎监管、微观审慎监管的统筹协调，高度重视金融风险的内生性与相关政策的滞后性，守住防范系统性金融风险的底线。

促进共同富裕是我国下一阶段实现高质量发展的最重要目标之一。值得一提的是，当前要更好地促进共同富裕，需要金融政策与财政政策更加密切地协调，通过相关政策精准发力来尽快缩小区域差距、城乡差距以及居民部门内部的收入与财富不平等，增强经济增长的包容性与可持续性。

数字经济助推共同富裕

李晓华

中国社会科学院工业经济研究所产业布局研究室主任

消除贫困、改善民生、实现共同富裕是社会主义的本质要求。让贫困群众真正富起来，就是要增加他们的收入、提高他们的生活水平。在现代经济中，资源等传统生产要素对经济增长的贡献比较有限，技能、知识、数据等新型要素的作用日益突出。增加贫困群众的收入也需要提高他们的知识和技能，帮助他们及时获得市场信息，畅通商品流通渠道。当前，新一轮科技革命和产业变革方兴未艾，数字经济不但是创新最活跃的领域、经济增长的新动能，而且成为信息传播的主要渠道、知识获取的新型来源，以及商品销售和购买的重要平台。我国脱贫攻坚战取得了全面胜利，完成了消除绝对贫困的艰巨任务，数字基础设施建设和数字经济发展在其中发挥了重要作用。

完善的数字基础设施是共同富裕的坚实基础

"要想富，先修路。"在数字经济时代，"路"不仅指公路、铁路等交通基础设施，作为信息传递通道的数字基础设施的重要性正不断提高。我国地域范围广阔，地区间和城乡间发展不均衡，全面建成小康社会最艰巨最繁重的任务在农村，特别是在贫困地区。然而农村特别是偏远地区人口密度低，距中心城市远，光纤、移动基站等基础设施建设投入大，再加上用户数量少、收入低，所以运营成本高，仅算直接的经济账就不划算。但是我国高度重视农村地区的基础设施建设，将之作为带动农村地区经济发展、实现共同富裕的重要举措。2013 年，国务院印发的《"宽带中国"战略及实施方案》就提出"重点解决宽带村村通问题"，将"因地制宜为农村地区（尤其是贫困地区和少数民族地区）中小学和残疾人特殊教育机构建设宽带网络设施"作为应用示范工程加以推动。2015 年，国务院启动高速宽带网络提速降费政策，政策实施 5 年来，固定网络和手机上网流量的资费水平降幅都超过了90%，欠发达地区居民宽带网络不但能用得上，而且用得起。为解决农村地区宽带网络覆盖建设的资金投入问题，一方面，国家通过各类专项资金、税收优惠等方式加以支持；另一方面，电信运营商也主动将农村地区基础设施建设作为履行社会责任的重要举措。在通信村村通工程、电信普遍服务试点等政策推动下，我国的宽带网络覆盖率持续提高，已建成全球规模最大、覆盖最广的 4G 网络，4G 基站数量占全球总量的一半以上，人均享受的信息基础设施水平远远高于世界平均水平，贫困村通光纤和 4G 比例均超过 98%，即使边远地区的老百姓也能和全国人民一样共享数字经济发展的成果。

数字经济全面助推共同富裕

光纤、移动宽带网络是信息流动的"高速公路"。信息高速公路建好了，就实现了经济欠发达地区与全国乃至世界各地的信息联通。信息进村入户打破了城乡间的"数字鸿沟"，从多个方面带动农村经济发展和农民脱贫致富。

数字经济促进了知识在农村和偏远地区的传播。经济欠发达地区的经济发展和群众的脱贫致富根本上要靠教育解放思想，提高人的素质，使他们掌握更多的现代化生产知识和技能。但农村和偏远地区的教育资源供给相对匮乏，师资水平较低，也缺少图书馆、书店等获取知识的来源。互联网不但聚集了大量的专业化知识，慕课、教育直播等新型商业模式的发展也进一步提供了形式活泼、群众喜闻乐见的知识产品形态，有力地促进了先进思想、文化和现代化知识、技能在经济欠发达地区的传播。在完善的通信基础设施的支持下，2020 年因新冠肺炎疫情造成学校停课、课程由线下转向线上期间，偏远地区孩子也能通过移动网络上课，做到"停课不停学"。通过互联网获得市场经济的意识，增进对知识和专业技能的学习，偏远地区的群众可以将学到的知识用于在当地开展生产活动，也能够更加容易地在城市或发达地区找到更高收入的工作。

数字经济促进了市场信息的双向流动。现代经济活动的开展需要及时了解各种相关信息，而互联网是各种信息汇聚的枢纽，也是人们迅速了解市场信息的低成本渠道。借助互联网，经济欠发达地区的群众可以及时了解国家扶贫开发和支持产业发展的各种政策，及时掌握外界市场需求及其变化，据此调整产品结构，满足市场需求。同时，经济欠发达地区的群众也能通过电商平台、社交网络、在线旅游和外卖平台等渠道，将本地的特色商品、自然风光、文化旅游资源及时发布出去，带动乡村文化旅游、餐饮民宿产业的发展。

数字经济拓展了农村特色产品销售渠道。"酒香也怕巷子深"。农村特别是偏远地区的农副产品具有原生态特征和当地特色，迎合了生态、健康、多元的消费升级趋势。但是传统的线下流通渠道成本高、覆盖范围有限，更关键的是生产者与消费者之间存在严重的信息阻隔，产销难以实现对接。电子商务具有货架空间无限、辐射范围广、开店成本低等特点，通过教授农民学习掌握网上开店技能，完善农村物流基础设施，能够将农村特别是偏远地区的特色农副产品销往全国各地，不但让农副产品卖得出，而且还能卖上价。电商的发展也在农村地区创造了大量的就业机会。2014 年，国务院扶贫办就将"电商扶贫"纳入扶贫政策体系，并出台一系列电商扶贫政策。一些大型电商平台积极对接地方政府，合作完善县、村服务网点，孵化农业区域品牌，并通过自营直采、开设扶贫频道、支持扶贫产品流量等方式，帮助欠发达地区将它们的特色农产品上线销售，以"电商扶贫"带动农民致富。

数字经济带动了地方特色产业集群发展。电商平台的作用不仅在于带动农村特色农副产品"上行"，而且在带动产业链延伸、深加工产业发展方面也发挥着重要作用。一是农副产品线上销量的扩大会带动当地产业链从初级农产品向深加工农产品延伸，会吸引外部农产品深加工企业投资或本地创业型企业发展，形成特色农产品深加工产业集群。二是一些县、乡发挥自己的自然资源或既有产业优势，积极发展家具、特色服装等适合本地自然资源和劳动力禀赋的特色产品，并将电商作为销售的主渠道。目前，我国已经形成一大批各具产品特色的电商产品产业集群，阿里研究院等联合发布的《1%的改变——2020中国淘宝村研究报告》显示，在淘宝平台上就有淘宝村5425个、淘宝镇1756个，淘宝村和淘宝镇网店年交易额超过1万亿元。电商平台在带动特色产业集群发展、就地创业就业、农民增收方面发挥了积极作用。

数字经济有效解决了农民融资难问题。农民种养殖活动存在明显的季节性、周期性特点，每个生产周期开始时需要采购种子、化肥、农药、农膜、种苗、饲料等农业物资，但是在产品销售出去后才能获得收入，在生产周期的初始阶段存在短期的资金需求。但是由于缺少抵押物，农民很难通过传统金融机构获得资金支持。即使银行愿意给农民贷款，但是由于审批流程和周期长，也很难适应农产品季节性、周期性生产的资金需求。互联网平台通过对农民历史经营数据、产品线上即时销售订单数据、农作物卫星遥感数据的分析，可以高效完成对农民资金需求的评估，不需要抵押和担保等烦琐的线下申请审批程序，就能快捷完成放贷审批，解决农民季节性资金需求，帮助农民更好地开展农业生产、增加收入。

数字经济带动优质农资和消费品下乡。农民不仅需要农产品通过更有效的渠道销售出去，也需要获得更好的农业生产资料和消费品。传统的线下流通体系在农村地区比较薄弱，造成广大农村地区的商品相对匮乏。通过电商平台以及电商平台公司、物流和快递公司建设的线下配送渠道，农民对种子、化肥、农药、农机具等农业物资不但有了更多的选择，而且价格更低，送达更及时。同样，电商平台有丰富且物美价廉的消费品可供选择，农民能够足不出户实现"买全球"，从而改善农民生活品质，让广大人民群众增强获得感、幸福感。

数字经济为农民创造了新的收入来源。在线直播、短视频等新型互联网商业模式给大众提供了展示才艺、技能和日常生活的平台，农民也可以成为"主播"吸引大量粉丝，并从中获得打赏和广告分成收入。直播与电商相结合形成的直播电商进一步丰富了农副产品线上销售的形式，能够更加形象有效地宣传产品、引导销售，一些地方领导也主动通过直播方式为家乡产品代言。直播电商通过打造网红产品、塑造地方品牌，有效带动了农副产品的销售和品牌价值的提升。

数字经济助力共同富裕的空间广阔

"十四五"我国开启全面建设社会主义现代化国家新征程，将把促进全体人民共同富裕摆在更加重要的位置，让脱贫基础更加稳固、成效更可持续，数字经济发展仍将是促进全体人民共同富裕的重要推动力。2019 年，中共中央办公厅、国务院办公厅印发《数字乡村发展战略纲要》，进一步明确了继续在乡村深化 4G 普及、推动 5G 创新应用，缩小城乡"数字鸿沟"的目标，我国农村数字基础设施的建设水平将进一步提高。

随着数字技术的颠覆性创新不断涌现，数字经济的赋能能力不断增强，新模式新业态将成为向广大农村地区传递知识和信息、展示和销售农村商品和服务的更有效渠道。人工智能、区块链等新一代信息技术的发展将进一步推动农业的数字化转型，发展精准农业、智慧农业，促进农村各类产业提升创新能力、提高生产效率、进行业态创新、改进客户服务、创造更多价值，在此过程中进一步带动农民增收致富，与全国人民一起分享社会主义现代化建设的成果。

新型集体经济赋能乡村振兴，促进共同富裕

涂圣伟

国家发改委产业经济与技术经济研究所农村室主任

接续推进从全面小康迈向共同富裕，发展农村集体经济是一个无法回避的重要命题。理论和实践都表明，个体富裕与集体富裕并不是非此即彼、互相排斥的关系，而是相互依赖、相互关联。在全面推进乡村振兴中促进农民农村共同富裕，需要把握好个体富裕与集体富裕这对关系，充分发挥新型农村集体经济的优越性，通过集体共同奋斗实现广大农民更全面的发展。

发展集体经济是实现共同富裕的重要保证

世界上没有普适的共同富裕道路，一个国家以何种方式迈向共同富裕，必须是基于本国历史、现实和国情出发所做出的选择。就我国农民农村共同富裕道路而言，集体所有制是不可突破的底线，同时具有强大的制度优势，它将集体优越性与个人积极性相结合，走集体强和农民富相统一的路子，这必然有别于西方发达国家，也肯定不同于城市居民。

发展集体经济是实现农村生产力"第二个飞跃"的重要动能。生产力发展并不必然带来共同富裕，但共同富裕一定建立在生产力不断发展的基础上。"统"与"分"都是发展农村生产力的重要途径，"统"与"分"相互关联、相互促进。当前不论是破解农业低效率困境，还是促进农村经济高质量发展，都需要在稳定"分"的基础上更好地实现"统"的功能，通过更有效的"统"来促进统分结合迈向更高水平，农村集体经济在这方面具有不可替代的优势。

发展集体经济是保障和改善农村民生的重要物质基础。发展和民生是相互牵动、互为条件的关系。保障和改善农村民生必须建立在农村经济发展和财力可持续的基础之上，其中，集体经济的发展壮大尤为重要。现实中，凡是集体经济实力比较强的乡村，凝聚力和发展活力就比较充足。没有集体经济的充分发展，乡村治理、公共产品供给等往往缺乏物质基础。

发展集体经济是促进农民持续增收的重要渠道。提高人均收入是实现共同富裕的基础。长期以来，我国农民收入增长主要依靠家庭，集体经济在农民收入增长中的作用发挥还不充分。从地方实践看，只要农村集体产权明晰了，集体经济的运营机制对路了，集体资源资产就能有效转化为农民增收致富的重要来源。发展壮大农村集体经济，形成家庭性增收与集体性增收"双支撑"格局，农民增收致富的基础也会更加稳固。

发展集体经济是提升小农户创富能力的重要依托。集体经济并不排斥个体的发展，相反还是个体经济发展的重要依托。小农户大量且长期存在，是我国的基本"农情"，家庭经营的基础性不可替代。但也要看到，小农户分散经营抵御风险的能力不强，自我发展能力不足。农村集体经济组织作为农村各类市场主体中组织化程度最高的主体，通过发展集体经济实现多样化的联合与合作，有利于提升小农户组织化程度，将小农户生产引入现代农业发展轨道。

发展新型集体经济，促进共同富裕

农村集体经济的优越性并不是必然的，也不会恒定不变，根本上取决于其是否契合时代发展要求。发展农村集体经济，绝不是复归"归大堆"模式，而是壮大新型农村集体经济，这里有三个特征需要把握。

第一，多样化的实现形式。所有制实现形式相对所有制具有一定的独立性。集体经济的实现形式应当多样化，同时也会随着时代条件变化不断发展变化。具体来看，新型农村集体经济的实现形式，不仅包括共有产权、共同劳动和共同收益的集体共有经济，也包括通过让渡部分权利形成的股份制等资本组织形式和经营资本的间接经营方式。也就是说，新型农村集体经济的实现形式不应该是唯一的，将集体经济的实现形式单一化或固化，要么导致集体经济不具备经济上的合理性，要么造成集体经济被弱化甚至被忽视。当前不断深化的农村集体产权制度改革，特别是"三权分置"改革，为新型农村集体经济实现多样化创设了产权基础。

第二，有效的治理机制。我国传统集体经济之所以走向衰败，源于治理体系上的两个先天性缺陷。一方面，传统集体经济表现为其与村级组织在身份上混同、功能权责上不清，造成公共服务目标与盈利性目标存在内在冲突，农村集体经济组织背负的公共负担过重。另一方面，传统集体经济内部管理过于依赖村干部的权威和高度集中化的模式，分配上的平均主义以及监督和约束机制缺位，造成集体行动陷入困境。当前赋予农村集体经济组织特别法人地位，为使其成为真正的市场主体奠定了法律基础，但建设现代治理体系依然任重道远，事实上在很大程度上也决定了农村集体经济的成败。

第三，合理的利益分享机制。新型农村集体经济组织是一个现代利益共同体，其吸引力在于通过合作能够形成比个体经济更多的收益，并且收益的分配是公平的。各类主体因利益而进行联合或合作，利益的创造与合理分配使其得以维持和发展。传统社区型集体经济，正是由于缺乏经济合理性和完善的利益分配机制，所以发展效率不高。对新型农村集体经济而言，不论是基于劳动的联合还是资本的联合，既要做大集体经济"蛋糕"，还要有效解决各类要素参与分配机制问题，特别是要理顺与农民的利益关系，有效保障农民利益，确保所有必有所得、所劳必有所得。

提升新型农村集体经济的四个能力

围绕促进农民农村共同富裕，集体所有制在市场经济条件下以何种形式得到有效实现，依然是一个值得深入探讨的话题。新型农村集体经济的发展壮大不会一蹴而就，应尊重规律、关照现实，着力提升四个能力，推进新型农村集体经济高质量发展。

一是市场化运营能力。依靠财政补贴或外部帮扶的集体经济是不可持续的，只有适应市场，才能在竞争中获得长期可持续的发展能力。新型农村集体经济要发展壮大，必须向真正的市场化主体转型。一方面，将集体经济组织与村级组织的组织功能混同而不加区分，必然会损害集体经济效率，但二者的功能在实际运行中事实上又很难截然分开，所以就需要厘清集体经济与村级组织的职能，因地制宜推动村委会和村集体经济组织的分设，化解公益性目标和经营性目标的内在冲突。另一方面，积极探索建立现代法人治理结构，形成符合市场经济要求的决策机制和有效的激励约束机制，加强新型农村集体经济组织管理和人才队伍建设，提高新型农村集体经济组织运行效率。

二是开放发展能力。完全封闭的系统是不可持续的。从封闭走向开放，是农村集体经济发展壮大的必由之路。传统社区型集体经济相对封闭，成员资格以地域和血缘产生的身份关系为基础，成员边界不清晰，资产权益流转受限。随着城乡发展格局和人口流动变化，集体经济的地域封闭性需要也必然会被打破。发展壮大新型农村集体经济，需要探索开放成员权，并且赋予成员有进退自由；同时，逐步扩大集体资产可交易的对象范围，加快推动集体经济组织由传统社区共同体转向现代利益共同体。

三是联动带农能力。集体的价值在于为农民个体提供基本保障和发展机会，否则就会失去吸引力。增强集体经济组织联农带农能力，就要充分发挥其"统"的功能，提高资源整合能力，通过领办创办生产类、服务类、资源类等各类合作社，带动新型经营主体、服务主体和小农户共同发展。更为关键的是，要优化集体经济收益分配关系，完善收益分配方式，建立与经营效益挂钩、以股份份额为基础的分配机制，加强收益分配的监督管理，确保集体成员公平分享集体收益。

四是风险抵御能力。抗风险能力是提升集体经济组织竞争力的关键，在宏观层面侧重于促进集体资产的保障增值，在微观层面体现为经营风险、财务风险等风险应对能力的提升。当前，尤其要重视农村集体资产流失、集体经济债务上升等问题，加快完善农村集体资产管理与监督机制，建立村级负债动态监管、预警等机制。同时，健全政策支持机制，完善集体经济组织"抱团"机制，鼓励打破地域界限共同发展；健全社企合作长效机制，鼓励组建混合所有制经营实体，发展混合所有制经济，促进集体经济多元化发展。

第三篇

收入分配与共同富裕

以提升人力资本为核心扩大中等收入群体

刘世锦

全国政协经济委员会副主任，国务院发展研究中心原副主任

扩大中等收入群体规模的难点

中等收入群体的界定是一个学术性较强的问题，学界已有不少深度研究成果。流行的界定方法有绝对标准和相对标准。所谓"绝对标准"是指采用收入或支出等客观指标界定中等收入群体。例如，世界银行经济学家布兰科·米兰诺维奇（Branko Milanovic）和什洛莫·伊扎基（Shlomo Yitzhaki）在对 2002 年世界各国收入不平等情况进行分析时，以巴西和意大利的年均收入为标准，将

其分别界定为中等收入群体划分标准的下限和上限，同时又按世界银行估算的 2000 年购买力平价进行转换，得出人均每天收入 10~50 美元为中等收入群体的划分标准。霍米·哈拉斯（Homi Kharas）以每天人均消费 10~100 美元作为标准来界定发展中国家的中等收入群体，并对中等收入群体结构进行分析。美国的皮尤研究中心在 2015 年全球中等收入群体研究中表示，其对中等收入群体的划分标准为按购买力平价来计算，人均每天收入应当在 10~20 美元。国家统计局也提出了一个绝对标准，即把年收入在 10 万~50 万元的家庭定义为中等收入家庭，并按该标准测算，2018 年我国中等收入群体约占总人口的 28%，这就是目前我们常提到的我国中等收入群体约 4 亿人的来源。通过上述研究可以看出，不同研究采用了不同的绝对标准，对中等收入群体的界定标准有比较大的差别，依据不同标准估算出的中等收入群体规模也不一致。

与之相对应，"相对标准"则是以中位数收入为中心，通过设定上下浮动的一定比例，对中等收入群体边界的上下限进行界定。例如，格雷厄姆等人（Graham et al）选取人均收入中位数的 125% 和 75% 作为界定中等收入群体的上下限。普雷斯曼（Pressman）则采用在收入中位数的 67%~200% 作为标准来界定中等收入群体。国内对中等收入群体界定标准的研究也有采用相对标准的。例如，李培林等人以收入分位值为标准，把城镇居民收入的第 95 百分位界定为中等收入群体上限，下限则为城镇居民收入的第 25 百分位。按照这一标准，我国城镇中等收入群体在 2006 年、

2008 年、2011 年和 2013 年的占比分别为 27%、28%、24% 和 25%。

从上述研究可以看出，以绝对标准来测量中等收入群体，在不同发展水平和收入结构的国家会遇到一些问题，因为按照这样的绝对标准，发达国家的居民可能 80% 甚至 90% 以上都是中等收入群体。所以，在国际比较当中，学术界更倾向于使用相对标准。通常的做法是，把全国居民收入中位数的 75%~200% 定义为中等收入群体。但以这种相对标准定义的中等收入群体，受收入差距的影响很大。换句话说，如果一个国家和社会的收入差距不能够缩小，尽管其居民收入在普遍不断提高，但中等收入群体的规模和比例可能不仅不会扩大，反而会缩小。从我国的情况来看，如果将居民收入中位数的 75%~200% 定义为中等收入群体，那么，近 10 年来我国中等收入群体占比则一直维持在 40% 左右。

扩大中等收入群体规模之所以重要，首先与能否跨越中等收入陷阱、进入高收入社会相关。世界银行和国务院发展研究中心 2013 年在题为《2030 年的中国：建设现代、和谐、有创造力的社会》的报告中指出，在 1960 年的 101 个中等收入经济体中，到 2008 年只有 13 个成为高收入经济体，87% 的中等收入经济体在将近 50 年的时间跨度里，都无法成功跨越中等收入陷阱，进入高收入阶段。陷入中等收入陷阱的国家多数是阿根廷、巴西、墨西哥等拉美国家，也有马来西亚等亚洲国家。这些国家在 20 世纪 70 年代就已达到中等收入水平，但此后几十年无法突破瓶颈，稳定地进入高收入国家行列。对这些国家而言，人均 GDP 一万美元就像一道魔咒，跨越了还要倒退回来。与此形成鲜明对照的是采用"东亚模式"的日本和亚洲"四小龙",它们用了10年左右的时间就实现了从中等收入经济体到高收入经济体的跃升。

陷入中等收入陷阱的原因甚多,其中一个重要变量就是收入差距过大,没有形成足够规模且稳定的中等收入群体。反之,日本、韩国和中国台湾,在跨越中等收入陷阱的过程中都保持了较小的收入差距。由此,李培林等人提出了双重中等收入陷阱的命题,认为如果不能解决中等收入群体占主体的问题,就无法成功跨越中等收入陷阱。

就中等收入社会向高收入社会的跨越期来说,扩大中等收入群体的意义首先是增加消费需求,对经济持续增长注入新的动能。这一时期经济增长已由高速转入中速,投资、出口对增长的重要性下降,消费和服务业逐步转为主导性增长力量。作为边际消费倾向高(相对于高收入群体)、消费能力强的中等收入群体,成为扩大消费容量进而拉动增长非常重要的力量。

中等收入群体扩大、消费扩容,前提是能够实现收入增长,使这部分人由低收入行列脱颖而出。有的论者谈论如何增加低收入群体的消费意愿,似乎低收入群体消费水平低是由于他们不愿意消费。这种情况并不符合实际,主要限制因素仍然是收入水平低。低收入群体增加收入可以有多种途径,比如通过再分配,但从总体和长期层面来讲,低收入群体增加收入并进入中等收入群体行列,要靠他们自身创造财富能力的提升。所以,在增长视角下,对有潜力进入中等收入群体的那部分人来说,他们不仅是消费者,更重要的还应当是生产者、创新者,在这几种身份之间建立起可持续的循环。他们首先是生产者、创新者，创造出社会财富、提高收入水平，进而增加消费，并为下一轮的生产和创新营造条件。

这样一种循环的形成和提升并非易事，中等收入群体扩大的难度正在于此。已有的高收入和中等收入者，在既有的发展空间和制度约束下，显然最有条件抓住和利用提高收入水平的机会，从而成为先富起来的那部分人，这里姑且先不讨论这种先富一步是否合理。而较低收入人群或潜在的中等收入人群，对既有发展空间和制度条件的分享可能性显然偏低，甚至是可望而不可即的。他们要跻身中等收入群体，就要打破既有的多个层面的约束，形成一组新的发展空间和制度条件。

二战以后工业化的历史经验表明，摆脱传统社会的低水平增长陷阱，启动现代增长进程是一场苦战，但与此后由中等收入阶段转向高收入阶段相比，似乎还要容易一些。如果把现代经济增长看成一个火箭发射入轨过程，摆脱传统社会低水平增长陷阱是一次启动，摆脱中等收入陷阱、成功转入高收入社会则是二次启动。二次启动的难度显然大于一次启动。几十个经济体进入现代经济进程，而只有少数经济体跻身高收入社会的事实，提供了有说服力的佐证。坦率地说，我们对二次启动的难度何在并不很清楚，而这也恰恰就是研究扩大中等收入群体的难点和重点。

增长型收入差距与衰退型收入差距

中国的收入差距扩大是伴随着改革开放推动的经济高速增长

而出现并发生波动的。收入差距扩大对经济社会发展的影响要放到经济转型、制度变迁的架构下考量，并不存在简单的结论。如何扩大中等收入群体的逻辑和政策，也要在这一过程中加以分析。

李实等人把改革开放以来的收入差距变化大体分为两个阶段。第一阶段，从 1978 年到 2008 年，收入差距逐步扩大。这一阶段可以分为三个时期。第一个时期，是 1978—1983 年，收入差距并没有扩大，反而有所缩小。由于农村改革率先启动，农村家庭联产承包责任制的实施，带来了农民收入的快速增加，城乡之间收入差距一度从 1978 年的 2.6 倍下降到 1983 年的 1.8倍，并带动了全国收入差距的缩小。全国收入差距的基尼系数在1981—1983 年下降了近 3 个百分点，直到 1986 年才回到 1981年的水平。第二个时期，是 1984—1994 年，收入差距全面而持续地拉大。80 年代中期，城镇的市场化改革启动，增长加快，而农村改革的第一波增长效应下降，城乡之间的收入差距再次拉大，同时城市内部和农村内部的收入差距也开始拉大。第三个时期，是 1995—2008 年，开头两年收入差距出现了短期下降，主要是由于政府大幅提高了农产品收购价格，这对农民收入增长起到了积极作用；此后随着涨价效应的减弱，又重回收入差距扩大的轨道，到 2008 年达到一个高位。世界银行专家估算，1981 年中国全国收入差距的基尼系数为 0.31，到 2008 年上升到 0.491。

第二阶段，2008 年以后，收入差距高位徘徊或有所下降。从 2008 年以后，国家统计局公布的全国收入差距的基尼系数出现了逐年下降的势头。但 2015 年以后又有小幅回升，如 2015 年为 0.462，到 2017 年达到 0.467。全国收入差距出现变化的一个重要原因是城乡之间收入差距的缩小。最新研究发现，城乡收入差距在全国收入差距中所占的比重从 2007 年的 40% 下降到 2013 年的 15%。这一时期城乡收入差距趋于稳定，且某些时段有所回落，主要得益于若干因素的影响，如农村劳动力向城镇的持续转移，"刘易斯拐点"出现后农民工工资水平的提升，新农保、新农合、最低社会保障等社会保障体系在农村的建立和完善等。

回顾改革开放以来收入差距的演变历程，可以引出两组重要概念。

一组是"增长型收入差距变动"和"衰退型收入差距变动"。增长型收入差距变动是指收入差距变动与经济增长同时发生，而且收入差距变动成为经济增长的动因，更具包容性的情景是，各个阶层的收入均有增长，只是增速不同引起收入差距变动。相反，衰退型收入差距变动是指收入差距变动与经济衰退同时发生。这里的衰退也可以分为绝对衰退和相对衰退，前者是指经济规模的收缩或负增长，这种情况少有发生；后者则指经济增速虽然维持了正增长，但显著低于潜在增长率。

另一组概念是"增效型收入差距变动"与"减效型收入差距变动"。前者是指收入差距变动有利于提高效率，如通过改进激励机制降低成本、增加产出，通过创新拓展新的增长空间等，资源由低效领域向高效领域流动。而减效型收入差距变动则指收入差距变动带来效率下降，如腐败、行政性垄断引起的收入差距效应。增效型与减效型收入差距变动的一个根本区别是，前者创造社会财富，后者只是在转移社会财富。现实生活中，二者有时是同时发生的，如改革初期的双轨制，就是在提供部分市场激励的同时，也产生了不少腐败。

把上述两组概念结合起来，就会形成多种组合。一种典型且较为理想的组合是增效型与增长型收入差距变动的组合，效率提升成为增长的主因，各个阶层都能增长，差距主要表现在增速的不同上，经济增速达到或非常接近潜在增长率。另一种比较极端的组合是减效型与绝对衰退型收入差距变动的组合，收入差距变动伴随的效率下降使经济处在收缩状态。

在这两种组合之间，我们还会看到诸多更接近现实的组合。增效型与减效型通常同时并存，区别在于哪种类型居主导位置。一种典型情景是，尽管存在不同程度的减效型因素，但增效型依然为主，经济增长接近潜在增长率水平。另一种情景是，减效型因素超过增效型因素，经济增长处在远离潜在增长率的相对衰退状态，如拉美一些增长长期停滞的国家，以及中国改革开放前的某段时期。

中国改革开放以来，大体属于增效型主导、经济增长接近潜在增长率水平的收入差距变动状态。改革开放初期，农村改革驱动了低收入群体增效增收而使收入差距有所收缩。此后出现的收入差距扩大，大体与中国经济的高速增长相对应，表明更多是增效型差距扩大在起作用。减效型因素也普遍存在，如与行政权力相关联的腐败、行政性行业垄断、不公平的市场准入和市场竞争、基本公共服务分享不均，都不同程度地拉低了经济增长水平。问题的复杂性在于，作为转型期的经济体，增效和减效有时是混在一起的，并非泾渭分明，如多种形态的双轨制。

经济增长过程中的收入差距变动是否有规律可循，在学术界存在争议。一度流行的库兹涅茨曲线，认为随着经济增长和收入水平的提高，收入差距呈倒U形变化，即先低后高，达到某个峰值后，再由高到低。但是这一假说的逻辑不甚清晰，也缺少实证基础。如果这样的倒U形变动确实存在，一种可能暗含的逻辑是，在现代增长过程的初期，处在高生产率部门的人群收入率先加快增长，在收入差距拉大的同时也推动了经济增长。但达到一定高度后，增长将会减缓。如果此后低收入人群生产率提升，带动其收入增长相对加快，就会在收入差距缩小的同时，也为经济增长提供新的动力。简单地说，第一阶段先富起来的那部分人会拉大收入差距，第二阶段后富起来的另一部分人将缩小收入差距。这两个阶段均具有增效型带动增长型收入差距变动的特征。

不过，这种比较理想的格局并不具有必然性。另一种可能出现的情景是，第一阶段先富起来的那部分人增长乏力后，低收入人群无法提高生产率，难以启动后富起来的第二阶段，于是，经济可能陷入收入差距居高不下、增长相对衰退的状态。还有一种可能的情景是，全面压制先富阶层，在"劫富"的同时，也使其不再具有增效积极性，这样收入差距有可能缩小，但不可避免重蹈改革开放前平均主义加普遍贫穷的困境。

从这样的角度看，现阶段中国应当力争的是第一种情景，避免后两种情景。尽管出现第三种情景的可能性较小，但走回头路的社会基础亦不应低估。更具挑战性的是如何避免第二种情景。在此意义上，扩大中等收入群体的重要性、紧迫性就更显而易见了。

实现中等收入群体倍增目标的意义和重点人群

邓小平在改革开放初期提出："一部分地区、一部分人可以先富起来，带动和帮助其他地区、其他的人，逐步达到共同富裕。"①经过改革开放 40 多年的发展，中国已经进入实现共同富裕目标的第二阶段，也就是通过另一部分人也富起来，带动全体社会成员的共同富裕。从本文前面的讨论可以看出，第二阶段的难度和不确定性都要大于第一阶段。试图后富起来的群体在人力资本、发展机会和发展条件上总体落后于先富起来的群体，而且向前走或向后退的可能性都是存在的，落入中等收入陷阱的国家已有先例。从国内看，前段时间受新冠肺炎疫情冲击，部分地区的劳动者收入和消费水平下降，有数据显示，中等收入群体规模出现阶段性收缩。

在这个时间节点，有必要提出一个中等收入群体倍增的目标，在已有的 4 亿中等收入群体的基础上，再用 10~15 年的时间，推动这个群体再增加 4 亿~5 亿人，达到 8 亿~9 亿人，占总人口的 60% 左右。提出并实施这一目标有如下一些考虑。

---

① 邓小平. 社会主义和市场经济不存在根本矛盾 [M]// 邓小平文选：第三卷 . 北京：人民出版社，1993.

首先，中等收入群体倍增对扩大内需、提高生产率和维护社会政治稳定具有不可替代的作用，中等收入群体的规模和实现倍增的时间也都具有重要意义。规模不足或时间拖后都将直接影响经济增长速度和社会的稳定性，对此缺少认识很可能付出全局性代价。其次，提出这一目标本身就是有意义的，它有利于形成全社会共识，调动各方面的积极性和创造性，而这正是中国的制度优势之所在。

实现这一目标具有可行性。根据我们研究团队的测算（参见《新倍增战略》一书"实现中等收入群体倍增的潜力、时间与路径"，中等收入群体倍增研究课题组），假定 2019—2030 年实际 GDP 平均增长 5.0% 左右，平均通胀率为 2.5%，名义 GDP 年均增幅 7.5%，居民可支配收入名义增速与名义 GDP 增速匹配，同时根据不同收入群体内城乡居民分布的加权计算，低、中和高收入群体收入增速分别为 7.7%、7.1% 和 6.9%，那么到 2030 年，我国中等收入群体比重将上升至约 51%，低收入群体比重下降至约 45.6%，高收入群体比重则上升至约 3.3%，中等收入群体规模将达 7.5 亿人，与 2018 年相比，2030 年有 3.7 亿人由低收入群体上升至中等收入群体。按照大体相同的变动速度，到 2035 年前，中等收入群体规模有可能达到 8 亿~9 亿人，实现倍增的目标。

另一个相关议题是实现这一目标涉及的重点人群。从我们团队的研究成果看，到 2030 年有可能进入中等收入群体的 3.7 亿人，主要对应的是 2018 年家庭年收入为 4 万~6 万元、6 万~8 万元和 8 万~10 万元的低收入家庭，也就是我们需要重点分析的潜在中等收入群体。这个群体中城镇居民占比为 57%，乡村居民占比为 31%，外来务工人员占比为 11%。其中外来务工群体，从数量和定义上，都更接近进城农民工群体。农民工是指在异地以非农就业为主的农业户籍人口。国家统计局数据显示，2017 年我国农民工数量达到 2.87 亿人，外出农民工 1.72 亿人，外出农民工中进城农民工 1.37 亿人。外来务工群体的定义为"来自农村地区、户口不在本城镇社区的人员"。2018 年外来务工群体占比为 9.7%，人口数量在 1.35 亿人左右。从数量上看，外来务工群体大体接近进城农民工。

与 2013 年相比，2018 年外来务工人员中属于中等收入群体的部分占总人口的比重从 2.2% 提升至 4.1%，占中等收入群体增量的 27%，贡献率相当可观。这里所说的外来务工人员，基本上属于劳动年龄人口，非就业人口不多。而在乡村居民中，相当多的人口属于外来务工人员的子女和父母，其收入状况直接依赖外来务工人员。此外，农村人口就地城镇化的比重逐步提高，相当多的农民是在户籍所在地"被城镇化"的。所以，处在城镇化进程中的农村人口规模明显要大于上述外来务工人员。从现阶段我国城乡结构转型、收入增长的特征看，广义上的"进城农民工"是未来扩大中等收入群体需要着力关注的重点人群。

从调查数据看，以外来务工人员为主的进城农民工有以下特点：他们的家庭平均支出强度显著高于农村家庭，但由于无法同等享受城镇户籍的相关社会保障和公共服务，其储蓄避险意愿较高，所以外来务工家庭平均消费强度与城镇家庭仍有很大差异；外来务工人员受教育水平明显高于农村居民，基本接近城镇居民水平；就业分布与城镇居民有明显差异，外卖、出租车和快递等新型就业场景吸纳了数量可观的"新型农民工"就业，外来务工人员以 10% 的人口占比贡献了 20% 的新型就业，远超城镇和乡村居民；外来务工人员更多就职于民营部门，机关企事业单位就业占比较低，面临收入不高、就业不稳、社保不全等一系列制约其收入和消费稳定增长的因素；他们无法享受完善的城镇社会保障和公共服务，医保和养老保险覆盖率明显低于同样居住在城镇的居民；相当一部分外来务工人员尤其是其中的较高收入者，有明确定居城镇的需求。应当从进城农民工的这些特点出发，采取针对性强、务实有效的战略和政策，推动更多的进城农民工进入中等收入群体。

实施以提升人力资本为核心的倍增战略

进入共同富裕的第二阶段后，扩大中等收入群体战略和政策的核心是促进机会均等，着力提升低收入群体的人力资本，缩小不同群体之间的人力资本差距，以增效带动增长的方式缩小收入差距。一个简单的逻辑是，在剥去种种社会关系的外衣后，人们之间能力的差距，远没有现实世界中收入分配和财产分配差距那么大。如果能够创造一个人力资本公平发展的社会环境，人们的积极性、创造力普遍而充分地被发挥出来，公平和效率就可以互为因果，在提升社会公平的同时就能促进经济增长。

依照这种思路，下一步实施中等收入群体倍增战略，应以提升进城农民工人力资本为重点，采取多方面针对性、可操作性强的政策措施，力争在不长时间内取得明显成效。

第一，对农民工及其家属在城市落户实行负面清单制度。目前中小城市和部分省会城市已取消落户限制，仍有限制的城市则改为实行负面清单制度，即由规定符合何种条件能够落户，改为不符合何种条件不能落户。积极创造条件，加快缩减负面清单。对北上广深和其他特大型城市的城市核心区与非核心区域、都市圈内的中小城镇等实行差异化政策，采取不同的负面清单，适当放宽后者的落户限制。

第二，建设面向农民工为主的安居房工程。以大城市尤其是几大都市圈、城市群为重点建设安居房，着力解决能够稳定就业、对当地发展做出贡献、就地缴纳社保的低收入农民工住有所居、安居乐业的问题。以40~60平方米的小户型为主，降低建造成本，把安居房价格控制在与农民工购买力相适应的水平。降低购买资格门槛，不歧视无户籍、无学历人口。由政府主导筹措土地资源，设计运行规则，加强监管，在政策框架内实行市场化运营，形成商业可持续机制。

第三，与农村人口进城落户、提供安居房相配套，加快推进教育、医疗、社会保障等基本公共服务的均等化，健全财政转移支付同农业转移人口市民化挂钩机制，继续推进并扩展义务教育等基本公共服务随人员流动可携带的政策，打通农村社保、医保和城镇居民社保、医保的衔接，实行以居住证为主要依据的农民工随迁子女入学政策。

第四，提供就业基本公共服务，鼓励吸收农民工就业。对有劳动能力和就业需求的进城农民工，持居住证可在常住地公共就业服务机构享受就业基本公共服务。全面加强农民工职业教育培训，逐步将职业教育培训作为一项基本公共服务加以提供。推行农民工新型工匠培训计划。鼓励各类技工院校、职业学校、就业训练中心等参与农民工职业技能培训，并给予一定的财政补贴。鼓励企业对农民工员工开展职业技能培训，并在财税、信贷等方面采取必要的激励措施。国家对吸收农民工就业、安居较多的城市，在财政补助、基础设施投资等方面给予相应支持。

第五，加快推进农村集体建设用地入市和宅基地流转，增加农民工的财产性收入。落实十八届三中全会的要求，推动农村集体建设用地进入市场，与国有土地同价同权、同等入市。创造条件允许宅基地使用权向集体组织外部流转。积极稳妥务实地解决好小产权房问题。农地入市、宅基地流转获取的收入，应优先用于完善相应地区农村人口的社保体系，使他们与城里人一样不再依赖于土地保障，在提高土地利用效率、增加收入的同时，由更有效和稳定的社会安全网托底。

第六，促进机会公平。进一步打破不当行政性管制，疏通社会流动渠道，防止社会阶层固化。改变有些地方对低收入农民工的歧视性做法，在大体相当的条件下，在就业、升学、晋升等方面，给低收入群体提供更多可及机会。

第七，各级政府要制定规划、完善政策，定期督查、确保落实。要将农民工落户、住房、基本公共服务、就业和职业培训等纳入"十四五"规划和年度规划，明确有关部门的任务和职责，定期检查落实情况，做出进度评估，向各级人大报告。同时要根据经济社会转型升级和就业状况变化，对相关规划政策做出必要的调整改进。鼓励各地从实际出发积极探索创新，并将好的经验和做法在全国范围内推广。

如何构建协调配套的基础性分配制度安排

宋晓梧

中国经济体制改革研究会学术委员会主席

改革开放以来，我们借鉴发达市场经济国家的经验和教训，结合中国实际情况，经过艰辛探索，初步构建了社会主义市场经济分配制度。自十五大以来，党中央一再重申坚持按劳分配为主体、多种分配方式并存的分配制度。2019 年党的十九届四中全会通过的《中共中央关于坚持和完善中国特色社会主义制度 推进国家治理体系和治理能力现代化若干重大问题的决定》，将"按劳分配为主体、多种分配方式并存"的分配制度与"社会主义市场经济体制""公有制为主体、多种所有制经济共同发展"

并列，上升为社会主义基本经济制度。实践证明，按劳分配为主体、多种分配方式并存的分配制度极大地调动了企业和职工的积极性，为我国经济的持续高速增长提供了一个基础性平台，这是我们要长期坚持的。同时也应看到，在分配领域，不平衡的问题日益突出，不充分的问题依然存在。在迈向共同富裕的道路上，如何进一步深化分配制度改革，构建初次分配、再分配和三次分配协调配套的收入分配体系，是一个新的挑战。

初次分配、再分配和三次分配，这三个领域的分配制度之间既有紧密的有机联系，又各自遵循不同的原则。初次分配是基础，在社会主义市场经济条件下，市场对资源配置起决定性作用，劳动力、土地、资本、技术、管理和数据等要素都应由市场配置，并各自按贡献取得回报。再分配是建立在初次分配基础之上的，如果没有社会各阶层充裕的、合理合法的初次分配收入，国家就难以建立规范的包括基本社会保障、税收和财政转移支付等在内的再分配制度。三次分配应当激励和引导高收入群体增强社会责任感，积极参与和兴办社会公益事业，更要以初次分配和再分配为基础。我们可以设想一下，如果初次分配还搞企业吃国家的"大锅饭"、职工吃企业的"大锅饭"，平均主义盛行，就谈不上三次分配。

有人认为，"初次分配靠市场、再分配靠政府、三次分配靠自愿"。这样的概括比较简明易记，但也有些简单化。在初次分配方面，如果市场体系比较成熟健全，"初次分配靠市场"的提法原则上没有大问题。但我国从计划经济转向社会主义市场经济，在市场体系构建方面，尤其是包括劳动力在内的要素市场建设还不够完善。例如，城乡户籍制度以及与此密切关联的基本公共服务体系分割了劳动力市场，近3亿农民工的收入因此长期被压低。农民工初次分配问题，显然不能简单用企业自主用工、农民工自主择业这样的个体劳动契约关系来解决。深层次的问题是政府如何进一步打破城乡行政分割，加快培育统一的劳动力市场。2020年，中共中央、国务院出台了《关于构建更加完善的要素市场化配置体制机制的意见》，提出要"深化户籍制度改革"，"探索推动在长三角、珠三角等城市群率先实现户籍准入年限同城化累计互认。放开放宽除个别超大城市外的城市落户限制，试行以经常居住地登记户口制度。建立城镇教育、就业创业、医疗卫生等基本公共服务与常住人口挂钩机制，推动公共资源按常住人口规模配置"。落实上述政策措施，将大大加快农民工市民化进程，对缩小收入分配差距意义重大。又比如，适时调整最低工资指导线、加强对劳动力市场的监管、提供就业公共服务等，也是政府不可或缺的责任。

"再分配靠政府"原则上没有问题。基本社会保障、税收、财政转移支付等再分配制度是政府立法实施的。我国已经建立起覆盖全民的社会保障体系，免征农业税以及在新冠肺炎疫情期间减免企业税费负担，通过财政转移支付加大对老少边穷等困难地区支持力度，推动基本公共服务均等化，等等，在再分配方面取得了很大进展。现在的问题是我国再分配制度对于平抑初次分配差距发挥的作用很不够。20世纪80年代末90年代初，针对平均主义盛行的社会背景，曾提出把初次分配的激励原则引入再分配，这在当时历史条件下是可以理解的。经过40多年的改革开放，我国的社会经济生活已经发生了巨大变化，在创造了高速经济发展奇迹的同时，也逐步积累了许多问题，其中收入分配差距过大就十分突出。在这种情况下，"十四五"及今后一个时期的基本社会保障制度改革，应强调并提高其公平性、共济性。在税收制度方面，我国直接税所占比重仍然偏低，其中劳动报酬的最高边际税率又高于资本所得税率，且我国的直接税种目前主要针对流量收入，调节存量财产差距的房地产税、遗产税、赠与税等多年酝酿，未见出台。问题的长期积累，对居民的财富差距必将起到放大作用。因此，"十四五"及今后一个时期，政府再分配的着力点应当放在平抑初次分配的过大差距上。

"三次分配靠自愿"的提法不够严谨。自愿捐赠当然是值得提倡和肯定的。2016年我国颁布了《慈善法》，明确规定"开展慈善活动，应当遵循合法、自愿、诚信、非营利的原则"，"国家鼓励和支持自然人、法人和其他组织践行社会主义核心价值观，弘扬中华民族传统美德，依法开展慈善活动"。三次分配在我国还处在起步阶段，人均捐款与发达国家相比还有很大差距，但家产十亿美元的富豪人数已经超过美国，位居世界第一。从国际经验看，如果没有遗产税、赠与税等税种，仅靠宣传号召、道德感召，三次分配也很难规范地发展起来。有了遗产税、赠与税的平台，同时给予慈善事业和其他社会公益事业的税收优惠，建立有利于慈善组织健康发展的体制机制并加强监督管理，三次分配才能更充分地得到发展。

概括来说，初次分配重在调动社会各阶层市场竞争的积极性，让一切能够创造财富的源泉都充分涌现出来。再分配重在基本公共服务均等化，校正市场的"马太效应"，为社会稳定和经济可持续发展奠定坚实基础。三次分配重在慈善公益事业，让经济发展的成果更好地惠及全体国民。这三个领域的分配制度不可顾此失彼，应当根据经济社会的不同发展阶段进行调整组合。构建各有侧重又内在关联的分配体系，是实现共同富裕的基础性平台。

在形成合理分配的格局中实现共同富裕

迟福林

中国（海南）改革发展研究院院长

2021 年 8 月 17 日召开的中央财经委员会第十次会议研究扎实促进共同富裕。习近平总书记在会上的重要讲话是我国实现共同富裕的重要指导思想。他强调，共同富裕是社会主义的本质要求，是中国式现代化的重要特征，要坚持以人民为中心的发展思想，在高质量发展中促进共同富裕。

促进共同富裕的长期性、艰巨性和复杂性

促进全体人民的共同富裕是适应我国社会主要矛盾变化的基

本目标，是适应全体人民日益增长的美好生活需求的战略任务。与此同时，必须清楚地看到，我国是一个发展中大国，实现共同富裕是一个长期过程，不是一蹴而就的。14 亿人口的大国推进共同富裕，在人类发展史上没有先例，所以要充分估计共同富裕的长期性、艰巨性、复杂性。

第一，适应我国社会主要矛盾变化，促进全体人民共同富裕。进入新发展阶段，改革发展的重要目标就是基本实现全体人民的共同富裕。老百姓追求的不仅是物质生活，还有精神文化生活。共同富裕的内涵不仅是物质生活的富裕，也包括精神生活的富足。我国进入新发展阶段，教育、医疗、健康、文化等已成为老百姓日益增长的重要需求。因此，要在教育、医疗、健康、文化等方面为全体人民创造条件，使得城乡居民不仅能够有机会享有，而且水平大致相当。

第二，分阶段促进共同富裕。到 2035 年我国基本实现社会主义现代化，重要目标就是使人民生活更加美好，人的全面发展、全体人民共同富裕取得更为明显的实质性进展。我国是一个大国，一方面，正处在由高速增长的发展向高质量发展的转换时期，实现全体人民的共同富裕，不能一步到位，而要分阶段实现；另一方面，区域发展、城乡发展仍不均衡。"分阶段"是逐步实现共同富裕的突出特点。

在每个阶段，共同富裕有不同的目标、不同的任务。例如，到 2035 年要实现城乡差距、区域差距、收入差距明显缩小，基本实现全体人民的共同富裕。再比如，到 2035 年在基本实现社会主义现代化的过程中，我国有条件加快实现城乡居民基本公共服务均等化，使得全体人民共同富裕取得更为明显的实质性进展。当前，我国中等收入群体不到4亿人，若到2035年中等收入群体实现倍增，也就是8亿人左右，还没有达到14亿人的70%~80%。总的来看，到2035年全体人民共同富裕取得更为明显的实质性进展，将是在共同富裕的道路上迈出的决定性一步，这一步将为实现更高水平的共同富裕打下坚实基础。所以，不能把阶段性目标作为终极目标，要看到，共同富裕是长期目标。当前主要任务是实现第一步：基本实现共同富裕，并且走出一条实现共同富裕的中国之路。

要明确各个阶段共同富裕的发展目标，形成引导各方预期的体制机制安排；要鼓励各地因地制宜探索有效路径，总结经验，逐步推广。前不久，我到浙江桐庐调研，虽然桐庐相较于浙江有的地区，经济发展水平并不是最高的，但是我感觉桐庐是初步实现共同富裕的一个典型案例：一是它的生态环境特别好，实现了绿色发展；二是它的城乡差距较小，城乡一体化水平较高；三是老百姓的获得感很强，在基本公共服务、社会治理等方面，老百姓比较满意。

第三，走出更符合基本国情的共同富裕之路。共同富裕不是整齐划一的平均主义，也不是少数人的富裕。我国实行改革开放以来，打破传统体制束缚，允许一部分人、一部分地区先富起来，推动解放和发展社会生产力，这是符合我国社会主义初级阶段基本国情的重大选择，是在特定发展阶段下改革发展的路径选择。今天，进入新发展阶段，我国经济社会发展有条件、有可能、有基础提出并实现共同富裕的目标。当然，强调实现共同富裕绝不是少数人的富裕，也绝不是平均主义的富裕。实现共同富裕，就是要鼓励、支持全体人民通过勤劳致富、创新致富、发展致富、改革致富。也就是说，要在全面深化改革开放中为全体人民创造更多的机会和条件。

在形成合理分配的格局中实现共同富裕

实现共同富裕，是一个长期性、系统性的重大任务：不仅要惠及城镇居民，也要惠及农村居民；不仅要惠及中等收入者，也要惠及低收入者；不仅要惠及当代人，也要惠及后代人。

1. 形成人人享有的合理分配格局是实现共同富裕的一个基本前提

我国仍处在社会主义初级阶段，区域、城乡发展的不均衡、不充分比较突出。全面深化改革开放的重大任务之一，就是要提高发展的平衡性、协调性、包容性，就是要在经济增长和提高经济活力的同时，进一步缩小城乡差距和居民收入差距。目前，我国城乡居民收入差距仍相对偏高，财富收入差距较大。从基本国情出发，形成人人享有的分配格局，就是要合理提高劳动报酬及其在初次分配中的比重，健全劳动、资本、技术、管理等生产要素按贡献参与分配的制度，健全工资合理增长机制，合理调整最低工资标准；就是要缩小城乡居民的收入差距，尤其是缩小城乡内部的居民收入差距，创造条件让全体人民都能通过劳动致富、创新致富得到合理的回报；就是要促进各区域协调发展，增强区域发展的平衡性；就是要支持中小企业发展，强化行业发展的协调性。

2. 加快建立和完善城乡居民基本公共服务体系

目前，城市和农村已经建立了较为完善的公共服务体系，但是城市与农村的公共服务制度安排仍不统一，标准仍有较大差距。形成人人享有合理的分配格局，就是要逐步缩小城乡居民在享有基本公共服务方面的实际差距，推进城乡、区域、不同群体基本公共服务更加普惠、均等、可及，稳步提高保障标准、服务水平和服务效率。例如，农民工的孩子在城里上学还面临各种各样的问题，这就需要尽快打破各种掣肘，创造条件，使之在同等条件下，人人享有、机会平等、公平参与。再比如，建立对低收入群体的保障机制，使低收入群体能够有一个比较合理的收入增长机制。

3. 形成人人享有的分配格局，需要社会广泛参与

积极发展慈善等社会公益事业。鼓励引导高收入群体和企业家向上向善、关爱社会，增强社会责任意识，积极参与和兴办社会公益事业和慈善事业。例如，在基层通过工会互助基金等多重形式，形成教育、医疗等方面的互助机制。从现实情况看，调动全社会参与分配的积极性特别重要，而且空间巨大。

构建初次分配、再分配、三次分配协调配套的基础性制度安排

改革开放 40 多年来，我国经济快速增长，社会财富明显增大。与此同时，城乡间、区域间、群体间的收入差距仍比较突出。究其原因是收入分配改革滞后于经济社会发展实际需求。进入新发展阶段，深化收入分配制度改革，成为促进共同富裕的重大任务。

1. 以正确处理效率与公平关系为重点，深化收入分配制度改革

在改革开放初期短缺经济的背景下，我国经济发展的主要矛盾是如何做大经济蛋糕。针对"平均主义"和"吃大锅饭"，提出了"效率优先，兼顾公平"的原则，这对我国建立社会主义市场经济体制、做大经济总量发挥了历史性作用。进入新发展阶段，适应全体人民对美好生活的向往，处理好公平和效率的关系，就要在注重效率的同时更加注重公平。比如，加快实现城乡居民基本公共服务均等化，逐步缩小贫富差距、城乡差距、区域差距，等等。

深化收入分配制度改革，要加快构建初次分配、再分配、三次分配协调配套的基础性制度安排。要以初次分配注重效率调动各方积极性，以再分配实现社会公平，以社会为主体形成慈善共济的三次分配新格局。从现实看，无论是初次分配、再分配还是

三次分配，都需要建立完善的体制机制，这是我国走向共同富裕的重要制度保障。

2. 初次分配要更加注重生产要素的公平分配

从实际看，相关的制度安排，如当前初次分配的基础制度安排中，劳动、技术、管理等各类生产要素参与分配的相关制度仍不完善。比如劳动力产权缺乏相应的制度安排，影响了劳动报酬在初次分配中的比重。因此，在推进要素市场化改革的过程中，要更加注重各类生产要素的公平分配，健全劳动、资本、土地、知识、技术、管理、数据等生产要素由市场评价贡献、按贡献决定报酬的机制。这对鼓励青年人创新创业、激发各方积极性、增强经济活力有着重要意义。

3. 以城乡居民基本公共服务均等化为重点进行再分配

重点是充分发挥税收的收入调节作用，并以基本公共服务均等化保障不同群体的权利公平、机会公平，重点是解决2.8亿农民工融入城镇的问题。到2035年基本实现社会主义现代化，加快基本公共服务均等化进程，需要进一步完善相关的制度安排。

4. 三次分配在共同富裕中扮演着重要角色

三次分配的核心，是调动社会参与实现共同富裕的积极性，为此，需要形成有效的激励制度安排。例如，在税收制度安排上，能不能对第三次分配的主体如各类社会机构和社会组织，做出相关激励性的制度安排，以鼓励市场主体、社会组织和个人有效地参与民间捐赠、慈善事业、志愿行动，既充分体现"先富帮后富"，又有利于弘扬社会公平正义的价值观。

如何精准提高民众收入能力

姚洋

北京大学国家发展研究院院长

"共同富裕"是当前的热词。何谓共同富裕，共同富裕的路该如何走，社会上有不少讨论。

共同富裕的目标：托底和提升

平均主义不是共同富裕的目标。在计划经济时代，我们吃过平均主义和"大锅饭"的亏。在"大锅饭"体制下，干好干坏一个样，干多干少一个样，民众的生产积极性不高，经济体系低效。我们不能再重复这样的错误。

当前，一小部分人不仅财富来路可疑，而且高调炫耀，引起社会的反感。但是，"杀富济贫"不是推进共同富裕的路径。企业家也是社会财富的创造者，承担企业失败的风险，而社会舆论容易被"幸存者偏差"所左右，只看到成功的企业家，而容易忘记那些失败的企业家。实际上，成功企业家的高收入是建立在失败企业家的损失之上的，认识到这一点才能在全社会层面上，让潜在的企业家打平他们的期望收益和投资成本。

笔者认为，共同富裕有两个目标，一个是"托底"，另一个是"提升"。"托底"就是为所有人提供必要的社会保障，让民众摆脱对衰老、失业、疾病和匮乏的恐惧；"提升"就是提升民众的收入能力，让所有人能够依靠自己的能力获得更多的收入。社会保障不仅是社会福利，也可以促进民众的生产积极性，因为它降低了掉入贫困陷阱的风险，民众就可以放开手脚，去从事有一定风险，但回报率更高的生产活动，比如，开个小店，发明一项新技术，或者开办企业，等等。提升民众收入能力是"授人以渔"，让低收入群体依靠自身获得更高的收入，缩小与高收入群体之间的差距。换言之，共同富裕不是要把高收入群体的收入拉下来，而是要把低收入群体的收入提上去。

这样的目标一方面与中国人的道德观是一致的。我国古代社会就有社会保障机制。南方地区长期存在各种族田，这是为本族成员提供基本福利保障的。宋代开始有政府承办的福利制度，救助老弱病残，在一定程度上实现"老吾老以及人之老，幼吾幼以及人之幼"的儒家理想。另一方面，中国人的公平观是建立在古老的比例原则之上的。这个原则是轴心时代先哲们所秉持的公平原则，孔子、孟子、墨子以及亚里士多德都相信，一个人得到的回报应该与他的能力和努力成正比。儒家和墨家更是提出了政治贤能主张，认为选贤任能是分配政治职位的原则。这些原则仍然被今天的中国人认可，并在实践中得到实施。

再分配是实现共同富裕的主体

2021 年 8 月召开的中央财经委员会第十次会议提出构建初次分配、再分配、三次分配协调配套的基础性制度安排。初次分配的原则是按要素分配。计划经济时代强调按劳分配，但没有严格执行，而是以"大锅饭"为主。改革开放成功的奥秘之一就是放弃"大锅饭"，实行按要素分配，劳动、资本以及其他生产要素按照它们的边际贡献获得报酬。从理论上讲，按要素分配是按劳分配的一种宽泛的形式，因为劳动力之外的各种要素说到底都是劳动积累的产物。按要素分配不仅可以提高各种要素的生产积极性，而且可以让市场形成合理的要素价格，指导资源的流向和配置，提高经济体系的效率。

再分配是实现共同富裕的主体。按要素分配要尊重个人的能力和努力，同时也难免受到能力和努力之外因素的影响，因而必然导致收入和财富分配的不平等。这就需要政府通过税收和再分配对收入和财富进行二次调节。但调节不是简单地"削峰填谷"，把从企业和高收入者那里收到的税收分给低收入者就了事，而是精准地提高民众的收入能力，这样才能获得持续的共同富裕。

在今天的中国，接受良好的教育是提升收入能力的关键，一夜暴富的草莽英雄时代已经结束。但中国的教育水平分布不均，大城市的高等教育已经趋于普及，而广大农村地区的平均教育水平才刚过初中。教育的阶层固化也日趋严重，子女教育水平与父母教育水平的相关性已经回到了20世纪30年代的水平。家庭的教育投入也出现分化。中等收入群体对子女的教育日益重视，"鸡娃"和焦虑成为常态；低收入家庭出现躺平、放弃孩子课外辅导的状况。

共同富裕的重中之重是实现教育资源的均等化。笔者认为，实行小学和中学各5年的十年一贯制义务教育，不仅有利于降低中小学生的无效竞争，也有利于政府教育投入的均等化。提高农村地区教师的待遇，吸引优秀教师长期扎根农村学校，也是实现教育均等化的有效措施之一。

三次分配是厉以宁先生30多年前提出来的概念，自愿是它的原则。在这方面，一些企业家做出了表率，他们积极投入我国的慈善事业，是慈善捐款的主体力量。但是，就促进共同富裕而言，三次分配只能是锦上添花，因为其数量毕竟有限，它更多的是体现社会的互帮互助精神，而不是强制性的再分配。最适合三次分配发挥作用的地方，是救助社会保障无法触及的贫困领域、资助高等教育和科研，以及引领社会的文化艺术事业。

扩大社会性流动，促进共同富裕

蔡昉

中国社会科学院原副院长，中国社会科学院国家高端智库首席专家

中国共产党在 100 年的光辉历程中，始终坚守为中国人民谋幸福、为中华民族谋复兴。在改革开放和现代化建设中，这个初心和使命一直以明确表达实现全体中国人民的共同富裕为宗旨。党的十四大确立了社会主义市场经济体制这一改革目标，明确指出共同富裕是社会主义的本质和最终要实现的目标。党的十八大以来，促进共同富裕得到进一步强调和实施，在增加居民收入、改善收入分配、推进基本公共服务均等化、打赢脱贫攻坚战中得到充分体现。在实现全面建成小康社会目标、开启全面建设社会主义现代化国家新征程之际，党的十九届五中全会围绕

"十四五"规划和 2035 年远景目标，进一步做出了促进全体人民共同富裕的崭新部署。

习近平总书记指出，我们决不能允许贫富差距越来越大、穷者愈穷富者愈富，决不能在富的人和穷的人之间出现一道不可逾越的鸿沟。[①]缩小贫富差距的一条重要途径，就在于通过不断拆除各种体制机制障碍，填平各种社会的和经济的鸿沟，扩大劳动力、人才和居民的社会性流动，避免社会分层的固化，促进全体人民共同富裕。共同富裕的一个重要标志是中等收入群体的规模和比重较大，即收入和财富的分配结构呈现中间大、两头小的橄榄状，要在扩大中等收入群体的过程中，不断提高共同富裕程度。扩大中等收入群体规模，需要通过体制机制建设进一步畅通向上流动的通道，以扩大社会性流动的方式使更多低收入人群跨入中等收入行列。扩大社会性流动需要政府、社会、企业和个人的协同努力，重点需要关注经济增长、收入分配与提高劳动参与率等几个关键问题。

在做大蛋糕的前提下努力分好蛋糕

走向现代化的中国面临着诸多发展中的问题和成长中的烦恼，经济增长速度保持在合理区间，实现经济和社会的协调发展，则是应对挑战的基础和关键。根据党的十九届五中全

[①] 习近平. 把握新发展阶段，贯彻新发展理念，构建新发展格局 [J]. 求是，2021 (9).

会部署，并基于对国内生产总值潜在增长率的预测，预计在今后的 15 年间，中国可以实现年均 5% 左右的经济增长速度；到 2025 年人均 GDP 可达到 14000 美元左右，显著超过世界银行定义的高收入国家门槛水平，进入高收入国家行列；到 2035 年人均 GDP 接近 23000 美元，基本进入高收入国家中间组的行列。

要实现潜在增长率，需要充分保障社会总需求，把增长潜力转化为对应的实际增长率。在人口老龄化日益加深，特别是 2025 年之前中国总人口预计达到峰值的条件下，出口、投资和消费的稳定增长面临日益严峻的挑战。其中，居民消费需求必须充当需求拉动的主要动力。扩大消费需求的首要条件是居民收入水平的增长与 GDP 增长基本同步。党的十八大以来，居民收入与经济增长保持了良好的同步性。如果坚持这个同步水平，即按照与潜在增长率相同的增长速度，预计居民可支配收入在 2020 年 32189 元的基础上，到 2025 年将达到 42000 元左右，到 2035 年将达到 67000 元左右。

居民收入增长的同时还需要进一步改善收入分配，这既是不断促进共同富裕的必然要求，也是把居民日益提高的收入转化为有效消费需求的关键。一般规律是，高收入人群的边际消费倾向偏低，低收入人群的边际消费倾向较高，过大的收入差距具有抑制社会消费的不利效应。在老龄化加速的条件下，部分老年人群体也会处于低收入状况，成为抑制消费扩大的因素。因此，扩大消费需求的一个重要着力点，是在初次分配和再分配领域同时用力，针对重点人群增加社会低收入组的收入水平，通过缩小各类收入差距，扩大社会性流动，把更多人口培育为中等收入群体，同时使其成为扩大总消费的主力军。

提高社会各类群体的经济活动参与率

就业是民生之本，更广泛的就业和创业活动是实现共同富裕之源。形成人人参与的发展环境，首要任务是实施就业优先战略和积极就业政策，将劳动力市场制度和公共就业服务良好结合，提高有能力、有意愿人口的劳动参与率。从理论和实践相结合的层面，可以关注以下几个重要问题。

首先，帮助重点人群提高劳动参与率。自积极就业政策提出以来，长期就业促进、经济增长常态下的自然失业治理和就业困难扶助、遭遇冲击时的周期失业治理，以及劳动力市场制度建设诸项任务，都发挥了有效扩大就业数量、提高就业质量的作用。同时，按照把就业优先政策置于宏观政策层面的新要求，政府各部门把各项就业促进任务有机结合起来，政策措施的有效性和力度逐步增强。进一步提高劳动参与率，涉及诸多重要的人口群体，其中，老年群体的就业问题最富挑战性，涉及的问题主要源于老龄化特征与现存体制机制的不相适应，在政策措施上需要进一步加以完善。

在现代社会，劳动年龄人口从理论上讲不应该有年龄上限。也就是说，规定就业最低年龄界限是保护儿童所需要的，而退休年龄只应该是享受养老金的起点年龄，根据个人能力和意愿，不应设定参与就业的年龄上限。由于历史原因,当前中国劳动年龄人口的受教育程度具有随年龄递减的特点,临近退休以及达到法定退休年龄的劳动者群体,明显缺乏劳动力市场的适应力和竞争力,形成随着年龄增长劳动参与率不断降低的状况。对此,有必要重新设计劳动力市场的激励机制。按照共同富裕的目标要求,需要树立一个新的理念:提高劳动参与率是渐进式延迟退休的目标。在这一理念下推进渐进式延迟退休政策,一是要让延迟退休的劳动者能够分享劳动参与率整体提高的红利,能够在更长时间就业和较短时间领取养老金的组合下,实现终身总收入更大;二是鼓励退休人员在领取养老金的同时继续参加就业,同时享受就业报酬和养老保险双重收益。

其次,通过增加居民消费提高各群体的广义经济活动参与率。渐进式延迟退休年龄和加快转移农村剩余劳动力,无疑有利于提高劳动参与率,增加劳动报酬和城乡居民收入。这些群体不仅通过提高劳动参与率从供给侧对经济增长做出贡献,他们的收入增加还将显著扩大消费需求,通过乘数效应从需求侧对经济增长做出贡献。为达到这样的结果,还需要其他政策协同发力,重点是消除这部分人群对基本民生的后顾之忧,提高他们的消费倾向,合理扩大消费需求同收入之间的比例,把劳动参与率提高的结果最大限度地转化为经济活动参与率的提高。

最后,消除各种体制机制障碍,拓宽转移劳动力的社会上升通道。社会流动既包括人口、劳动力在城乡之间、地区之间和行业及岗位之间的横向流动,也包括由前者推动的在职业类别、收入分组、教育和技能水平、社会身份等方面的纵向流动。农村剩余劳动力转移到城市从事非农产业就业，是典型的横向流动，已经通过劳动报酬的不断提高增加了农民工收入以及农户的工资性收入。然而，由于绝大多数农民工尚未取得打工地的城市户籍身份，他们在城镇还不能完全均等地享受基本公共服务，通过技能提高、职业发展和收入地位改变这种纵向流动的通道还不通畅。因此，加快以农民工市民化为核心的户籍制度改革，就是推动以人为核心的新型城镇化的具体路径，也是促进社会性流动的重要突破口。

形成分享生产率提高成果的社会机制

人均 GDP 这一指标所表达的是全年所创造最终产品和服务总值的人均占有水平，因而也就反映了全国平均的劳动生产率水平。根据测算，从现在起到 2025 年以及到 2035 年的人均 GDP 增长幅度，分别为约 32% 和约 60%，这也代表着今后 15 年里的劳动生产率提高幅度。无论是理论逻辑、历史经验还是现实需要，都提出了对劳动生产率提高结果进行分享的要求，以促进社会性流动，让每个人都有上升的空间。

在分享劳动生产率提高成果的过程中，政府责任就是履行完善社会保障体系，加强普惠性社会保护的职能。在社会主义市场经济条件下，扩大社会性流动的微观动力来自每个人的辛勤劳动与市场激励机制的结合。通过参与就业创业等经济活动，个人和家庭的收入水平得以提高，社会地位获得提升，人的价值和全面发展要求得到实现。市场机制具有优胜劣汰的激励效果，同时也带来了创造性破坏。为了提高效率，市场不需要保护低效的市场主体和过剩产能，甚至可以不必保护那些不符合比较优势的产业及其岗位。但作为经济活动参与者的人，在任何时候都需要社会保护。因此，越是需要充分发挥市场配置资源的决定性作用，就越是需要加强社会保障体系、劳动力市场制度和社会共济机制，实现社会保护的全覆盖。

从全球数据得出的统计规律看，人均 GDP 处于 10000 美元到 25000 美元提升阶段的国家，通常会经历一个社会福利水平大幅提高的过程，政府的社会支出占 GDP 比重大体上都从 26% 的水平跃升至 36% 这个福利国家的标志性水平。从现在起到 2035 年，中国恰好处于这样的发展阶段。从理念上讲，福利国家并不等同于高福利国家，更不等同于超越发展阶段的过度承诺，而是公共政策更加强调对每个公民全生命周期的收入和支出做出平滑配置。从这个意义上说，今后的 15 年应该成为加快建设中国特色福利国家的时期。

参与生产率成果分享也是包括企业在内的各类市场主体履行社会责任的活动。其中最重要的参与方式就是救助性捐赠、慈善事业和志愿者活动，相应产生所谓第三次分配的效果。生产率提高在不同行业表现不一，收入在各群体之间的分配也存在差异，借助道德、文化影响，企业、个人以及社会团体通过自愿捐赠、从事慈善事业、志愿行动等方式回馈社会、扶贫济困，是对社会再分配的有益补充，也是分享生产率整体提高成果的有益方式。之所以称为第三次分配，一方面，表明这个分享方式主要还是补充性的，不能代替再分配基础上形成的国家福利体系；另一方面，表明它的确也具有一定的再分配功能，通过济贫、济困和救急等行为，或大或小地产生缩小收入差距、拓展困难群体上升通道，进而达到缓解社会矛盾和增强社会凝聚力的效果。

企业在参与第三次分配的同时，也有大量机会从经营活动的方面参与生产率提高成果的社会分享。理论上说，经济活动从第一产业到第二产业再到第三产业的演变，以及三个产业的此消彼长，都是在更初始产业的生产率达到一定高度的基础上发生的。由于这种变化符合产业结构演进的规律，因此只以纯粹的经济发展过程表现出来，企业的参与也属于纯粹的市场行为。然而，在更高的发展阶段，也有一些更具社会效益或外部效应的经济活动，因为具有更明显的生产率分享性质，企业并不完全从营利动机出发或以纯粹市场主体面貌参与，而是可以按照政府补贴和企业履行社会责任的方式进行。这类活动涉及有利于提高人类发展水平、促进社会性流动、改善民生和促进可持续发展等诸多基础性领域。例如，改善人民身体和心理健康的公共卫生服务供给，拓宽居民精神享受空间的活动，提升人力资本等服务的供给；通过家庭照料活动的社会化拓展家庭预算曲线，使其在劳动参与同生育、养育和教育子女活动之间的权衡中，能够更好兼顾社会和家庭利益；有利于协调代际关系，促进可持续发展和应对气候变化的绿色投资；重新确立技术创新和技术应用导向，创造更多就业机会和更高质量工作岗位；具有远见的科技创新探索活动，以及准公共品性质的科技应用基础设施安装活动；等等。通过树立以人民为中心的发展观，企业和投资者可以在经济活动的众多领域和环节履行自身的社会责任，促进生产率提高成果的全社会分享。

第三次分配如何助推共同富裕

汤敏

国务院参事，友成企业家扶贫基金会副理事长

改革开放以来，我国在社会发展与经济增长上都取得了巨大成就，但收入差距也在不断加大。2021 年 8 月 17 日，习近平总书记在中央财经委员会第十次会议上提出，共同富裕是社会主义的本质要求，是中国式现代化的重要特征，要坚持以人民为中心的发展思想，在高质量发展中促进共同富裕。①

在改革开放之初，邓小平在提出"让一部分人先富起来"的同时，就提出要追求共同富裕。他指出："先富起来的地区多交

---

① 习近平主持召开中央财经委员会第十次会议 [OL].[2021-08-17]. http://www.gov.cn/xinwen/2021-08/17/content_5631780.htm.

点利税，支持贫困地区的发展。"① "对一部分先富裕起来的个人，也要有一些限制，例如，征收所得税。还有，提倡有的人富裕起来以后，自愿拿出钱来办教育、修路。"②

在过去几十年中，实际上，我们有很多政策措施就是按照这样的原则来推动的。例如，东西部扶贫协作、定点帮扶等，就是先富地区帮助落后地区的典范。除此之外，还有"万企帮万村"精准扶贫行动，很多企业家对贫困村进行了帮扶，以及社会上对贫困地区、受灾地区的广泛捐助，等等，都是先富帮后富的实际行动。现在党中央更系统性地提出要在高质量发展中促进共同富裕，我认为，这一战略对制定下一步中国经济和社会的发展方向和具体措施具有非常重要的意义。

我想从三个角度来讨论共同富裕的问题。

收入差距究竟有多大

在经济学里有一个衡量收入差距大小的参考指标，叫"基尼系数"，这个数值越高意味着收入差距越大。根据国家统计局的测算，我国1995年的基尼系数是0.389，但在2000年之后该数值开始快速上升，2008年最高时曾达到0.491。之后，随着一系列政策的出台，我国基尼系数有所下降，目前在0.46左右，还是高

---

① 邓小平.在武昌、深圳、珠海、上海等地的谈话要点[M]// 邓小平文选：第三卷.北京：人民出版社，1993.

② 邓小平.一靠理想二靠纪律才能团结起来[M]// 邓小平文选：第三卷.北京：人民出版社，1993.

于 0.40 这个国际公认的收入分配差距警戒线。

世界银行按照全球统一标准，在考虑了城乡之间购买力等因素之后测算，2016 年我国的基尼系数为 0.38 左右。但我们的基尼系数排名仍然是很靠前的，与发达国家相比，我国的基尼系数仅低于美国，比英国、德国、以色列、日本以及东欧、北欧国家等都高。

如果根据财富的基尼系数来评价贫富差距，我国的差距程度就更大了。自 2000 年以来，中国的财富基尼系数从 0.599 左右迅速上升到 2020 年的 0.704 左右。随着近年来房价不断上涨，家庭之间的财富差距越来越大。这一现实情况让我们看到了推动共同富裕的必要性和紧迫性。

那么应该如何去推动共同富裕呢？中央提出要用三次分配的方式。三次分配方式的划分是厉以宁教授首先提出的。初次分配是指按照市场效率进行的分配，比如工资、利润等；再分配是政府通过税收调节来进行的；第三次分配就是通过个人捐献等非强制方式再一次进行分配。

那么，我国的三次分配的情况又如何呢？

有人做了估算，目前我国的初次分配情况是，劳动性收入和财产性收入各自的占比，从 2009 年的 72.1% 对 2.5%，变成现在的 55.7% 对 8.7%，劳动性收入在初次分配中的比例一直在下降。这说明初次分配过程中其他领域增长得非常快，而居民和劳动性分配的比例越来越低。

那么又该如何来改善初次分配？首先，初次分配要在公平竞争的条件下追求效率。在我国，垄断型行业的工资较高，而对农民工、合同工存在一定的歧视，劳动力的流动有一定的障碍，要逐渐加以解决。与此同时，我们可以在提高最低工资保障和形成合理的工资增长机制上下功夫。我们正处于一个能改善初次分配的发展阶段。从国际经验看，改善收入分配往往是在劳动力开始短缺以后进行的。我国现在已经进入劳动力短缺的发展阶段，应该因势利导，让收入分配进入一个良性循环。这既是政策导向的需要，也是市场发展的必然。

再分配是政府通过税收等把钱收上来，通过社会福利、公共服务、养老、地区转移支付等途径进行第二次分配。再分配在各个国家都在调节收入差距上起到很大作用。比如，德国在再分配前的基尼系数是 0.51，经过政府再分配调节之后就变成 0.29。我们国家的税收占 GDP 的比重在世界范围看并不低。但是我国的税收结构中直接税占比较少，间接税较多。间接税的特点是越低收入人群交税的比例反而越大。而其他国家，特别是发达国家，则以直接税为主。所以再分配的改革要突出配套税制的改革，同时加强转移支付，特别要逐步形成公共服务均等化，健全社会保障制度。同时，要增加一些财产性的税收，比如房地产税、遗产税等。

第三次分配是通过个人捐献等方式对收入和财产再一次进行分配。目前我国社会捐赠额逐年递增，2019 年内地接收款物捐赠是 1509 亿元人民币。这些钱主要流向教育、扶贫、医疗健康三大领域，这三个领域加起来占 72% 左右。捐款中的 44% 给了各个基金会，26% 给了中国慈善会系统，通过它们来推动和执行公益慈善项目。与其他国家不同，除了捐赠规模比较低，我国第三次分配还是以企业为主，占 61.7%，个人捐赠只占 26.4%，其他国家更多的是个人捐赠。

推进共同富裕容易产生的误区

社会上对推动共同富裕一直有很多讨论，也产生了一些认识上的误区，有些收入比较低的人以为可以等着分钱了，收入比较高的人，特别是一些企业家就比较忐忑，担心会不会"打土豪分田地"又回来了。对这些误区我们需要逐个来澄清。

1. 误区一：共同富裕会不会"劫富济贫"

中央财经委员会办公室分管日常工作的副主任韩文秀在 2021 年 8 月中宣部召开的新闻发布会上指出，共同富裕仍然是存在一定差距的共同富裕，不是整齐划一的平均主义同等富裕，我们不搞"杀富济贫"，也要防止落入福利主义的陷阱，不能等靠要，不能养懒汉。对中央的这个定调我们应该很好地加以理解，这样才能使我们在缩小收入差距的过程中不会出现方向偏离。

要如何推动存在一定差距的共同富裕？我觉得要注意以下三个要点。

第一，在分蛋糕时不能忘了把蛋糕做大。过去几十年的改革开放最重要的经验是：发展是硬道理，只有做大了蛋糕才能把它分好。而做大蛋糕的关键在初次分配上，要讲求效率，正如习近平总书记指出的，要在高质量发展中促进共同富裕。高质量发展是促进共同富裕的基础和前提。

第二，推动共同富裕不可能是齐头并进式的收入增加。在未来很长的一段时间里，促进共同富裕的重点应该是扩大中等收入群体。一般认为，目前中国的中等收入群体规模大概是4亿人，相比14亿总人口，连30%都不到。要形成一个中间大、两头小的橄榄型收入分配结构，就要进一步扩大中等收入群体。到2035年要争取把我国中等收入群体扩大一倍，即达到8亿人以上。从国际经验来看，这种橄榄型收入分配的结构是比较健康的，社会比较稳定，老百姓的幸福感也比较高。未来我们很多的政策措施要在继续扶助低收入人群的基础上，向扩大中等收入群体的方向倾斜。

第三，追求共同富裕是一个长期性、艰巨性、复杂性的任务，不可能一蹴而就，也不可能齐头并进。从艰巨性角度看，收入分配涉及众多的企业与个人利益，涉及城乡、地区之间的利益再分配，牵一发则动全身，走偏了会打击人们劳动和创新创业的积极性。从复杂性角度看，解决收入分配的难度很大。举个例子，大城市的人均收入比小城市和农村地区高很多，但是，大城市的房价高，消费成本也很高。因此，分配公平可能更应该用购买力平价的方式来衡量，但目前市场上流行的基尼系数的计算并没有考虑这些因素。设计缩小贫富差距的阶段性指标就是一个大工程。从长期性角度看，社会主义有初级、中级和高级阶段，追求共同富裕应该贯穿建设社会主义的整个过程。而仅社会主义的初级阶段就有上百年，推动共同富裕要有更长期奋斗的打算。

2. 误区二：推进共同富裕要靠第三次分配

最近在社会上的很多讨论中把共同富裕的希望寄托在第三次分配上，这也是一个很大的误区。2020 年，我国的慈善捐赠为1600 亿元左右，只相当于当前 100 万亿元的年度 GDP 的 0.16%。相对初次分配、再分配所占 GDP 比重 99.84% 的规模来说，第三次分配是一个很小的规模。因此，靠第三次分配来主导解决共同富裕是不可能的。即使是在慈善捐赠比较发达的美国，第三次分配捐赠也仅为 GDP 的 2.2%，相比初次分配和再分配来说也仍然是小头。所以第三次分配在任何一个国家对收入分配都只能起到补充作用和缓解作用，而不是主导作用。对我国而言，群众还没有完全形成捐助的习惯，所能发挥的作用就更小了。

然而，从另一个角度看，中国的第三次分配仍有很大的发挥潜力。从规模来看，目前我们的公益捐赠主要由企业家提供，但是在欧美等国家，70% 以上的捐赠来自个人捐赠，特别是普通民众的小额捐赠，企业捐赠只占小头。反观我国，61.7% 的捐赠来自企业，真正的个人捐款只占 26.4%。所以未来中国的慈善捐助，不但要鼓励企业家加大贡献，同时也要提倡普通个人参与公益慈善事业。从方式来看，公益慈善不仅是捐献规模的问题，还有群众参与度、帮扶内容和工作效率的问题。

关于第三次分配我想强调以下三点。

第一，第三次分配是建立在自愿基础上的，不是强制性的，不应该"逼捐"。现在社会上有时会出现一种不好的现象，就是"逼捐"，通常的方式是在网络或者媒体上列出捐款排行榜，然后找出其中的"铁公鸡"进行谴责和辱骂。也有政府官员利用手中的权力要求企业家捐助来支持他们所申请的项目，这些都是非常错误的。国家的政策非常明确，第三次分配一定要遵循自愿原则。

第二，国家可以通过各种方式鼓励企业家和社会个人进行捐助。目前我们在税收上已经有了一些政策，比如企业年度利润12%以内、个人年度收入30%以内的部分可以在计算应纳税所得额时扣除，也就是免税。还有一个税收工具或许能起到很大作用，就是遗产税。一旦开征遗产税，很多人的捐赠意愿会更强一些。此外还有精神奖励方面的政策。很多企业家做捐赠并不是为了减税，更多的是要得到社会的承认，得到政府的承认。有时冠名权对企业和个人的捐赠能起很大作用，我们可以在这些方面加大政策力度。

第三，第三次分配或者说公益慈善的捐献不只是钱，还有时间和能力。我们需要扩大群众的公益参与度。到目前为止，中国的注册志愿者已将近2亿人，但是相对我们14亿人来说还是少数，还可以有更多的人参与进来。我们的志愿服务范围可以更扩大一些，服务的方式也可以不断创新与改进，让志愿服务发挥更大作用。现在国际上提倡一种叫作"专业志愿服务"的方式，就是用自己的专业知识来做志愿者服务。要扩大志愿者的规模和志愿服务效果，很重要的一环就是要有好的志愿者或志愿组织做好规划和组织，有好的基金会来支持志愿者活动。因此我们需要更开放的公益机构准入机制，在加强监管的同时，让更多公益机构参与公益慈善事业在第三次分配中发挥更大的作用。

3. 误区三：共同富裕只是物质上富裕

共同富裕不仅是从收入角度、物质角度来谈，老百姓对精神上的富裕也有非常大的追求。这一点也应该加以澄清，否则，我们把所有精力都放在收入上、物质上，而这些问题在短期内又不太容易解决，反而忽略了当前老百姓最焦虑、最关心的那些问题。所以，我们推动共同富裕不能只在收入分配上做文章，应该从多维视角来界定共同富裕的内涵，来制定政策和采取措施。

什么叫多维视角？例如扶贫，我们很容易想到是因为人们收入不高才贫困。但实际上我们的脱贫标准是按照"一达标、两不愁、三保障"这一多维目标去实现的。"一达标"是指收入要达到起码的标准，目前很多省份就是按照人均可支配收入达到4000元左右为标准的。"两不愁"就是不愁吃不愁穿，不会挨饿受冻。"三保障"是要保障孩子得到好的义务教育，保障群众生病了能得到基本的医疗服务，同时保障住房的安全。这就是所谓的多维视角扶贫。事实上，在扶贫攻坚、精准扶贫的过程中，我们在"两不愁、三保障"上投入的精力和资金不亚于在提升贫困人口收入上的投入。

为什么要这样？因为老百姓的需求是多维的，老百姓对获得感、幸福感的追求也是多维的。人的全面发展是实现共同富裕的落脚点。老百姓的获得感、幸福感从何而来？这包括收入、财产、公共服务、社会环境和自然生态五大因素。以金钱衡量的收入和财产固然重要，但是老百姓还需要享受教育、卫生、养老等公共服务，还要有安全和谐的社会环境和健康的自然生态，否则有再多的钱也不会快乐。因此在追求共同富裕的过程中，也要考虑社会多维度的均等发展和公平分配。在这些方面，有时把社会资源分配得更公平一些，并不需要更大的投入，在老百姓特别关心的这些问题上，我们可以做得更早一些、更快一些、更多一些。

加强第三次分配在推动共同富裕中的作用

如上述分析，第三次分配在推动共同富裕中的作用，往往不是着力于收入和财产分配，更多的是从社会服务、社会环境、自然生态和老百姓的获得感、幸福感等多维视角来发挥作用。因此，尽管从资金的规模来说，第三次分配所占的份额并不很大，但在推动多维度的共同富裕中能发挥一定的作用。

如何从多维视角来发挥第三次分配在推动共同富裕上的作用呢？我想通过亲身参与的一些项目来抛砖引玉，看看第三次分配与公益慈善如何助力共同富裕。

1. 如何上好学

众所周知，当下老百姓最大的焦虑之一来自子女的教育。精准扶贫胜利收官后，从全国范围看，义务教育的"有学上"已经基本得到保障。现在的主要问题是如何提高教学质量，是"上好学"的问题。为了让孩子能上县城里的学校，一些农村家长不但要在城里租房，还要爷爷奶奶进城陪读，农民工两口子出外打工挣的钱都花在了子女的教育上。在城里，为了让孩子进入好学校，一些城市家长不得已买高价学区房；为了孩子能提高学习成绩，很多学生不得不上课外培训班，这些都给家长造成了很大负担。当前的"双减"政策和控制课外补课，以及一些城市实行的教师轮岗制，就是在改善教育公平分配上发力。

相比之下，农村学校的教育质量更弱一些，在这方面关键在于教师。为解决这些问题，从四年前开始，我所在的友成企业家扶贫基金会等一批公益慈善机构与北京师范大学和很多国内的专家学者一起，在教育部教师工作司的支持下，开展了一个乡村青年教师社会支持公益计划。我们给它取了一个名字，叫"青椒计划"。

到目前为止，该计划已经在全国范围培训了以西部贫困地区为主的一万多所学校的 10 万名乡村教师，影响了 500 多万乡村学生。这个以互联网培训为主的教师培训课程，每天都有课，为期一年。我们邀请了北京师范大学最好的教授和在乡村任教的优秀教师向乡村教师传授经验。除了教师培训，我们还与一批教育公司合作，将优质的教学资源免费提供给乡村教师。比如清华大学的"爱学堂"和"洋葱学园"等公司，把从小学一年级到初中三年级所有的课程都做成卡通形式，在保证教学质量的同时，授课过程变得非常生动。我们还通过互联网，让城市优秀的音乐、美术教师给乡村学生上课，解决乡村学校音体美教师不足的问题；把计算机编程、航空模型等这些在城市优质学校中才能开设的课程与活动送到了贫困地区的学校。

借助互联网等高科技手段，我们把稀缺的优质教育资源，特别是优质的教师资源大规模地共享。在疫情严重的"停课不停学"期间，贵州贫困山区一个乡村小学的学生，通过"爱学堂"在线学习平台，在一个月内学完了一学期的课程。教育线上线下相结合，能让教育质量薄弱的学校、乡村学校的教育质量上一个台阶。目前，公益捐助中有30%是投在教育领域的，特别是投在乡村教育里。通过公益机构参与的试验和对接，在不增加家长和国家负担的情况下，能够加快乡村教育的质量提升。

2. 如何看好病

医疗健康同样是老百姓很关心的问题，而且重点和难点也是在农村。乡村医生在解决农村公共卫生和健康问题上起到非常重要的作用。我是中国红十字会基金会的理事，我们正在推动中国红十字基金会等机构开展一个乡村医生在线培训项目。中华医学会会找到最好的医生，用最适合乡村医生的技术来对乡村医生开展培训，每天一两个小时的课程，可以连续培训几个月。第一批5000人已经开始上课。如果培训成功，我们还准备进一步扩大规模。我们现在还在尝试让乡村医生通过便携式的检验设备，让农民在自己家中就能做各种检查。一个学生书包大小的便携包内，有全套的验血、心电图、彩色超声波等仪器，除了 X 光、CT 不能做，一般医院中的检验都可以由乡村医生用这套设备在农民家中做。在经过培训后的乡村医生的协助下，农民通过互联网还可以在家中跟城市中的联网医院对接，在家中就可以看病，这样大大缓解了农民看病难、看病贵的问题。这些公益机构牵头的试验如果在农村能够成功，也可以推广到城市的社区中。

随着我国逐步进入老龄化社会，帮助老年人居家养老，帮助他们获得方便实惠的健康医疗服务，将成为老百姓的重要需求。但是这些新的模式、新的技术需要先试验再推广，由第三次分配所支持的公益慈善机构可以在其中发挥很大作用。

3. 如何做好乡村振兴

如上所述，城乡差别是我国收入差距的最重要来源之一。因此，乡村振兴将是我国在推动共同富裕中的最重要内容。除了需要政府、企业的参与，公益机构也可以发挥作用。贵州省黔东南的雷山县龙塘村是我们友成企业家扶贫基金会的帮扶点，我们在那里进行了多年的扶贫和乡村振兴试验。

龙塘村是一个四周环山的美丽苗族山寨。友成企业家扶贫基金会派员工长期住在村里，把各种资源对接给龙塘村。利用融创公司提供的一笔捐助，村子里建起了一家号称"六星级"的民宿，现在已经开业，据说几个月后的房间都已经订满。除此之外，我们还协助村里建立了乡村合作社，发展包括稻田养鱼、玫瑰花种植等乡村产业。现在龙塘村已经脱贫。为了推广雷山的扶贫经验，我们还办了一个"香橙妈妈学堂"，专门助力农村妇女的创业培训，到目前为止在西部的几个省已经免费培训了将近两万名农村妇女。经过线上线下几个月的培训，她们有些做了电商，有些做了农业产业，平均创业成功率能达到 65%~70%。

我们正在开展一个更大规模的乡村创业培训项目——乡村振兴领头雁计划。这是与中国慈善联合会、清华大学、各地共青团等机构共同发起的专门为农村青年提供的创业培训。学员全部免费参加，每星期 5 次课，为期 5 个月，以线上培训为主，每个学员要学习三门必修课：农村政策、农村电商和农村金融。除了这些必修课，还有许多选修课，学员可以根据自己的兴趣选修包括各种养殖、种植、乡村旅游、社区治理等在内的课程。上课老师一部分本身就是成功创业的返乡青年，他们的课更接地气，也更容易引发这些乡村青年的共鸣。除了听课，每个学员还要参加网上的社群活动。学员通过网络参与本地区社群和至少一个行业社群，在志愿者管理员的带领下，不断交流各自的创业经验和学习心得，并进行互助和资源共享。该项目到 2021 年已经开展了 4 年，培训了 31 个省、市、自治区的 8 万多名返乡创业青年。每期结束后，我们还挑选 100 多名优秀学员到清华大学开展一个星期的面授培训和项目实地考察。同时，我们还与抖音、快手和一些媒体平台合作，对学员的创业项目和产品销售提供助力。另外，我们与各地方共建了一批线下的"乡村振兴领头雁孵化中心"，作为线上培训向线下的延伸，为学员提供属地化、常态化、针对性的创业孵化支持。

据统计，我国现在有近 1000 万名返乡青年，他们离开了打工的城市回到农村去创业。虽然相对于 5 亿农民来说他们还只是少数，但是他们了解城市、了解市场，对互联网等先进工具也不陌生。他们如果创业成功，就能把村里人带动起来，把产业带动起来，所以叫"领头雁"计划。在很多公益捐赠的支持下，我们还将继续扩大规模，提高培训的深度和广度。

目前，我们正在与一些大公司合作，把它们的员工动员起来成为乡村振兴的志愿者。通过互联网，每年用几个小时的时间，和乡村学校教师、乡村医生、乡村创业青年对接起来，帮助他们解决一些问题。例如，可以和乡村的孩子讲一讲自己成长的故事，把一些好的教育资源送到农村学校去；也可以参与帮助农村青年创业辅导，让大家都能参与帮助乡村振兴的公益活动。

我们要充分地认识到推动共同富裕的长期性、艰巨性和复杂性，要有长期奋斗的准备。社会主义的初级阶段可能要经历上百年，推动共同富裕可能比这个时间更长。在这个过程中，要防止陷入前面提到的种种误区。虽然在我国第三次分配目前只是刚刚起步，但在解决多维度的共同富裕上，能起到很重要的特殊作用。如果把更多的群众发动起来，把第三次分配支持下的公益慈善机构的作用用好、用活，就能更好地推动共同富裕。

第四篇
市场主体与共同富裕

共同富裕与企业责任

任泽平

经济学家

2021 年 8 月 17 日，中央财经委员会召开第十次会议，会议进一步提出，坚持以人民为中心的发展思想，在高质量发展中促进共同富裕。

中央财经委员会第十次会议还指出，共同富裕不是少数人的富裕，也不是整齐划一的平均主义；为人民提高受教育程度、增强发展能力创造更加普惠公平的条件，畅通向上流动通道，给更多人创造致富机会；先富带后富、帮后富；形成人人享有的合理分配格局。

贫富差距问题对经济健康发展、社会稳定影响重大，引发全球关注。调整收入分配、实现共同富裕已是大势所趋。中国收入差距处于较高水平，但近年来由于精准扶贫等举措有所改善，中等收入群体逐渐成为"夹心饼干"。2019 年中国收入基尼系数仍高于 0.4 这一警戒线，财富差距在世界虽处于中等偏低水平，但上升速度较快。2020 年中国财富排名前 1% 居民占总财富的比例升至 30.6%。中国的收入分配问题有全球共性原因，比如，流动性泛滥、劳动报酬份额降低等；也有自身发展阶段和制度的原因，比如，不同经济发展阶段的公平和效率抉择问题，三次分配调节机制不完善，等等。

随着国家共同富裕政策的出台以及路线图日益清晰，许多企业已经行动起来。不少互联网公司和大型企业，也在此前提出了参与共同富裕的计划和措施。

共同富裕的路径是先富带后富

"治国之道，富民为始""实现共同富裕是社会主义的本质要求"。① 回顾改革开放历程，我国共同富裕思想不断深化。1985 年首次提出一部分地区、一部分人可以先富起来，推动解放和发展社会生产力。2012 年中共十八大以来，中共中央把逐步实现全体人民共同富裕摆在更加重要的位置上。2021 年我国打赢脱贫攻坚战，实现全面建成小康社会的目标。2021 年年初

---

① 习近平 . 在全国脱贫攻坚总结表彰大会上的讲话 [OL].[2021-02-25]. http://cpc.people. com.cn/n1/2021/0225/c64094-32037041.html.

正式通过的《中华人民共和国国民经济和社会发展第十四个五年规划和 2035 年远景目标纲要》，更是突出了"共同富裕"的相关内容，"全体人民共同富裕取得更为明显的实质性进展"被作为 2035 年远景目标的重要一环。此后，浙江省被确定为共同富裕示范区。

从经济的角度看，共同富裕有助于扩大内需和双循环，同时必须和高质量发展结合起来。既要分好蛋糕，又要做大蛋糕，形成经济的正向循环。贫富差距过大会降低居民边际消费倾向，影响总需求和经济增长，易落入中等收入陷阱。共同富裕的本质是缩小贫富差距，在居民收入持续增长的同时扩大中等收入群体比重，增加低收入群体收入。经济的高质量增长是实现共同富裕目标的前提，中等收入群体的扩容又可以有力扩大内需，从而助力经济增长，实现经济发展和社会公平的良性循环。

从民生的角度看，共同富裕要为人民创造公平机会，畅通向上流动通道，给更多人创造致富机会。保障起点公平，加大普惠性人力资本投入，为不同出身、不同背景的人提升人力资本和实现阶层上升创造条件。完善养老、医疗、住房等保障体系，改善民生，减少人们的后顾之忧。

中央财经委员会第十次会议指出，促进共同富裕，"要坚持基本经济制度，立足社会主义初级阶段，坚持'两个毫不动摇'，坚持公有制为主体、多种所有制经济共同发展，允许一部分人先富起来，先富带后富、帮后富，重点鼓励辛勤劳动、合法经营、敢于创业的致富带头人"。这段话指明了实现共同富裕的路径是以"先富"带"后富"。

企业在共同富裕中的重要作用

企业是参与高质量发展、促进共同富裕的重要主体。大企业至少可以在以下几方面发挥重要作用。第一,企业作为市场主体,要做好自身经营,本身就要发挥激发经济活力、促进经济增长、创造财富、做大蛋糕的作用。第二,企业的技术创新和科技投入,是激发经济活力、推动高质量发展和共同富裕的重要推手。第三,扩大就业容量,提升就业质量,营造良好就业环境。第四,促进创业,助力中小企业发展。第五,促进城乡、区域协调发展,推动乡村振兴和欠发达地区发展。第六,积极参与第三次分配,助力公益慈善。

企业在推动共同富裕的过程中能否发挥积极作用,和企业自身的业务积累和商业能力有非常直接的关系。有些平台企业能够在较短时间内提出和共同富裕相关的一揽子措施,也源于它们创业以来的长期积累。这些平台企业一方面和大量中小企业建立了长期、稳定的联系,另一方面也在数字化方面积累了不少经验,让数字化能力能够普惠更多市场参与者。在推动共同富裕的过程中,技术、业务能力的基础和商业经验的沉淀至关重要,企业由此能够在市场经济体制下,最大限度地提升相关投入的效率,把蛋糕做得更大、分得更好。

1. 做大蛋糕：企业在做大蛋糕中至关重要

效率与公平的钟摆，过分偏向哪端都是不对的。过度重视效率，将带来收入差距的拉大，抑制社会总需求，存在落入中等收入陷阱的风险。过度重视公平，将加重财政负担，丧失经济活力，造成新的社会不公平。共同富裕要以经济增长为基础，兼顾效率与公平，改善分配机制。既要分好蛋糕，也要做大蛋糕，形成经济的正向循环。根据边际消费倾向递减理论，当人们收入增加时，消费也会增加；但当收入提升至一定水平时，再增加收入对消费量的提升效应反而是递减的。据此，在社会总收入保持不变的情况下，随着社会群体收入差距的不断拉大，高收入人群的收入增加将无法提升需求量；而低收入群体的收入份额降低，也将抑制需求。扩大中等收入群体，提高低收入群体收入，能更有效地增加社会总需求。

企业作为市场主体，具备激发经济活力、创造财富、促进经济增长、做大蛋糕的作用。保持国家的创新活力是保障国家经济增量、拉动就业的前提。1978—2020 年，中国 GDP 增长了 39 倍，民营经济贡献了 "5、6、7、8、9"，即贡献了 50% 以上的税收，60% 以上的国内生产总值，70% 以上的技术创新成果，80% 以上的城镇劳动就业，以及 90% 以上的企业数量。截至 2020 年年底，我国民营企业已经达到 4000 多万家，各行各业在其中都发挥了重要作用。近年来，国家提倡的新基建云计算、数据技术的发展，促进了需求，提升了生产效率，降低了经营成本，革新了供给侧，助力传统制造业的数字化升级。收入分配的分蛋糕不应仅是划分现有的存量，而是要将蛋糕持续做大，在做大蛋糕的过程中合理地调节分配的比例。

2. 创新探索：企业创新与经济活力是共同富裕的重要推手

科技创新是经济发展的关键动力源。持续的创新和经济活力能带动更多的生产力和就业，进而推动共同富裕，这也符合中国未来发展的大趋势。在每一轮创新周期的繁荣时期，主导型创新产业的发展向外扩散影响，环环相扣，带动其他产业增长，实现产业共富。历史上，世界经济经历了 5 轮创新周期，即纺织工业和蒸汽机技术（63 年），钢铁和铁路技术（47 年），电气和重化工业（56 年），汽车和电子计算机（43 年），信息技术（仍在进行），目前正处于信息技术引发的第 5 轮周期衰落后期。按时间规律推算，2030 年将成为转折年。区块链、人工智能、物联网等新基建迅速发展，或将成为新一轮创新周期的革命性力量。

企业应持续创新探索，加大研发投入，纵向深耕。技术革新不仅可以服务自身业务，更能惠及其他企业乃至全社会。2021年 7 月 30 日中央政治局会议指出，"要强化科技创新和产业链供应链韧性，加强基础研究，推动应用研究，开展补链强链专项行动，加快解决'卡脖子'难题，发展专精特新中小企业"。根据国家统计局和发改委公布的数据，过去 15 年中国数字经济以每年 22% 的速度增长，带动就业人口 1.9 亿，相关产业占到全国GDP 总量的 1/3。阿里巴巴在 2008 年率先开始探索云计算业务，目前已成为和亚马逊云、微软云并列的全球三大云计算服务公司之一。近年来，阿里巴巴为解决"自主掌握技术"的问题成立了达摩院，为研发人工智能芯片和嵌入式CPU（中央处理器）成立了平头哥半导体技术有限公司，努力成为参与科技创新的关键力量。浙江实体制造龙头吉利公司在产业布局、行业研发等方面也有积极作为，它布局新能源车、车载芯片、智能汽车等领域，带动全产业链可持续发展。华为、小米等大举进军新能源领域，有助于中国在新一轮汽车产业大变革中抢占先机，同时践行国家"双碳"战略。大企业参与共同富裕进程，需要在加大科技投入的同时，让技术普惠更多大众。

3. 创造就业：扩大就业容量，提升就业质量，营造良好就业环境

就业是民生之本。"提高劳动报酬在居民收入中的比重""鼓励勤劳创新致富"是共同富裕的重要内涵，大企业应在扩大就业容量、提升就业质量上发挥积极作用。大企业有比较庞大的生态效应。根据中国人民大学课题组的测算，仅阿里巴巴拉动的电商、物流、快递、运营等领域，每年就有近4000万个就业机会。在推动共同富裕的过程中，大企业更应在提升就业质量上下功夫。阿里巴巴共同富裕行动计划也提到，通过启动年轻人创业扶持计划，提供多样化的职业技能培训等措施，助力高质量就业。快递员、骑手、网约车司机等灵活就业人员的福利待遇的提升也备受社会关注，阿里巴巴也表示要强化对他们的商业保险

保障。提升就业者能力，优化就业者保障，是大企业对高质量发展应尽的社会责任。

4. 创业创新：促进创业，助力中小企业发展

中小企业是解决就业的主力，大企业应充当致富带头人作用，拉动中小企业发展，创造联动效应。2021 年 3 月，国家发改委等六部门联合发起的创业带动就业示范行动，截至 7 月末已累计创造就业机会 193 万个，其中社会服务领域双创就业专项行动累计新增 81.7 万个就业机会；大中小企业融通创新专项行动中，"链主"大企业在产业链供应链关键环节与 23.56 万个中小企业合作；精益创业带动就业专项行动中，职务发明人创办企业超过 1 万家。

大企业对中小企业的拉动作用和中小企业在解决就业中的重要角色，也是一种"先富"带"后富"的体现。互联网经济的出现，让大型平台形成的生态得以成为中小企业成长的良好环境。一些大型消费平台型企业在助力创业机会均等、为中小企业降本增效方面发挥了积极作用。大批小微企业在平台企业的带动下得以发展，更多年轻人获得创业机会。

5. 区域平衡：促进城乡、区域协调发展，推动乡村振兴和欠发达地区发展

我国城乡间、区域间发展和收入不平衡。城乡差距解释了中国收入差距的绝大部分，农村是"共同富裕"的短板；东部沿海

地区和中西部内陆之间发展水平也有较大差距。要"调低""扩中"，很重要的就是要增加农民收入，尤其是增加中西部地区农民的收入。具体的路径主要有两条。一是推动农业的升级，降低农产品生产成本，提升农产品品质，让农活"运得出""卖得掉"，还能"卖个好价钱"。二是发展非农特色产业，在乡、镇、村提供非农就业机会，让农业劳动力实现就地转移。阿里巴巴提出，要助推农业产业化建设，建设农产品集采中心，打造一批区域公共品牌，这些都是促进农业升级的措施。事实上，淘宝此前已经成为农村特色产业重要的发展平台，2020年西部淘宝村、镇增势尤为迅猛，淘宝村从19个增长至71个，增幅达到274%；淘宝镇从34个增加至83个，同比增长144%。2016年3月，吉利启动"吉时雨"精准扶贫项目，至今已累计投入资金6.8亿元，在全国启动了31个农业帮扶项目，覆盖"产业扶贫、教育扶贫、就业扶贫、农业扶贫"四个方面。

6. 公益慈善：积极参与第三次分配，助力慈善发展

企业在第三次分配中发挥的作用更大，有余力的企业应当积极参与公益慈善。我们鼓励有余力的企业积极参与公益慈善，带动贫困地区和贫困人群的发展。从2020年抗击新冠肺炎疫情，到2021年的河南水灾，腾讯、百度、美团、阿里巴巴等公司都积极投入，这也是这些企业承担社会责任的一种体现。一些成熟的大企业，还有制度性的公益慈善安排，如阿里巴巴明确将每年千分之三的营业收入投入公益事业，并设有"95公

益周"。新冠肺炎疫情期间，百度设立总规模为 3 亿元的疫情及公共卫生安全攻坚专项基金项目。

企业如何抓住时代机遇

重视公平和共同富裕是大势所趋，是新时代国家的重大战略。改革开放之初，国家一穷二白，钱少人多，生产要素上劳动过剩、资本稀缺，为了促进增长、做大蛋糕，所以在收入分配上确立了以效率优先、让一部分人和地区先富起来的基本导向，于是衍生出一系列配套制度，比如户籍制度、土地财政、社保制度、税收制度、地方招商等。随着老龄化、少子化加速到来，"刘易斯拐点"出现，人口红利渐远，开始出现劳动稀缺的逆转。同时，收入差距较以往显著扩大，普通劳动者收入偏低会导致内需不足、社会不稳定性因素增多，所以要提高普通劳动者在国民收入分配中的份额，适当抑制资本，收入分配上更重视公平、分好蛋糕，促进共同富裕。

近期，国家出台了一系列的新政、新规和调控措施，都指向一个清晰的目标：促进双循环，扩大内需，发展实体经济、制造业、硬科技、新基建等。这就是大势，是经济社会发展到现阶段的客观要求，是时代的力量。

百年未有之大变局，也是百年未有之大机遇。每个企业、每个人最终都是时代的产物，企业应该主动适应时代浪潮，抓住时代机遇。发展实体经济，缩小城乡差距，推动区域平衡，促进共同富裕，应该成为越来越多企业的主动作为。近年来国家多次提到攻关"卡脖子"技术，发展专精特新中小企业，制造业将迎来一场新的机遇。2020 年年底，国家在互联网行业开展"反垄断"执法，推动平台经济的健康发展，这对互联网行业而言既是挑战，更是机遇。互联网经济下半场，要从看增速转向看质量，互联网企业将在共同富裕、科技创新、社会责任等新时代历史使命中勇于担当，实现平台经济生态长期健康高质量的发展。

新发展格局下的企业战略方法论

朱克力

国研新经济研究院创始院长，新经济智库首席研究员

市场主体是经济社会发展的重要力量，也是夯实并壮大共同富裕产业基础和物质根基的关键所在。

眼下，中国经济发展面临前所未有的挑战，面对复杂严峻的国内外环境，党中央提出，要加快形成以国内大循环为主体、国内国际双循环相互促进的新发展格局。要认识到，能否保护和激发市场主体活力，关系着我们能不能在当前复杂形势下战胜困难、化解风险，为构建新发展格局奠定坚实基础，为促进共同富裕夯实物质根基，确保实现更高质量、更有效率、更加公平、更可持续、更为安全的发展。

正如习近平总书记所指出的，"保市场主体就是保社会生产力。要千方百计把市场主体保护好，激发市场主体活力，弘扬企业家精神，推动企业发挥更大作用实现更大发展，为经济发展积蓄基本力量"①。我们必须正确处理好政府与市场的关系，通过提升改革牵引力、强化开放支撑力、加大创新驱动力，千方百计保护和稳住市场主体的同时，培育更加活跃、更有创造力的市场主体，充分激发各类市场主体活力，从而为构建新发展格局、壮大共同富裕根基提供有力支撑和坚实基础。

市场主体在国民经济循环中的地位举足轻重

2020 年以来，新冠肺炎疫情对中国经济和世界经济产生巨大冲击，国内不少市场主体面临前所未有的压力。保市场主体和激发市场主体活力成为化危为机的重要部署。立足新发展阶段，以畅通国民经济循环为主构建新发展格局，一个重点就是激发市场主体活力，创造新发展动能，进而在危机中育新机、于变局中开新局。

市场主体是当之无愧的社会生产力的基本载体，是社会财富的创造者，是经济发展内生动力的源泉，是稳就业的"顶梁柱"。市场主体在国民经济循环中的地位举足轻重。

① 习近平主持召开企业家座谈会强调：激发市场主体活力弘扬企业家精神，推动企业发挥更大作用实现更大发展 [N/OL].[2020-07-22].http://paper.people.com.cn/rmrb/html/2020-07/22/nw.D110000renmrb_20200722_3-01.htm.

从供给侧看，中国市场主体规模庞大，最新数据显示，全国市场主体总量已突破 1.5 亿户。[①]亿万市场主体的磅礴力量，推动了中国经济总量迈过百万亿元大关，国家财力和社会财富稳定增长，承载了 7 亿多人就业的基本盘，仅个体工商户就带动了近 3 亿人就业，成为中国产业链供应链的重要组成部分。如果通过综合施策，把市场主体的活力充分激发出来，有针对性地打通堵点、补齐短板，就能更好地强链补链固链，增强产业链供应链稳定性，不断提升产业链供应链发展水平。

从需求侧看，企业是创造就业的主体，比如民营经济就贡献了 80% 以上的城镇劳动就业。只有大力保护和激发市场主体活力，才能牢牢把握扩大内需这个战略基点，扩大最终消费，为居民消费升级创造条件，促进国内大循环。

总之，只有让市场主体拥有活力，才能有效增加供给，促进消费升级，不断释放内需潜力，为畅通国民经济循环、形成新发展格局提供持续动力。

提升改革牵引力，强化开放支撑力，加大创新驱动力

当前经济形势仍然复杂严峻，不稳定性不确定性较大，必须科学分析形势，把握发展大势，坚持用全面、辩证、长远的眼光看待当前的困难、风险和挑战，把保市场主体放在构建新发展格

---

① 突破 1.5 亿户，市场主体蓬勃发展为稳增长稳就业提供坚实支撑 [OL].[2021-11-05]. http://www.gov.cn/xinwen/2021-11-05/content_5649255.htm.

局的宏观视野下来把握。通过多策并举，千方百计把市场主体活力激发出来，为经济发展积蓄基本力量。

1. 提升改革牵引力，为激发市场主体活力营造良好环境

新发展格局归根结底是靠市场主体运行的，通过提升改革牵引力积极培育市场主体，激发市场主体活力，是构建新发展格局的基础性工作。在这一过程中，不仅要为市场主体输血，更要促进市场主体自我造血。除了实施减税降费等纾困措施和扶持政策，尤为重要的是处理好政府与市场的关系。

一方面，要充分发挥市场在资源配置中的决定性作用，实现产权有效激励、要素自由流动、价格反应灵活、竞争公平有序、企业优胜劣汰，最大限度减少政府对市场资源的直接配置和对市场主体经济活动的直接干预，增强微观经济主体活力。

另一方面，还要更好发挥政府作用，坚持竞争中性原则，保障不同市场主体平等获取生产要素，尤其要创造良好的营商环境，给民营企业更多发展空间。

2. 强化开放支撑力，促进市场主体在更高水平对外开放中增强活力

以国内大循环为主体，绝不是放弃国外市场，更不是封闭的内部循环。推动国内国际双循环相互促进，扩大开放是出路，促进市场主体在更高水平对外开放中增强活力是重点。

要坚持扩大开放，让一些企业尤其是外向型企业在考虑出口转内销的同时，积极拓展国际市场；放宽市场准入，全力打造市场化、法治化、国际化营商环境，保障外资企业公平参与市场竞争，让外商和外资企业对中国市场更有信心，在更高水平对外开放中增强市场主体活力。

还要看到，推动"一带一路"高质量发展，能为市场主体带来更多机会，要积极引导企业"走出去"开展国际合作，以新姿态加入新一轮国际产业链、价值链、供应链竞争中，形成新的国际合作与分工。

3. 加大创新驱动力，推动市场主体在科技创新中发挥更大作用

创新是引领发展的第一动力。当前，新一轮科技革命和产业变革加速演变，个别国家对我国技术封锁步步升级，加快提高科技创新能力紧迫性凸显。中国已进入高质量发展阶段，支撑发展的要素条件发生深刻变化，实现依靠创新驱动的内涵型增长，大力提升自主创新能力，尽快突破关键核心技术，关系发展全局，也是形成以国内大循环为主体的关键。

要认识到，企业是创新的主体，是推动创新创造的生力军。因此，在构建新发展格局过程中，要加强战略联动，推动市场主体在科技创新中发挥更大作用。一是瞄准科技前沿，鼓励和引导行业优势企业自主开展应用基础研究，提高企业原始创新能力，加快突破关键核心技术。二是构建以企业为主体、产学研深度融

合的技术创新体系，合理确定大学、科研院所和企业在创新体系中的定位，完善产学研合作的利益机制。三是着眼数字经济、生物科技、新材料等战略性新兴产业发展，鼓励各类市场主体合作创新，形成产业链上下游、大中小企业协同创新生态系统。

此外，还要看到，企业家创新活动是推动企业创新发展的关键。要弘扬企业家精神，营造良好环境推动企业家做创新发展的探索者、组织者、引领者，勇于推动生产组织创新、技术创新、市场创新，重视技术研发和人力资本投入，有效调动员工创造力，努力把企业打造成为强大的创新主体，从而为新发展格局提供有力支撑，为高质量发展积蓄持续动能，为共同富裕夯实物质根基。

新经济法则：新发展格局下的企业战略方法论

作为市场主体，任何一家企业都要学会在不确定性中寻找确定性，并从中创造新价值。鉴于"十四五"内外环境仍面临巨大的不确定性，有时和风细雨，有时惊涛骇浪，恰是亮功底、见真章的关键窗口期。如何在不确定性中规避风险、锚定价值，从而夯实并壮大共同富裕的产业基础和物质根基，这对身处新发展格局下的每个企业而言，都是不可回避的重大战略问题。

1. 战略形势：三大关键词引领"十四五"

"十四五"以创新为核心，强调科技自强，其提纲挈领的关键词可浓缩为一个主题、两个"轮子"和三个"新"（也可以概括为"三新、一高、双循环"）。这三大关键词展开后就是下面三句话，它们可以作为"十四五"新经济发展的大形势、大环境、大前提来被理解和掌握，并可从中发掘新机遇与新价值。

（1）一个主题：高质量发展

中国经济在"十三五"彻底告别了高歌猛进的快速增长期，受新一轮科技和产业变革以及深刻的内外环境变迁洗礼，如今正式驶入了"十四五"新运行轨道。"唯GDP"情结被摒弃后，以实现更高质量、更有效率、更加公平、更可持续、更为安全的发展为运行目标，破除制约高质量发展、高品质生活、高效能治理的体制机制障碍成为兑现时代新主题的必由之路。围绕高质量发展这个主题，我认为还有更为鲜活也更为落地的四个"化"——数字化转型、智能化升级、生态化协同、人文化跃迁。

（2）两个"轮子"：国内国际双循环

后疫情时代，全球需求持续衰退，中国经济在承受下行压力的同时面临供需两端的双向挤压，也面临发展方式和产业结构调整与转变，因此需要大力发展服务14亿人的内需市场并建立统一的国内大市场，从过度依赖外循环的经济发展模式转向内外双循环共同促进模式。但绝不是要搞封闭的国内循环，而是要形成开放畅通的国内国际双循环。它包含两层含义：一是以国内大循环为主体；二是国内国际双循环相互促进，即内循环和外循环"双轮驱动"，故称为两个"轮子"。

共同富裕

（3）三个"新"：新发展阶段、新发展理念、新发展格局

"十四五"时期将处于三个"百年"的三期叠加期，即百年未有之大变局的深度调整期、百年未遇之大疫情的持续影响期、百年奋斗之大目标的历史交汇期，"立足新发展阶段、贯彻新发展理念、构建新发展格局"是贯穿未来创新发展的逻辑主线和中国新价值创造的核心要义。中国经济在不同时期有不同的政策取向，"十四五"期间将以扩大内需为战略基点，从供需两端发力畅通经济循环，即牢牢扭住供给侧改革主线与注重需求侧管理统筹兼顾，重在强化国家战略科技力量和产业链供应链自主可控能力，构建内循环为主、外循环赋能与更高水平双循环的新发展格局。

2. 战略支撑：未来产业"新赛道"的新机遇

企业是创造价值的市场主体，新经济的本质在于新价值创造。"十四五"究竟只是企业面向未来的新节点，还是有望开启的新纪元？从发轫于疫情下的新基建与新消费来看，二者的协同融通，无疑将衍生出若干"新赛道"并带来诸多新变化和新机遇。

（1）新基建、新消费同频共振

作为新一代信息基础设施建设的代表，新基建是促进科技和消费创新的驱动器，新消费则是进一步稳住和夯实经济发展基本盘的压舱石。新基建与新消费基于共同的数字内核和智能机理实现同频共振，加速产业数字化、网络化、智能化发展，提高全要素生产率、产品附加值和市场占有率，促进企业流程再造和供应

链协同创新，加快产业迭代兴替。

随着"数智化"发展的黄金时代即将到来，以新基建与新消费为需求载体，供给侧改革、需求侧管理和制度创新赋能，将进一步打破传统物理边界和要素市场化体制机制约束，实现资源优化配置、产业深度融合、治理能力提升；以新消费和新基建为市场"两翼"，推动产业融合创新和数字化转型，将不断构筑以新基础设施为运行基础、新生产要素为内在源泉、新市场主体为有生力量、新协作方式为组织形态、新治理体系为长效支撑的新经济生态系统。

当然，"十四五"在给新经济领域带来百万亿级产业互联网大市场的同时，有望形成以改革为新经济拓空间、以新经济为改革添动力的可持续良性互动新格局。

（2）新经济、新动能迭代裂变

"十四五"期间增长最快的，也恰恰会是相对以前"补涨"较多的领域，即这次疫情催化和加速明显的新经济、新动能领域。从中长期来看，包括但不限于以下方面可更多予以关注。

新技术：包括科技自立战略导向下的第三代半导体材料、上游核心零部件、关键基础材料、先进基础工艺和产业技术基础等"卡脖子"领域，以及其他新一代信息技术领域。

新需求：基于云计算、大数据、物联网、人工智能、区块链等信息技术，为发展数字经济、战略性新兴产业、现代服务业提供需求载体，如办公、教育、医疗及公共服务等深度在线化。

新基建：顺应未来产业变革需要，进一步发展以信息网络为主的新型基础设施建设，为布局产业链创新链筑牢国之基石，为城市智慧化发展注入新基因、新能量。

新模式：新技术产业化加速大量创新应用和产业形态，扩大新供给，形成新的经济模式，这些创新应用不断催生 5G 手机、车联网、智慧城市等新产品、新业态。

新场景：数字科技重塑商业，新场景培育新物种，新物种开辟新赛道，新赛道成为主赛道后不断裂变出更多新赛道，千姿百态的新场景、新物种、新赛道共同形成新经济生态系统。

（3）新周期、新价值创变未来

"十四五"内外环境仍面临巨大的不确定性，在此，送给企业家三句话，总共 24 个字：

一是"放大格局，提升使命"。企业需要立足新发展格局来谋求自身发展，企业的底座是商业和人，塔尖则是格局和使命，外部越混沌，内心就需要越笃定。

二是"死磕痛点，创变价值"。善于捕捉用户不断转移的痛点并满足其实际需求与独特体验，持续做商业社会的造物者和创变者。

三是"抱团取暖，众'智'成城"。单打独斗还能生存的时代已一去不复返，唯有与智者同行、与善者同频、与高人为伍、与贤良共生，携手协同，和衷共济，方可能"避险于未发，制胜于无形"。

3. 战略实施：活用"新经济五诀"系统论

思想是行动的先导。作为市场主体，面对高度不确定的世界环境以及"黑天鹅""灰犀牛"频出的未来，要做到从容以待，应当掌握科学的企业战略方法论。近年来，笔者经初步总结提出了应对新变局、创造新价值的"新经济五诀"系统论，即"一个基点"双循环战略、"两大抓手"消费和科技、"三破三立"新经济法则、"四维整合"新场景再造、"五新驱动"高能级跃迁。

（1）"一个基点"双循环战略

中国经济正在构建双轮驱动的新发展格局，"双循环"成为新发展战略的代名词。应当将"双循环"放到整个中国经济发展全局和全周期来理解，而不应将其视为与其他发展动能等量齐观的一种力量。"双循环"有两个维度，其中"以国内大循环为主体"意味着内循环为主、外循环赋能，"国内国际双循环相互促进"意味着双循环畅通高效。

"十四五"期间，"双循环"是中国经济发展的主轴，是新旧动能转换接续的一个总机制，由内而外地全方位统筹了新发展格局，主要涵盖了总体改革发展、区域协调发展、产业创新发展、对外开放发展四个方面。

一是引领总体改革发展。重在进一步理顺政府与市场关系，推进要素市场化改革，坚守中性竞争原则，优化营商环境和政商关系。

二是统筹区域协调发展。"十四五"期间将从城镇化转向以核心城市群、都市圈带动的城乡经济协调发展，加快京津冀一体化、长三角一体化、粤港澳大湾区一体化的三大区域发展，推进成渝经济圈、海南自贸港建设。

三是促进产业创新发展。"双循环"新格局下需进一步铸链强链引链补链，促进产业链、供应链、创新链、价值链深度融合，使之迈向中高端水平，实现高质量发展。

四是推动对外开放发展。促进市场主体在更高水平对外开放中增强活力，通过提升改革牵引力、强化开放支撑力、加大创新驱动力，持续激发市场原动力。

（2）"两大抓手"消费和科技

企业在"双循环"新发展格局下，主要应打好"消费"和"科技"两张牌。中国大规模体量的县域经济、乡村经济，给了消费释放潜能的巨大空间，这也是把消费和内需进行更强延展的信心所在。如何让下沉市场成为新发展格局的有力支撑？从战略上来讲，需要进一步改革开放，以制造为原点，从制造到科技、投资、服务、金融、消费形成系统性闭环。

消费被认为是国民经济的压舱石。在稳定外部需求的同时，最重要的是从国内需求出发，让生产、分配、流通、消费等各个环节畅通。这时候要更加重视人口变量，推动人口红利从数量走向质量，将人口红利转化为人力资本和人才红利。这是基本的转变方向。

与此同时，要做好新型城镇化、数字经济、智能经济和新技术新产业等新经济的培育。从商业逻辑来说，包括线上线下融合带来的各种消费业态转变，包括供应链的整合创新，以及新服务、新品牌在渠道和营销模式上创新，这些都是新经济的现实形态。

我国的内需市场空间和潜力巨大,但在科技领域的短板也非常明显,既要自主可控又要开放创新,难度不小。在第四次工业革命的浪潮下,充分发挥新基建的引领作用,运用好大数据、区块链、人工智能等新技术,驱动和助力产业链向中高端发展。

科技创新的战略导向,是在重点领域尤其是"卡脖子"技术上实现突破。与此同时,通过新技术改造、新管理提升、新品牌赋能,巩固强化优势产业地位。无论是科技还是消费,我们的产品与服务都需要补上质量和品牌的短板。

(3)"三破三立"新经济法则

"三破三立"是笔者多年研究新经济和产业转型概括的观点,也被视为重要的新经济法则。其中,"三破"包括"破介"、"破界"和"破诚"。

一是,重构介质先"破介":打破传统介质,也就是去中间化,尤其是在我们说的消费互联网时代,比如电商平台,它提供的是一个供需对接的新体系,同时形成新的中间化,其前提是去除了原来传统的中间商,消除了旧介质。

二是,重塑边界先"破界":破除传统边界,尤其在未来的产业互联网、工业互联网的时代,产业组织、资源和物理的边界要持续突破和重整,这是真正意义上的去中心化。

三是,重建规则先"破诚":告别传统观念,冲破思想藩篱,包括传统理论、传统思维、传统规则都需要重塑。对产业、经济、商业、品牌的传统认知,已难以解释新变化、解决新问题,需要重启认知,重构规则。

概括而言，打破传统介质（"破介"）、破除物理边界（"破界"）、冲破思想藩篱（"破诚"），这"三破"是实现资源优化配置、产业深度融合和治理能力提升的必由之路。

不破不立，破立结合。在推进"三破"的过程中，还要做到"三立"，包括"立志"、"立智"和"立制"，涉及战略、战术、制度三个层面的创新。

一是，战略创新需"立志"：以格局引航，树立始终与国家和时代同频共振的发展愿景。

二是，战术创新需"立智"：以数智助航，构建深度融合现代技术与市场需求的应用场景。

三是，制度创新需"立制"：以法制护航，形成支撑企业长期发展且不断完善的治理体系。

在"三立"即战略、战术、制度三个层面的创新当中，战略创新决定未来格局，战术创新打开市场空间，制度创新方能行稳致远。

（4）"四维整合"新场景再造

在"三破三立"新经济法则之下，还有"四维整合"新场景再造。从企业视角看，核心要点是基于用户需求和体验，以用户价值为中心，这是企业生存和发展的立足点和根本归宿，要运用好公共政策、科学技术、商业模式和新的运营场景。

尽管可能由于新冠肺炎疫情，企业面临的一些需求发生了变化，但是我们也要理解一点，即这些变化只是需求的形态有所改变，或者需求的落点有所转移。比如，过去线下多一些，疫情的原因线上的比重高了，线上线下结合的方式成为主流，场景发生了改变，包括在不同品类、不同平台之间频繁转移。

运用四维整合的逻辑，更好地用好政策和技术，以及模式和场景，对用户需求和价值持续挖掘，通过好产品和好服务持续满足用户的刚需。这在挖掘内需潜力和扩大消费方面就能形成一个永不动摇的恒量。

另外，政府也有类似的四维整合的逻辑，它服务的用户是企业，需要调动和运用好各个部门、科研机构、新经济智库和市场的力量。

（5）"五新驱动"高能级跃迁

做到"四维整合"新场景再造，企业需要全面理解重点整合哪些资源、运用哪些要素，这就涉及"五新驱动"。"五新驱动"就是以新基础设施作为运行基础、以新生产要素作为内在源泉、以新市场主体作为有生力量、以新协作方式作为组织形态、以新治理体系作为长效支撑。

一是以新基础设施作为运行基础。发展数字经济、智能经济等新经济形态，首先需要大规模布局和落地数字化、智能化的基础设施，比如大湾区建设，没有基础设施的互联互通是不可想象的，离不开轨道交通和数字新基建铺设。

二是以新生产要素作为内在源泉。十九届四中全会提出了数据成为新的生产要素，那么除了数据，人力资本、技术要素，也包括文化创意要素乃至品牌，在未来经济发展中会发挥更大的内生作用。必须重视和激活新的生产要素，不管是知识、数据还是信息、人才、技术、文化甚至品牌，使之融通创新至关重要。

三是以新市场主体作为有生力量。科技和消费要共振发展，离不开上亿市场主体、千千万万的企业，要靠大家一起激发市场活力。这些年的政府工作报告，也把各项政策着眼于服务好企业、发挥市场主体新动能放到很高的位置。

四是以新协作方式作为组织形态。在新经济时代，传统的协作方式已经制约了人与人之间的合作，合伙制、合弄制越来越普及，同时企业之间运用互联网、大数据平台大规模协作，甚至包括人机之间的协作，正在一天天走向主流化。

五是以新治理体系作为长效支撑。无论是从企业治理的视角还是从政府治理的视角，现在的任何一家企业、一座城市、一个经济体要长足发展，都离不开市场化、法治化、现代化的治理体系提供支撑和保障。

新基础设施、新生产要素、新市场主体、新协作方式、新治理体系，这"五新驱动"协同发力，成为企业构筑新经济生态系统、实现高能级跃迁的五大动力源泉，也成为我们不断夯实并壮大共同富裕的产业基础和物质根基的横梁立柱。

如何更好利用金融市场
改善收入分配

黄益平

北京大学国家发展研究院副院长

改革开放以来，在相当长一段时期，中国消费占 GDP 的比重一直呈下降趋势，尤其在 2000—2010 年，消费占 GDP 的比重从 64%（2000 年）降至 49%（2010 年），下降了 15 个百分点。2010 年后消费占比有所回升，2019 年升至 56%，近期呈现相对平稳的走势。但与别国相比较，这一水平仍然较低，低于美国（82%）、英国（84%）、法国（78%）、日本（75%）等发达国家，也低于印度（72%）等发展中国家。

维持恰当的消费和投资比例

消费占 GDP 比重的指标为什么重要？我认为这涉及经济可持续增长的问题。2020 年，我国经济复苏主要依靠投资和出口驱动，消费相对疲软，2021 年也遇到同样的问题，即消费不强劲，这就导致我国生产者价格非常高，消费者价格比较低，很多下游制造业企业的经营出现困难。

如何看待消费占比较低这一现象？经济学界其实对此有着不同看法。一些学者认为，我国经济增长确实应从过去的投资驱动转向消费驱动；但也有学者认为，凡是依赖消费驱动经济增长的国家，最终都陷入了经济或金融危机。

我个人对这一现象的看法是，消费占比应该处于相对恰当的中间值，即重点不在于争论消费能否驱动经济增长，而是需要讨论在整个经济中消费和投资处于怎样的比例是相对恰当的。简单来说，一方面，如果消费过度、投资不足，这样的经济增长是不可持续的；但另一方面，如果消费不足、投资过度，最终很可能出现产能过剩。因此，维持恰当的消费比例是必要的，这是支持我国经济增长尤其是长期可持续增长的重要条件。

消费相对疲软背后的原因

过去很长时间，在经济增长的出口、投资和消费"三驾马车"中，中国经济主要依靠出口和投资驱动，消费相对疲软。这背后的原因有很多，比如居民收入的增长慢于国民经济的增长，但我认为，过去消费相对疲软背后还有一个很重要的故事，就是"不平等"。

尤其是收入分配不平等。自 20 世纪 90 年代后期到 21 世纪初，我国基尼系数从 0.37 上升到接近 0.48，此后一直处于相对较高的水平。基尼系数越高，表明收入分配越不平等。虽然过去十余年，基尼系数走势呈平缓的上下波动，但整体来看，我国的收入分配不平等问题依然突出。

收入分配不平等对消费有显著的负向影响。在经济学里，有一个概念叫平均消费倾向（APC），通俗来讲就是收入中有多少比例用于消费，剩余部分用于储蓄。一般经验是，高收入群体的消费倾向较低，低收入群体的消费倾向较高。因此，当一国的收入分配非常不平等时，高收入群体拥有很高比例的社会财富，但消费比例并不高；而低收入群体有很多消费需求，但受到收入不足的制约，消费水平有限，这就会导致一国总体消费疲软。

还有一些其他方面的制约因素，包括社保体系不完善，城乡收入、消费差距大等。有学者测算，如果放松进城农民工的户籍限制，给他们城镇户籍，即使保持社会保障等一系列制度支持因素不变，人均消费水平也可以提高 27%。我们之前做过计算，平均来看，一个城市居民的各项消费开支是农村居民消费开支的 2~3 倍。因此，农村居民基数仍然较大、城镇化率不高的情况确实会使消费增长受到影响。

综上来看，不平等在一定意义上会影响消费，也会进一步影响经济增长。从这一角度看，当前讨论共同富裕非常重要。

"共同富裕"这四个字，我认为是经济学要解决的一个根本问题。我们常说经济学的最大挑战就是在公平和效率之间求得均衡，"共同"就是要实现一定程度的公平，"富裕"就是要注重效率，两个目标的共同实现是经济发展的最终目标。

金融支持共同富裕主要在于初次分配

我们讲三次分配，初次分配是市场主导的分配，再分配是政府主导的分配，第三次分配是社会主导的分配。需要强调的是，金融支持共同富裕主要在于初次分配，即怎样更好利用金融市场改善收入分配。

支持共同富裕，金融部门能有哪些作为？我认为有三方面值得关注：一是深化金融改革，有效支持高质量发展；二是推进金融市场化，实现要素价格的市场化；三是利用数字技术，发展普惠金融。

1. 通过深化金融改革，有效支持经济高质量发展

发展经济学中有这样一句话，"经济发展是最有效的反贫困手段"。中国到 2020 年年底实现了近 1 亿人脱贫。在扶贫脱贫期间，政府采取了很多有效政策。事实上，一国最有效的反贫困手段就是快速发展经济，这在改革开放 40 多年的经济发展中得到了印证。

过去三四十年，中国经济高速增长，金融发展相对稳定，客观来看，金融体系支持经济增长应该说非常有效。1979—2018年我国GDP平均增速为9%，其中前30年（1979—2008年）平均增速为10%。金融体系出现了不少风险因素，如银行不良资产，但没有发生系统性的金融危机。林毅夫、蔡昉、李周在合著的《中国的奇迹：发展战略与经济改革》一书中评价道，中国经济改革历程总体上非常成功，金融也做出了贡献。

我经常关注的一个指标是增量资本产出率（ICOR），其含义是增加单位总产出所需要的资本增量。2008年全球金融危机前，我国这一指标约为3.5，金融危机后至2017年，ICOR增长近一倍。简单来说就是在过去十几年，生产同一单位GDP所需的新增资本投入翻了近一番，这意味着我国金融效率在下降，这可能与金融支持实体经济的力度减弱有关。

自1978年起，中国金融改革几乎是白手起家，花费了很大力气建立起一个庞大的金融体系，这一体系具有"规模大、管制多、监管弱"三个突出特征。ICOR上升说明，这一套金融体系过去可以有效支持经济增长，但现在金融体系对经济的支持力度日益减弱。这一问题不解决，经济可持续增长就会出现问题；如果经济不能实现持续增长，那么共同富裕也将很难实现。

为什么会发生这样的转变？我认为最大的挑战在于经济增长模式发生了转变，要求金融体系也要转变。中国已经从中低收入国家发展成为中高收入国家，很快将进入高收入国家行列，其中的发展差别是什么？是中国要从过去粗放型、要素投入型的经济增长模式，走向集约型、创新驱动型的经济增长模式。

金融体系的改革涉及很多方面，包括金融创新、市场化改革、金融开放和金融监管改革等。其中，金融能否支持经济创新涉及金融结构的调整，要求更进一步发展资本市场，要求包括商业银行在内的金融机构转变业务模式，由过去简单支持粗放式的经济活动转为支持创新活动，比如通过数字金融更好地评估创新风险和回报。

金融改革的目的是支持经济的可持续增长，这对实现共同富裕而言是根本性的前提条件。如果金融模式不能及时转变，经济增长将很难持续，共同富裕也就很难实现。

2. 进一步推进金融市场化，实现要素价格的市场化

当前居民收入占比相对较低，收入分配不平等，劳动报酬收入仅占 GDP 的 47.5%，而美国为 53.6%，这和我国金融市场化程度不高、金融要素没有真正得到同市场风险相匹配的市场回报相关。因此，进一步推动金融市场化改革，有利于提高金融回报，尤其是提高居民的财产性收入比重。

我国居民财产性收入比例明显偏低，这从根本上说明，中国居民的储蓄率非常高，但很多储蓄都存放在银行，银行的存款利率很低，无论是活期、定期收益都不高，这与多年来金融体系"管制多"的特点、整个存贷款利率没有完全市场化有关。如果未来能够真正实现利率市场化，存款利率有所上升，那么持有很多存款的居民的财产性收入就会有所增加，这将有助于改善收入分配。

更重要的是，现在居民的投资渠道仍然过窄。再多的储蓄存放在银行，存款利率的上升也是有限的，真正的投资渠道应该在资本市场。我们的金融结构要改变，不仅要解决利率市场化的问题，还要更好地发展资本市场，提高直接融资在整个金融体系中的比重。

目前来看，资本市场还没有很好地发挥作用。尤其当前我国面临人口老龄化问题，不能完全依靠劳动报酬作为居民收入的主要来源，而应当提供更好的投资渠道，创造更多财产性收入，这对经济长期增长非常重要。

3. 利用数字技术，发展普惠金融

尤其要为一些弱势群体，包括低收入群体、中小微企业、农村居民提供更好的金融服务。普惠金融，尤其是数字普惠金融，在国内取得了长足发展，但发展中也存在一些问题。未来，普惠金融要注重解决"融资难""投资难""保险难"三个问题。

金融是一个综合性概念，我国的数字金融最先解决了"支付难"的问题，并产生了积极成效。我们研究发现，支付宝和微信支付等方式将农民和外部市场连通，业务模式由原先自给自足的小农生产逐渐转为平台销售，扩大了他们的职业选择空间，提高了收入。此外，数字金融还帮助很多人平滑了消费。

针对"融资难"问题，一些大科技平台利用平台数据进行信用风险管理，提供"大科技信贷"，有效支持了中小微企业发展，有利于改善收入分配，支持共同富裕。

针对"投资难"问题，许多居民不知道如何投资、向哪里投资，应思考未来能否借助类似智能投顾的数字工具帮助居民，尤其是帮助有一定收入的家庭进行理财管理。这一问题的解决将有助于提高居民的财产性收入比重。

此外，保险是为居民提供保障的重要渠道，普惠金融也将在"保险难"问题上发挥作用。

总结起来，中国经济发展到今天，金融支持实体经济的效果相当不错，但现在确实也遇到诸多问题。其中一个方面是金融对实体经济的支持力度下降，根本性的问题在于金融服务在一些领域供给不足，最突出的领域就是普惠金融。所以我想，金融领域可以多一些作为，助力实现共同富裕的梦想。

实现共同富裕，政府和市场能做什么

曾铮

国家发改委宏观经济研究院市场所主任、研究员

共同富裕是社会主义的本质要求，是中国式现代化的重要特征。习近平总书记主持召开中央财经委员会第十次会议时强调，要坚持以人民为中心的发展思想，在高质量发展中促进共同富裕。《中华人民共和国国民经济和社会发展第十四个五年规划和2035 年远景目标纲要》提出，要坚持共同富裕方向，始终做到发展为了人民、发展依靠人民、发展成果由人民共享，维护人民根本利益，激发全体人民积极性、主动性、创造性，促进社会公平，增进民生福祉，不断实现人民对美好生活的向往。共同富裕是一个动态的长期发展过程，不能一策定论、一蹴而就、一劳永

逸，需要一系列政策和一揽子举措来促进形成和加以实现。在这个过程中，要协同和统筹好政府功能和市场机制，实现政府有为、市场有效、人民有劲，为实现共同富裕创造良好条件，奠定坚实基础。

认识政府功能与市场机制的关系

共同富裕是一个动态的长期发展过程，需要数代人不懈努力才能最终达成。在这个过程中，需要科学谋划、稳步推进、久久为功，关键要从三个角度处理好政府功能与市场机制的关系。

一是从权衡共同和富裕的角度认识共同富裕过程中统筹政府功能与市场机制的关系。共同富裕本身隐含着生产力和生产关系的关系，"共同"隐含着生产关系，而"富裕"则隐喻生产力。一方面，要充分发挥市场机制的优势，丰富劳动资料，优化劳动对象，提升劳动者的劳动技能，持续促进生产力发展，奠定共同富裕的物质基础。另一方面，要更好发挥政府的调节功能，形成符合国情和经济发展阶段性特征的生产资料所有制形式、人们在生产中的地位和相互关系以及产品分配的形式，不断健全生产关系，为促进共同富裕提供重要制度和政策保障。

二是从协调公平和效率的角度认识共同富裕过程中统筹政府功能与市场机制的关系。公平和效率关系的权衡在不同阶段具有不同特征，通常在经济发展的初级阶段更重视效率，随着经济深入发展公平和效率均衡度逐步提升，到物质财富极大丰富的阶段更强调公平。党的十四届三中全会提出"效率优先，兼顾公平"的收入分配政策，党的十六大提出"初次分配注重效率，再分配注重公平"，党的十七大提出"初次分配和再分配都要处理好效率和公平的关系，再分配更加注重公平"，党的十八大提出"初次分配和再分配都要兼顾效率和公平，再分配更加注重公平"，党的十九大提出"努力实现更高质量、更有效率、更加公平、更可持续的发展"。

可以看出，我国经济发展正逐步从"效率优先，兼顾公平"转向"有效统筹效率和公平"，目的是让发展成果更多、更公平地惠及全体人民，以实现我国经济长期稳定增长和持续均衡发展。

三是从规避外部性和失灵的角度认识共同富裕过程中统筹政府功能与市场机制的关系。在共同富裕过程中，市场主导的高效生产是拓展收入的来源，市场作用决定了收入分配的结构性特征，市场价格机制推动了收入分配的传导，市场激励机制提升了国民收入的分配效率。然而，市场往往存在不完全竞争、信息不对称、主体要素禀赋差异、运行存在外部性等缺陷，导致在收入分配过程中存在市场失灵现象，需要政府通过营造公平市场环境、矫正要素配置失衡、实施二次分配调节、提供相关公共物品等政策手段予以弥补。

当然，政策工具也有不足，存在政策干预的成本相对过高、有过度干预的倾向等问题。为此，必须有效完善市场机制和更好发挥政府功能，推动形成高质量、均衡、可持续的共同富裕。

共同富裕

切实优化市场机制的重要作用

市场在共同富裕过程中的基础性作用主要体现在初次分配当中，要切实发挥市场在提高发展质量效益和夯实共同富裕的物质基础中的作用，完善要素层面的市场机制，促进市场公平竞争，为共同富裕提供基础保障。

1. 提高满足人民高品质生活的供给能力和效率

我国社会主要矛盾已经转变为人民日益增长的美好生活需要与不平衡不充分的发展之间的矛盾，解决发展不充分的问题，需要通过加快发展生产力来实现，市场机制能够发挥促进生产力发展的基本作用。一是健全社会主义市场经济条件下新型举国体制，面向人民生活需求和生命健康，深入实施科教兴国战略、人才强国战略、创新驱动发展战略，完善国家创新体系，深入推进制造强国、质量强国建设，增强数字化对产品质量提升和体验优化的赋能作用，满足人民产品消费升级的迫切需求。二是持续繁荣服务业市场，扩大服务业对内对外开放，鼓励社会力量扩大多元化、多层次服务供给，推进数字化、智能化改造和跨界融合，提高服务效率和服务品质，提升人民的服务获取便利度和改善服务体验。三是坚持保护生态环境就是保护生产力，改善生态环境就是发展生产力，加快完善政府主导、企业和社会各界参与、市场化运作、可持续的生态产品价值实现路径，不断满足人民对绿水青山、蓝天白云等生态产品的现实需求。四是创造以社会主义核心价值观为引领的精神产品，促进人民精神生活共同富裕，不断满足人民群众多样化、多层次、多方面的精神文化需求。

2. 构建有利于完善初次分配的要素市场化机制

尽快健全生产要素由市场评价贡献、按贡献决定报酬的机制，切实提高劳动报酬在初次分配中的比重，为实现共同富裕创造关键性条件。一是推动经营性土地要素市场化配置，健全农村集体产权制度，深化土地管理制度改革，完善建设用地市场体系，开展土地指标跨区域交易试点，有效弥合我国区域差距。二是推动劳动力要素有序流动，深化户籍制度改革，保障劳动者同工同酬，不断缩小城乡差距和人民收入差距。三是促进资本市场健康发展，稳步推进股票发行注册制改革，建立常态化退市机制，完善资本市场金融监管，保障居民金融投资安全，多渠道增加居民财产性收入。四是加快发展知识和技术市场，健全职务科技成果产权制度，促进技术要素与资本要素融合发展，不断健全科技人才按贡献分配的合理机制。五是积极培育数据要素市场，推进政府数据开放共享，提升社会数据资源价值，加强数据资源整合和安全保护，不断提升数据要素在初次分配中的功能地位。

3. 形成各类主体平等对待和公平竞争的市场环境

市场竞争不公平是加剧收入分配不公的重要原因，垄断市场主体凭借强大的独占优势，不断攫取高额利润，并在内部人控制下实现高福利、高工资，因此要加快实现各类市场主体平等准入、公正监管、诚信守法。一是坚持两个"毫不动摇",全面落实支持民营企业发展的政策,深化国有企业混合所有制改革,完善国有企业市场化薪酬分配机制,保证各种所有制经济依法平等使用生产要素。二是全面完善产权保护制度,实施市场准入负面清单制度,增强公平竞争审查制度刚性约束,加强和改进反垄断与反不正当竞争执法,破除区域分割和地方保护,推动规则等制度型开放,推进保障各类市场主体公平参与市场竞争。三是进一步落实《关于为新时代加快完善社会主义市场经济体制提供司法服务和保障的意见》,完善市场主体司法保护机制,加强产权司法保护,维护社会诚信与市场秩序,健全涉外司法保障机制,建设具有中国特色的矛盾纠纷化解机制,实现各类市场主体受到同等的法律保护。

更好发挥政策和制度的保障功能

发展经济学中反映经济增长与收入分配关系呈现库兹涅茨曲线(也称"倒 U 曲线")的自然过程,并没有在各国经济社会发展实践中得到普遍验证。因此,要有效发挥政府功能弥补市场失灵的作用,在再分配甚至第三次分配层面强化政府调节和引导,为实现共同富裕提供重要的制度保障。

1. 完善再分配机制

我国现有再分配政策对收入差距的调节作用相对有限,因而要充分发挥政府在共同富裕中的兜底作用，加大再分配政策的调节力度和精准性。一是集中更多财力用于保障和改善民生，适当提高中央企业国有资本收益提取比例，降低行政成本和一般预算开支，加大对教育、就业、社会保障、医疗卫生、保障性住房、乡村振兴等方面的支出。二是推进基本公共教育均等化，合理配置教育资源，重点向农村、边远、贫困、民族地区倾斜，推动义务教育优质均衡发展和城乡一体化。三是优化税收调节机制，进一步完善综合与分类相结合的个人所得税制度，积极稳妥推进房地产税立法和改革，扩大资源税征收范围和提高资源税税负水平，研究在适当时期开征遗产税问题。四是改革完善社会保险制度，优化社会救助和慈善制度，健全退役军人工作体系和保障制度，加快健全覆盖全民、统筹城乡、公平统一、可持续的多层次社会保障体系。五是有效增加保障性住房供给，扩大保障性租赁住房供给，因地制宜发展共有产权住房，完善住房保障基础性制度和支持政策。六是加强对困难群体的救助和帮扶，健全城乡低收入群体基本生活保障标准与物价上涨挂钩的联动机制，提高优抚对象抚恤补助标准。七是重视发挥第三次分配作用，发展慈善等社会公益事业，在全社会宣传和营造积极健康的社会财富观，研究制定企业和个人慈善捐助免税条例，积极鼓励有条件和有意愿的企业和个人投入慈善事业。

2. 推进区域协调发展

区域间的差距是制约共同富裕的主要因素之一，因此深入实施区域协调发展战略，为实现共同富裕提供重要条件。一是深入推进西部大开发、东北全面振兴、中部地区崛起、东部率先发展，实现区域之间相互促进、共同发展。二是以缩小城乡发展差距和居民生活水平差距为目标，持续巩固拓展脱贫攻坚成果，促进城乡要素自由流动、平等交换和公共资源合理配置，促进农民收入持续增长，加快形成工农互促、城乡互补、全面融合、共同繁荣的新型工农城乡关系，实现城乡融合发展。三是支持特殊类型地区发展，统筹推进革命老区振兴，推进生态退化地区综合治理和生态脆弱地区保护修复，推动资源型地区可持续发展示范区和转型创新试验区建设，推进老工业基地制造业竞争优势重构，解决高海拔地区群众生产生活困难，推进兴边富民、稳边固边。四是建立健全区域战略统筹、市场一体化发展、区域合作互助、区际利益补偿等机制，提升区域合作层次和水平，完善财政转移支付支持欠发达地区的机制，优化区域合作与利益调节机制，加大对民族地区发展的支持力度。

3. 调节行业间收入分配

随着产业发展以及行业分工深化，我国行业间收入分配差距正在加深，特别是数字经济和平台经济发展正在加剧行业收入分配差距。应该从抑资本、管行业和调税收三个方面对重点领域和重点行业进行管理，避免行业收入分配差距妨碍国民收入分配优化。一是在金融体系监管和行业经营者集中反垄断等方面，重点防止数字经济领域和平台经济领域的资本无序扩张，夯实资本制度，推进行业反垄断，避免寡头经济对我国行业收入分配造成的负面影响。二是要强化重点行业管理，针对金融和房地产等行业超额利润的问题，加强对不合理的资金进入这些行业和领域的行为监管，推动金融、房地产等行业同实体经济均衡发展。三是注重行业税收调节，适当调高部分奢侈消费品和专营产品的税率，逐步降低实体经济和中小微企业的税收负担。四是建立健全促进农业行业收入较快增长的长效机制，健全农业补贴制度，增加农民家庭经营收入，合理分享土地增值收益，有序推进农业转移人口市民化，健全城乡融合发展体制机制，实现巩固拓展脱贫攻坚成果同乡村振兴有效衔接。

4. 优化收入分配秩序

我国是转型加转轨的典型国家，收入分配领域仍然存在一些乱象，需要更好发挥政府监督和矫正的功能，在确保良好收入分配秩序中实现共同富裕。一是维护劳动者合法权益。健全工资支付保障机制，落实清偿欠薪的属地政府负责制度，完善劳动争议处理机制。二是清理规范党政机关工资外收入，健全国有资本收益分享机制，完善国有资本收益上缴公共财政制度，健全机关事业单位工资收入分配制度，完善机关和国有企事业单位发票管理和财务报销制度。三是建立完善个人收入和财产信息系统，不断健全社会信用体系和收入信息监测系统，支持健全现代支付和收入监测体系。四是推动落实依法保护合法收入，合理调节过高收入，规范隐性收入，取缔非法收入。

共同富裕下企业的五个战略
转型方向

杨政

中国（海南）改革发展研究院副院长

党的十九届五中全会强调"扎实推动共同富裕"，在描绘2035年基本实现社会主义现代化远景目标时，明确提出"全体人民共同富裕取得更为明显的实质性进展"。

共同富裕是社会主义的本质要求，是人民群众的共同期盼。在共同富裕的大背景下，平台垄断和资本无序扩张会得到遏制，人民的劳动报酬将不断提升，到2035年经济社会将呈现一系列趋势性变化，包括：中国GDP总量达到全球第一，中等收入群体将翻倍，服务型需求成为主导，城镇和乡村市场消费不断扩容，老龄化、少子化叠加形成双重挑战，等等。企业必须调整长期战略，才能抓住趋势中的机遇，实现基业长青。

本文尝试性提出企业五个战略转型方向，包括：从产品制造商转向制造服务商，从封闭型组织转向开放生态型组织，从追求股东利益最大化转向利益相关者的利益均衡，从关注年轻经济到拥抱"家庭经济"和"银发经济"，从以城市为主转向城乡结合的新蓝海市场。

共同富裕的实现指标

共同富裕是社会主义的本质要求，是人民群众的共同期盼。1984年11月9日，邓小平明确提出"共同富裕"的概念。他指出："在社会主义制度下，可以让一部分地区先富裕起来，然后带动其他地区共同富裕。"[①]2021年1月28日下午，习近平总书记在十九届中央政治局第二十七次集体学习时强调，"进入新发展阶段，完整、准确、全面贯彻新发展理念，必须更加注重共同富裕问题"[②]。2021年8月17日，在中央财经委员会第十次会议上，习近平总书记再次强调，"共同富裕是社会主义的本质要求，是中国式现代化的重要特征，要坚持以人民为中心的发展

---

① 杨胜群，闫建琪，中共中央文献研究室．邓小平年谱（1975—1997）：下卷 [M].北京：中央文献出版社，2009.

② 习近平在中共中央政治局第二十七次集体学习时强调：完整准确全面贯彻新发展理念，确保"十四五"时期我国发展开好局起好步 [N/OL].[2021-01-30]. http://paper.people.com.cn/rmrb/html/2021-01/30/nw.D110000renmrb_20210130_1-01.htm.

思想，在高质量发展中促进共同富裕"①。

改革开放以来，中国经济实现了高速增长，但地区差异、城乡差异、资本报酬和劳动报酬的差异越发明显。例如，在反映居民收入分配差异程度的一项重要指标基尼系数方面，2016 年我国基尼系数达到 0.465，高于美国（0.41）、英国（0.35）、加拿大（0.32）等西方发达国家。根据国家统计局数据，直到 2019 年，我国基尼系数均在 0.465 以上，高于联合国规定的 0.4 的"警戒线"。为基本实现共同富裕，2035 年我国基尼系数要争取达到 0.2~0.3，达到联合国规定的比较平均的标准。再比如收入差距，2020 年我国城乡居民收入比为 2.56 ∶ 1，高于大部分欧美发达国家。为实现共同富裕，到 2035 年我国城乡居民收入比需要下降到 1.8 ∶ 1以下，收入差距要不断缩小。同时，对比近几十年来的工资收入与劳动生产率发展情况，可以发现，我国工业企业劳动生产率得到大幅提高，劳动生产率年增速接近 20.8%，而工资收入年涨幅仅为 13.2%，企业的资本报酬率增速一直高于劳动报酬率增速。为实现共同富裕，未来 15 年工资收入增长率需要与劳动生产增长率同步或者更高。

经过改革开放 40 多年的发展，我国目前正从"效率优先，兼顾公平"过渡到"效率与公平兼顾"，未来将逐步走向更加注重社会公平的"共同富裕"型社会。

---

① 习近平主持召开中央财经委员会第十次会议 [OL].[2021-08-17]. http://www.gov.cn/ xinwen/ 2021-08/17/content_5631780.htm.

经济社会五个重要发展趋势

1. 中国 GDP 总量或将超过美国，东盟成为第四大经济体，亚洲成为全球经济贸易中心

　　根据北京大学国家发展研究院的智库报告《中国 2049：走向世界经济强国》中的预测：中国可能会在 2025 年前后达到世界银行设定的高收入经济体的门槛，从而成功地跨越中等收入陷阱；如果保持年均 4.5% 以上的增速，经济总量大概率会在 2030 年前后超越美国，成为世界最大的经济体；到 2049 年，中国很可能将达到发达国家的经济发展水平，从而顺利地实现中央所提出的第二个百年奋斗目标。

　　在东盟宣布建立经济共同体即将进入第五年之际，2019 年 12 月 26 日东盟秘书处发布的年度《东盟融合报告》指出，东盟以 3 万亿美元的体量跃升为全球第五大经济体，较 4 年前上升两位。随着《区域全面经济伙伴关系协定》（RCEP）的签署落地，未来 10 年，东盟得益于亚太地区统一大市场的发展，在人口红利和后发优势的双重因素刺激下，经济有望保持 5% 以上的增长，到 2030 年经济总量达到 4.8 万亿美元，成为全球第四大经济体。

　　2035 年前，中国经济总量大概率将成为全球第一，东盟也将成为第四大经济体。按购买力平价计算，亚洲的经济总量有望超过世界经济总量的 60%，世界经济重心将再次回到亚洲地区，亚洲将成为驱动全球经济增长的重要引擎。对跨国企业来说，未

来 15 年亚洲市场成为决定性市场，在亚洲市场的成败决定了全球市场的成败。

2. 中等收入群体实现倍增，共同富裕取得实质性进展

根据国家统计局采用的定义方式，将 2018 年价格下年收入（典型的三口之家）为 10 万~50 万元的家庭定义为中等收入家庭。中央财经委员会第十次会议强调，要着力扩大中等收入群体规模，抓住重点、精准施策，推动更多低收入人群迈入中等收入行列。2020—2035 年是我国由中高收入阶段迈进高收入阶段的关键时期，中央通过一系列措施，中等收入群体比例或将从现在的 30% 提高到 60%，中等收入人群从 4 亿增长为 8 亿，实现中等收入群体的倍增，初步形成橄榄型社会结构，从而实现全体人民共同富裕取得更为明显的实质性进展的目标。根据经济发展的经验，中等收入群体的倍增会释放巨大的市场需求，尤其是带动医疗、教育、体育、文化、旅游、娱乐、家庭服务等服务型消费需求的倍增。

2021 年 7 月 19 日，《浙江高质量发展建设共同富裕示范区实施方案（2021—2025 年）》正式发布。方案提出，坚持以满足人民日益增长的美好生活需要为根本目的，以改革创新为根本动力，以解决地区差距、城乡差距、收入差距问题为主攻方向，更加注重向农村、基层、相对欠发达地区倾斜，向困难群众倾斜，在高质量发展中扎实推动共同富裕，加快突破发展不平衡不充分问题，率先在推动共同富裕方面实现理论创新、实践创新、制度

创新、文化创新。与此同时，各个省份也不甘落后，开始研究和出台地方版的共同富裕实施方案。作为一个社会主义大国，中国存在着地区间、人群间、行业间发展不平衡不充分的问题，可以预见，共同富裕将成为未来较长时间中国社会经济发展的主题词。

3. 物质型消费占比不断下降，服务型消费需求成为主导

随着中国进入工业化后期，我国作为全球第一制造业大国，物质型消费供给总体上由短缺走向过剩，一般的物质型消费产品供给趋于饱和。2013—2019 年，我国居民人均支出中物质型消费支出占比由 60.3% 下降至 54.1%，年均下降 1 个百分点，其中城镇居民物质型消费支出占比下降速度明显快于农村居民。随着物质型消费占比不断下降，服务型消费占比不断上升，突出表现在医疗健康、留学教育、旅游休闲、体育文化、数字信息等消费领域呈现快速增长势头。2013—2019 年，我国居民服务型消费年人均支出规模由 5245.9 元增长到 9886.0 元，年均增长 11.1%。

经过 40 多年的改革开放和市场化进程，我国在比较短时期内解决了物质产品的供给问题。随着居民收入水平的不断提高，在未来 15 年，我国将进入服务型消费社会。摩根士丹利认为，从现在开始的下一个 10 年，中国服务型消费占比将从当前的45% 提升至 52%。根据中国（海南）改革发展研究院迟福林院长主编的《中国消费》绿皮书中的预测，到 2035 年，我国常住人口城镇化率有望达到 65% 后进入相对稳定状态。综合考虑中

国人口结构和产业结构特点，我国居民消费型服务占比在 2035 年有望达到 65% 左右，并在 2035 年前后超越美国成为服务贸易第一大国。

4. 城乡收入差距缩小，城镇和乡村市场不断扩容

当前，我国仍是一个城乡二元结构的大国，农村和小城镇的市场潜力不容忽视。一方面，城镇化带动农村劳动生产率的提升和农民收入的快速增长，并由此推动农村消费结构的升级；另一方面，城乡消费市场呈现融合发展的新趋势，并由此推动农村消费市场规模扩张。当前，乡镇和村两级消费市场占我国消费市场总体的 38%，至 2030 年有望达到 10 万亿元。

截至 2020 年，根据第七次全国人口普查数据，居住在乡村的人口为 5 亿，占比 36%。2035 年中国人口城镇化率将达到 75% 以上，乡村常住人口将进一步降至 3 亿，约 2 亿农村人口会进入城市生活，将带来巨大的服务需求和经济增量。有研究表明，农民工家庭在城市拥有住房的比例现在仅为 18%，培训、住房、娱乐等发展性人力资本支出更是微乎其微。未来 15 年，安居房、租赁性住房及相关配套的医疗、教育、娱乐等服务需求将快速增长。

5. 老龄化与少子化叠加，对经济发展形成双重挑战

根据第七次全国人口普查数据，2020 年，我国 65 岁及以上人口为 19064 万，占 13.50%。根据中国发展研究基金会的测算，

到 2025 年，我国 65 岁以上的老年人口将超过 2.1 亿，占总人口的比例为 15%；到 2035 年将超过 3.1 亿，占总人口的 22.3%。从发展趋势看，中国人口老龄化速度和规模前所未有，2022 年将进入深度老龄化社会，2033 年左右进入超级老龄化社会，中国"未富先老"的压力巨大。

目前，"全面二孩"政策推行以来不仅没有出现生育高峰，反而出现生育下降。2015 年"全面二孩"政策实行，2016 年出生人口攀升至 1786 万，创 2000 年以来峰值，但之后连年大降。2017 年出生人口下滑至 1723 万，2018 年再下降 200 万至 1523 万，2019 年降为 1465 万。2020 年为 1200 万，出生人口较 2019 年下降 18%，新出生人口下降将成为长期趋势。人是经济社会发展的基本要素和动力，人口老龄化和少子化并存是中国最大的"灰犀牛"之一，对市场的劳动力供给和需求结构都会产生长期的影响。

企业的战略转型方向

迈克尔·波特指出，几乎没有企业能一直凭借运营效益的优势立于不败之地，运营效益代替战略的最终结果必然是零和竞争。运营管理能力决定了企业当前的竞争优势，战略选择决定了企业未来的竞争能力。展望 2035，在共同富裕背景下，企业的外部环境或将发生根本变化，企业只有根据变化不断调整战略，才能保持基业长青。面向 2035，笔者建议的战略转型的

方向包括:

1. 从产品制造商向制造服务商转型

　　未来15年,中国将进入服务型消费社会,从大工业时代的以生产为中心转向以服务为中心,尽管加工制造在经济中仍占有一定比重,但价值创造越来越向服务环节倾斜。服务型制造业是知识资本、人力资本和产业资本的聚合物,是三者的黏合剂。三种资本的高度聚合,使得服务型制造业摆脱了制造业刚性过强、技术含量过低、劳动力密集的形态,逐步走向以人为中心,主动将客户引入产品制造、应用服务过程,主动发现客户需求,展开柔性服务。

　　常见的制造业服务化转型方式包括以下几种形式。一是产品生命周期服务。企业商业模式从"一生一次"转变为"一生一世",提升产品在整个生命周期中的价值,包括以产品长期租赁模式取代一次性销售模式,增加产品的长期价值产出,提升产品的运行效率,甚至在产品退役以后,通过回收和再制造,重新发挥其价值。二是系统集成服务。为客户提供围绕产品的系统集成服务,有研究表明,围绕产品进行系统集成服务,可以将整个合同值提升3~5倍,更重要的是,系统集成服务使企业成为系统的整合者。三是价值网络协作服务。企业将自身的核心业务做好,而对于自己的非优势领域,选择与其他企业合作共生,通过价值网络协作服务,降低客户的总体成本,提升客户价值,强化供应链、价值链的稳定性。

2. 从封闭型组织向开放生态型组织转型

今天的企业所面临的外部环境从稳定向动态环境转变，宝洁公司前首席执行官罗伯特·麦克唐纳曾借用一个军事术语来描述这一动态的环境，"这是一个 VUCA 的世界"。VUCA 指的是不稳定性（volatile）、不确定性（uncertain）、复杂性（complex）和模糊性（ambiguous）。在动态商业环境下，简单强调竞争性已经没有意义，任何个体都是脆弱的，构建一个可持续发展的生态系统才是组织长期可持续发展的基础。

陈春花在《共生》一书中给出了共生型组织的定义，"共生型组织是一种基于顾客价值创造和跨领域价值网的高效合作组织形态，所形成的网络中的成员实现了互为主体、资源共通、价值共创、利润共享，进而实现单个组织无法实现的高水平发展"。在笔者看来，共生型组织的核心就是要创造一个共生的价值网络，通过协同创新来为客户持续创造价值，通过组织的不断自我迭代进化来适应"VUCA"的动态商业环境，而非通过分工和竞争来提升效率。未来 15 年，企业打造开放型生态网络的需求将远超竞争战略的需求，企业可持续发展的动力也不再是单一竞争优势，而是更加有生命力的生态网络。

3. 从追求股东利益最大化转向利益相关者的利益均衡

2020 年中央经济工作会议首次将"强化反垄断和防止资本无序扩张"列为重点任务之一。一方面这是针对近年来国内资本过多聚焦于流量变现而不注重原创性和基础性创新的问题；另一方面是由于进入 21 世纪以来，我国资本收益率增速长期高于劳动报酬率增速，拥有资本的人越来越有钱，资本相对缺乏的人越来越贫穷，造成贫富差距不断拉大，基尼系数仍高位徘徊，成为我国走向共同富裕道路上的一个障碍。

作为资本的重要载体，企业在未来也必须从强调股东利益最大化，转向更加注重利益相关者的利益均衡，尤其在"双碳"目标的约束下，企业必须更加重视 ESG 体系建设。E 是环境，关注的是企业对环境的影响，指的是企业在生产经营过程中的绿色投入、资源和能源的集约使用与循环利用等；S 是社会责任，指的是企业与其利益相关者之间能否做到协调与平衡；G 是公司治理，主要是企业的董事会结构、股权结构、管理层薪酬和商业道德等是否规范等。ESG 超越了传统基于财务指标的投资，从多个维度进行了考虑，因此更具可持续性。过去 10 年，上证社会责任指数涨幅为 58.02%，而同期上证综合指数涨幅为 14.36%，这种趋势在全球许多市场都可以看到。从长期表现来看，具有 ESG 理念或碳中和概念的企业，将更加被市场和社会主流价值观认同，获得更高的成长性。

4. 从关注年轻经济转向拥抱"家庭经济"和"银发经济"

截至 2021 年 7 月，我国已新增 2 万多家养老服务相关企业。根据第七次全国人口普查结果，中国 60 岁及以上人口超 2.6 亿。所谓"得大爷大妈者得天下"，"银发经济"的创业空间正在逐渐打开。

根据摩根士丹利发布的《消费 2030："服务"至上》的报告，到 2030 年，人口分布最集中的两个年龄段分别是 35~44 岁和 55 岁以上。而从收入水平的角度看，届时这两个年龄层也恰好是可支配收入最高的两个年龄段。从消费行为角度看，35~44 岁人群的主要消费支出集中在家庭需要，而 55 岁以上则主要是老龄化和退休人群。因此到 2030 年，中国消费重心将从现在的"年轻消费者"转向"家庭需求"和"银发经济"。从消费的特点来看，未来将更加理性，更加注重品质和情感服务。在未来 15 年，预计机构化的服务（例如教育、医疗保健、养老服务、医疗保险、供应链管理）、智慧生活（例如数字化物业管理、智能家居和自动驾驶汽车）、情感陪伴型服务（例如情感伴侣、宠物、康复陪护服务、服务机器人和社交平台）会有稳定和快速的增长潜力，成为企业战略重点转型的方向。

5. 从以城市为主转向城乡结合的新蓝海市场

2020 年我国社会消费品零售总额为 39.2 万亿元，其中乡村消费品零售额达 5.3 万亿元，占比约为 13.52%，发展潜力巨大。近年来，乡村消费升级趋势明显，增速连续 8 年快于城镇。当前，乡镇和村两级消费市场占我国消费市场总体的 38%，具有巨大消费潜力。中国（海南）改革发展研究院发布的《中国消费》绿皮书指出，近年来，农村社会消费品零售总额增速一直在 11% 左右，未来 10 年，农村社会消费品零售总额有条件保持年均 7% 左右的增速，2030 年有望达到 105724 亿元，实现在 2020 年的基础上翻一番的目标。在巩固现有城市消费市场的基础上，10万亿元的蓝海市场对企业来说更具增长潜力。企业应当调整市场重心，从以城市为主到以城市和乡村并重，渠道下沉、资源下沉、网络下沉，提前布局乡镇消费升级和农村人口城市化带来的新蓝海市场机遇。

第五篇

中国式现代化新道路

中国式现代化是全体人民
共同富裕的现代化

王一鸣
中国国际经济交流中心副理事长

习近平总书记在庆祝中国共产党成立 100 周年大会上指出，"走自己的路，是党的全部理论和实践立足点，更是党百年奋斗得出的历史结论""我们坚持和发展中国特色社会主义，推动物质文明、政治文明、精神文明、社会文明、生态文明协调发展，创造了中国式现代化新道路，创造了人类文明新形态"。[①] 从"走自己的路"到"中国特色社会主义"，从"中国式

---

① 在庆祝中国共产党成立 100 周年大会上的讲话（2021 年 7 月 1 日）[N/OL]. [2021-07-02]. http://paper.people.com.cn/rmrb/html/2021-07/02/nw.D110000renmrb_20210702_1-02.htm.

现代化新道路"再到"人类文明新形态",深刻阐明了中国现代化进程的发展逻辑、本质特征和世界意义。中国共产党团结带领中国人民创造中国式现代化新道路的历程,是艰辛探索和不断创新的过程。中国式现代化新道路,为中国发展繁荣进步创造了重要前提,同时也为世界现代化模式多元发展贡献了中国智慧和中国方案。

在艰辛探索和不断创新中形成和发展

中国式现代化是近代以来中华民族孜孜以求的梦想。以民族复兴为己任的中国共产党登上历史舞台后,就把实现现代化作为不懈奋斗的伟大目标。早在中华人民共和国成立前,党的七大就明确提出,中国工人阶级的任务,不但是为着建立新民主主义的国家而斗争,而且是为着中国的工业化和农业近代化而斗争。中华人民共和国成立后,党团结带领人民进行艰辛探索和实践,开创了中国式现代化新道路。

中华人民共和国成立之初,我国经济基础极为薄弱,一贫如洗,百废待兴。当时的情况正如毛泽东同志指出的那样:"现在我们能造什么?能造桌子椅子,能造茶碗茶壶,能种粮食,还能磨成面粉,还能造纸,但是,一辆汽车、一架飞机、一辆坦克、一辆拖拉机都不能造。"[①]针对这样的国情,毛泽东同志明确提出

---

① 毛泽东.毛泽东文集:第6卷[M].北京:人民出版社,1999.

要实现国家工业化的任务，中国共产党肩负起把落后的农业大国建设成为社会主义工业化国家的历史任务。

由于缺乏社会主义建设的经验，中国工业化是从学习苏联模式起步的。在完成恢复国民经济的任务后，中国从 1953 年开始实施发展国民经济的第一个五年计划，确立了优先发展重工业的指导方针。随着计划的实施，苏联模式的缺陷也暴露出来。毛泽东同志提出要以苏联经验教训为鉴戒，独立探索适合中国国情的社会主义建设道路，进行马克思主义与中国具体实际的"第二次结合"，找出在中国怎样建设社会主义的道路。1956 年，毛泽东同志在进行大量周密而系统的调查研究后，形成了对中国社会主义建设有指导意义的《论十大关系》，这标志着我们党开始探索适合中国国情的中国式现代化道路。在社会主义建设取得进展的基础上，三届全国人大一次会议上提出并确定实现四个现代化的目标。

经过中华人民共和国成立后 20 多年的奋斗，我国初步建立起独立的比较完整的工业体系和国民经济体系，从一个农业大国转变为一个初具规模的工业化国家。这个阶段对中国式现代化道路的探索，虽然经历了曲折和磨难，但仍取得了令人鼓舞的伟大成就，为改革开放后推进社会主义现代化建设提供了宝贵经验和物质基础。正如邓小平同志曾指出的那样，我们毕竟在工农业和科学技术方面打下了一个初步的基础，也就是说，有了一个向四个现代化前进的阵地。

1978 年召开的党的十一届三中全会开创了中国改革开放和现代化建设新的历史进程。1979 年，邓小平同志在会见日本首相大平正芳时首次提出"小康"的概念。他说,我们要实现的四个现代化,是中国式的四个现代化,不是像你们那样的现代化概念,而是"小康之家"①。1982 年,邓小平同志在党的十二大开幕词中提出,"走自己的道路,建设有中国特色的社会主义"②,这为开创中国式现代化道路指明了方向。

随着改革开放的推进,我们党更加清醒地认识到中国现代化建设的长期性和艰巨性。在科学分析国际国内形势、深刻总结历史经验教训的基础上,党对我国社会主义现代化建设进行重新部署。1987 年 8 月党的十三大召开前夕,邓小平同志明确阐述了"三步走"战略:我国经济发展分三步走,本世纪走两步,达到温饱和小康,下个世纪用三十年到五十年时间再走一步,达到中等发达国家水平。③中国共产党创造性地用"小康"这一充分吸收中华优秀传统文化精髓的概念来诠释中国式现代化,提出现代化建设"三步走"发展战略,在开创中国式现代化道路上迈出重要一步。

党的十四大明确了我国经济体制改革的目标是建立社会主义市场经济体制。党的十五大对第三步目标做出新的战略部署,提出 21 世纪第一个十年实现国民生产总值比 2000 年翻一番,使人民的小康生活更加宽裕,形成比较完善的社会主义市场经

---

① 邓小平.社会主义也可以搞市场经济 [M]// 邓小平文选:第二卷.北京:人民出版社,1993.

② 邓小平在十二大上致开幕词 [N/OL].[2016-08-03]. http://cpc.people.com.cn/n1/2016/0803/c69113-28608294.html.

③ 邓小平.一切从社会主义初级阶段的实际出发 [M]// 邓小平文选:第三卷.北京:人民出版社,1993.

济体制，并确立了建党一百年和建国一百年时的奋斗目标。① 党的十六大进一步提出，要在本世纪头二十年，集中力量，全面建设惠及十几亿人口的更高水平的小康社会，使经济更加发展、民主更加健全、科教更加进步、文化更加繁荣、社会更加和谐、人民生活更加殷实，并提出了全面建设小康社会的目标，要求在优化结构和提高效益的基础上，国内生产总值到 2020 年力争比 2000 年翻两番，综合国力和国际竞争力明显增强。党的十七大根据国内外形势发展变化，对实现全面建设小康社会目标提出新要求，提出实现人均国内生产总值到 2020 年比 2000 年翻两番的更高要求。

这个阶段，中国经济发展进入快车道，从 1978 年至 2012 年，我国国内生产总值先后超过意大利、法国、英国、德国、日本，成为世界第二大经济体。与此同时，2001 年加入世界贸易组织后，中国加快融入全球经济体系，市场空间迅速拓展，对外贸易和外商投资快速增长，为经济发展提供了新动力。我国实现了从生产力相对落后到经济总量跃居世界第二的历史性突破，为开创中国式现代化新道路提供了充满活力的体制保障和快速发展的物质基础。

党的十八大以来，中国特色社会主义进入新时代，以习近平同志为核心的党中央顺应我国经济社会发展新要求和广大人民群

---

① 高举邓小平理论伟大旗帜，把建设有中国特色社会主义事业全面推向二十一世纪——江泽民在中国共产党第十五次全国代表大会上的报告（1997 年 9 月 12 日）[OL]. http://cpc.people.com.cn/GB/64162/64168/64568/65445/4526285.html.

众新期待，提出到 2020 年全面建成小康社会，实现国内生产总值和城乡居民人均收入比 2010 年翻一番的奋斗目标，并赋予全面小康更高的标准、更丰富的内涵。全面建成小康社会，要建成的是惠及全体人民的小康，是城乡区域共同发展的小康，是发展更平衡、更协调、更可持续的小康，是"五位一体"全面进步的小康。

为确保全面建成小康社会目标如期实现，党中央从坚持和发展中国特色社会主义全局出发，提出"四个全面"的战略布局，将全面建成小康社会置于战略布局的引领地位，把全面深化改革、全面依法治国、全面从严治党作为确保实现战略目标的战略举措。党中央提出要突出抓重点、补短板、强弱项，特别是把脱贫攻坚作为重中之重，采取许多具有原创性、独特性的重大举措，打赢了人类历史上规模最大、力度最强的脱贫攻坚战，现行标准下农村贫困人口全部脱贫，困扰中华民族几千年的绝对贫困问题得到历史性解决，为全面建成小康社会奠定了基础。

在中华大地上全面建成小康社会，是中华民族伟大复兴征程上一座光辉的里程碑，也是我国社会主义现代化建设迈出的关键一步。我国经济实力、科技实力、综合国力和人民生活水平跃上了新的大台阶，成为世界第二大经济体、第一大工业国、第一大货物贸易国、第一大外汇储备国，国内生产总值超过 100 万亿元，人均国内生产总值超过 1 万美元，城镇化率超过 60%，中等收入群体超过 4 亿人。中国全面建成小康社会，使世界上人均国内生产总值超过 1 万美元的人口数量翻了近一番，正在并将继续深刻改变世界的发展格局。全面建成小康社会的伟大胜利，极大鼓舞了全党全国人民满怀信心地向全面建成社会主义现代化强国的第二个百年奋斗目标迈进。

五大文明协调发展的现代化道路

中国式现代化是社会主义现代化，是独具特色、有别于资本主义的现代化。中国共产党领导的中国式现代化始终坚持社会主义目标和方向，具有许多重要特征。习近平总书记指出，"我国现代化是人口规模巨大的现代化，是全体人民共同富裕的现代化，是物质文明和精神文明相协调的现代化，是人与自然和谐共生的现代化，是走和平发展道路的现代化"①，明确阐述了中国式现代化的基本特征。

中国式现代化是人口规模巨大的现代化。中国是世界上人口规模最大的发展中国家，这样超大规模人口的国家实现现代化，在世界上没有先例可循，没有现成道路可走，必须探索现代化新道路。现代化的本质是人的现代化。中国式现代化，就是要从人口规模巨大的基本国情出发，开发人力资源，释放人口红利，在不断实现人的现代化过程中推进国家现代化。中国14亿多人口迈入现代化，将彻底改写现代化的世界版图，也将重塑世界现代化格局。

---

① 习近平.把握新发展阶段，贯彻新发展理念，构建新发展格局[J].求是，2021(9).

中国式现代化是全体人民共同富裕的现代化。社会主义的本质是实现共同富裕。中国式现代化，就是要坚持以人民为中心的发展思想，扎实推进共同富裕，自觉主动解决地区差距、城乡差距、收入差距等问题，让发展成果更多、更公平地惠及全体人民，满足人民对美好生活的需要，推动人的全面发展、全体人民共同富裕取得更为明显的实质性进展。

中国式现代化是物质文明和精神文明相协调的现代化。现代化不仅是物质财富的积累，更是精神文明的发展。中国式现代化，就是要在发展经济促进物质全面丰富的同时，不断加强精神文明建设，坚持社会主义核心价值体系，弘扬中华优秀传统文化，不断增强人民精神力量，实现物质文明和精神文明相互促进、相得益彰。

中国式现代化是人与自然和谐共生的现代化。人与自然和谐共生的现代化是对传统现代化道路的超越，是可持续发展的现代化。中国式现代化，就是要推进经济社会发展全面绿色转型，形成绿色发展方式和生活方式，坚定走生产发展、生活富裕、生态良好的文明发展道路，建设美丽中国，为人民创造良好生产生活环境，为全球生态安全做出贡献。

中国式现代化是走和平发展道路的现代化。走和平发展道路的现代化，改变了西方现代化模式蕴含的"扩张、掠夺"基因，创造了人类文明进步的新道路。中国式现代化，就是要坚持同世界各国合作共赢，推动建设新型国际关系，推动形成更加公正合理的全球治理体系，推动构建人类命运共同体，以中国的新发展为世界提供新机遇。

中国式现代化新道路,是党团结带领人民在探索和创新中开创的现代化新道路,既遵循现代化建设的一般规律,又具有鲜明的中国特色。中国式现代化新道路,"新"就新在,在政治上坚持中国共产党领导,发展全过程人民民主,保证人民当家作主;在经济上坚持以人民为中心的发展思想,坚持和完善社会主义基本经济制度,推动有效市场和有为政府更好结合;在文化上坚持社会主义核心价值体系,加强社会主义精神文明建设,不断增强人民精神力量;在社会发展上坚持公平正义,扎实推动共同富裕,促进人的全面发展和社会全面进步;在生态建设上推动绿色发展,构建生态文明体系,建设人与自然和谐共生的现代化。总之,中国式现代化新道路是物质文明、政治文明、精神文明、社会文明、生态文明协调发展的现代化道路,是全面建成社会主义现代化强国、实现中华民族伟大复兴的必由之路。

深刻改变世界现代化发展格局

中国式现代化新道路,不仅为中国发展繁荣进步创造了重要前提,而且改变了长期以来以西方现代化模式占主导的世界现代化格局,拓展了发展中国家走向现代化的途径,为人类发展进步贡献了中国智慧和中国方案。

其一,中国式现代化新道路破除了西方现代化模式的唯一性。

中国式现代化新道路,是一条立足中国实际,坚持和发展中国特色社会主义的现代化新道路。近代以来，中国的仁人志士认识到，要使中华民族自立于世界民族之林，实现民族复兴，就必须推进国家现代化。但经过一次又一次尝试，中国的现代化并没有取得进展。直到在中国共产党领导下建立中华人民共和国，确立社会主义基本制度，探索和创造中国式现代化新道路，中华民族才迎来了从站起来、富起来到强起来的伟大飞跃。中国式现代化新道路取得的成功，从根本上破除了西方现代化模式的唯一性，打破了"现代化 = 西方化"的思维定式。中国已实现全面建成小康社会的宏伟目标，中国的面貌、中国人民的面貌发生了翻天覆地的变化，社会主义中国以更加雄伟的身姿屹立于世界东方，充分彰显了中国式现代化新道路的强大生机和活力。

其二，中国式现代化新道路拓展了发展中国家走向现代化的途径。

不同于西方的现代化，中国式现代化新道路是在吸收借鉴其他现代化文明成果基础上，既遵循现代化建设一般规律，又注重"走自己的路"，核心在于符合中国实际、具有中国特色。一个国家或民族选择什么样的道路走向现代化，归根结底要看这条道路是否符合自身实际，能否解决现代化建设面临的突出问题。中国用几十年时间走完了发达国家几百年走过的工业化历程，创造了世所罕见的经济快速发展奇迹和社会长期稳定奇迹，证明了中国式现代化新道路走得对、走得通。中国式现代化新道路取得的成功，展现了世界现代化模式的多样性，拓宽了发展中国家走向现代化的途径，为世界现代化模式多元发展提供了全新选择。

其三，中国式现代化新道路为推动人类文明进步贡献了中国智慧。

中国式现代化新道路，是走和平发展道路的现代化，既传承5000多年中华文明的和平、和睦、和谐的传统，又顺应时代潮流，把握"和平与发展"的时代主题，坚持合作共赢的理念，推动构建人类命运共同体，超越了"西方中心论""文明冲突论""国强必霸""零和博弈"的思维方式，充分展现了中国式现代化为解决全球性问题、促进人类文明进步做出的贡献。基于中国式现代化新道路创造的人类文明新形态，推动世界各国超越制度与意识形态的隔阂，在交流互鉴中实现共同发展，为人类文明进步贡献中国智慧和中国方案。

今天，我们已踏上全面建设社会主义现代化国家新征程，我们比历史上任何时期都更接近、更有信心和能力实现中华民族伟大复兴的目标，同时必须准备付出更为艰巨、更为艰苦的努力。新的征程上，我们要牢记初心使命，以永不懈怠和一往无前的奋斗精神，不断把中国式现代化推向前进，为人类文明进步做出更大贡献。

如何走好"中国式现代化新道路"

郑永年

香港中文大学（深圳）全球与当代中国高等研究院院长

中国式现代化新道路蕴含着深刻的内涵，是中国特色社会主义的创造性成果，需要全方位理解和把握。本文将从以下三方面进行阐述：如何理解"实现中华民族伟大复兴进入了不可逆转的历史进程"，"中国式现代化新道路""新"在何处，在朝着第二个百年目标奋进的过程中，我们应如何走好"中国式现代化新道路"。

实现中华民族伟大复兴进入了不可逆转的历史进程

要理解"实现中华民族伟大复兴进入了不可逆转的历史进

程"，我们可以从外部和内部两个维度来看。

外部方面，中国有几次现代化进程中断的原因都主要来自外部。1840年以来，中国在鸦片战争中被英国打败，在甲午战争中被日本打败，逐步沦为半殖民地半封建社会，国家蒙辱，人民蒙难，文明蒙尘。为实现中华民族伟大复兴，从孙中山先生的"三民主义"到中国共产党建立中华人民共和国，中国人民一直没有放弃追求现代化。

随着中国特色社会主义进入新时代，尽管现在一些西方国家还试图在政治、经济等各方面对我们施加压力，但中国已经不会再被遏制、被围堵了，这是提出"进入了不可逆转的历史进程"这一判断的重要原因。很多年前我就曾提出，西方不可能围堵中国。中国已经强大起来了，围堵策略或许可以拖慢中国的现代化进程，但无法中断中国的现代化道路。面对一些西方国家对华的试图"脱钩"政策，中国可能会受到一点负面影响，但中国目前的发展阶段决定了外部力量不能阻挡我们的发展。

内部原因是更为重要的方面。为什么中国在鸦片战争时被英国打败、甲午战争时被日本打败？主要是因为当时的中国社会内部没有一个强有力的政治主体，从晚清到民国军阀割据的时代，再到被日本帝国主义侵略，都缺乏统一的领导实体。而现在，"实现中华民族伟大复兴进入了不可逆转的历史进程"主要归因于以下三方面因素：一是中国共产党的坚强领导；二是中国经过几十年的经济发展，已经跃升为世界第二大经济体；三是中国拥有可持续的社会稳定，以及可持续的政治制度的支撑和领导。

我们可以看到，中国共产党作为一个政治主体是具有强大生命力的。中国几千年的发展历史告诉我们，执政者强大，国家就强大。所以，古语"内忧外患"是有相应的政治逻辑的，"外患"只有通过"内忧"才能发挥作用，"内忧"解决了，"外患"就很难打败我们。

从外部来说，我们既不欺负别人，现在也不会让其他国家欺负我们。同时，这个判断也是在向全世界宣示：尽管我们有力量，不希望别人对我们的发展道路指手画脚，但也会虚心接受有建设性的意见。其中最重要的是，我们要坚持改革开放，继续深化改革。中国已经成长为世界大国，也应对世界做出自己的贡献，成为一个负责任的大国。

从内部来看，要继续实现可持续的发展，推进社会主义现代化。党的十九大报告在对决胜全面建成小康社会做出部署的同时，明确了从 2020 年到本世纪中叶分两步走，全面建设社会主义现代化国家的新目标。在 2020 年全面建成小康社会、实现第一个百年奋斗目标的基础上，再奋斗 15 年，在 2035 年基本实现社会主义现代化。从 2035 年到本世纪中叶，在基本实现现代化的基础上，再奋斗 15 年，把我国建成富强民主文明和谐美丽的社会主义现代化强国。在这个过程中，我们的主题仍然应是改革开放。越是面临西方国家带给我们的各种挑战和压力，我们越要扩大开放。

如何理解"中国式现代化新道路"

一方面，我认为"中国式现代化新道路"的概念是中国传统智慧的反映，其中包含了中华文化精神。中国传统的儒家、道教都讲求均衡、平衡的思想，这些思想运用在我们今天的发展理念上，就是要强调"综合国力"。

另一方面，我们之所以要创造"中国式现代化新道路"，也源于中国 100 多年来的历史经验教训。近代以来，中国的爱国者们先后探索过"以商救国"和"强军救国"，但都没能真正成功。有很多发达国家以及部分后发展国家，虽然某些方面看起来很现代化，但并非全方位地现代化，所以拖了社会发展的后腿。这给我们的教训是：一个国家的现代化发展应该是均衡的，而不是单一向度的。如果经济实现现代化了，但没有国防现代化是走不通的；如果仅仅实现了强军，但没有经济社会的现代化也不行。

从改革开放前的"四个现代化"，到十八大提出统筹推进"五位一体"总体布局、协调推进"四个全面"战略布局，处于新发展阶段的中国不仅注重物质上的现代化，还强调精神上的现代化。在过去的发展模式中，一些地方由于片面追求经济发展而破坏了环境，使得经济发展不可持续，带来了负面效应，所以现在我们提倡"绿水青山就是金山银山"，正是为了实现均衡发展。我们只有推进全方位的、均衡的现代化，才能实现可持续发展。

改革开放初期，我们努力实现了一部分地区先富裕起来；而现在，中国通过大规模精准扶贫消除了绝对贫困，开启了共同富裕的新征程，其核心就是要均衡发展。穷人必须要有机会致富，富人则不应该垄断挖掘财富的机会。这也体现了中国特色社会主义制度的优越性——中国共产党不为特殊利益群体服务，而是为大众服务的。

"中国式现代化新道路"是如何体现中国特色的

五四运动时期，中国知识分子理解的现代化主要就是从西方引进技术、制度和思想。二战后，很多国家也都走上了西方式的现代化，那时的西方道路成为许多国家参照的模板。但现在我们可以明确地说，中国需要自己的现代化，即中国式现代化新道路，通过学习借鉴好的经验，结合国情，走自己的路，来发展我们的现代化。

中国式现代化新道路是兼具中国性和西方性、传统性和现代性的，要以我为主，但并非完全排斥西方性，也不是片面地"反西方"。我们要走的是基于中国传统历史的现代化，而不是天上掉下来的现代化。

我们的文化与文明也是与时俱进的，如果被中断，就变成完全西方式的了，这是不牢靠的。二战后，亚洲和拉美地区有很多国家都在学习西方制度，但是没有学好，也没有走好，因为没能很好地兼顾西方经验与本土的传统性。

中国方案具有全球性意义

可以说，中国式现代化新道路，为世界上许多既想发展又想实现真正独立的国家提供了一个可借鉴的发展模式和样本。

走好中国式现代化新道路需要我们在未来进行不断的探索，同时要注意：一方面，走回头路肯定不行；另一方面，我们的现代化不是变成另一个美国或者欧洲，不能照抄照搬其他国家的模式。我们要根据本国文化和本国国情，在实事求是的探索中追求现代化，既要发展又要坚持独立，这才是中国模式对其他国家的借鉴意义。

从经济领域来看，坚持发展和独立，一是要扩大开放，并坚持以我为主。新型举国体制下的科技创新，不是关起门来自己创新，而是在开放状态下的创新。二是坚持中国特色的经济发展模式，我们不是所谓的国家资本主义，我们要充分发挥国有资本、民营资本和混合所有制经济的作用。三是要实现包容性的发展，促进分享经济的发展，实现全体人民的共同富裕。

从政治领域来看，中国共产党是使命型政党，通过长远规划来实现远大使命。我们走的是政府与社会各方协商合作的治理道路，通过社会组织、人大、政协等的积极参与来实现中国特色社会主义民主。改革开放就是以中国的方式追求现代化的价值。

外交领域也是如此。中华人民共和国成立初期，我们就施行"不干预"政策；现在中国强大起来了，仍然坚持"不干预"政策，并且把资源集中投入到了经济建设中。

从国内来看，在社会主义初级阶段，发展仍然至关重要。尽管中国的经济总量很大，但是人均 GDP 与一些发达国家相比仍然有差距。同时，我们还要积极应对收入分配、老龄化、环境问题等带来的挑战。

从外部来看，中美关系、中国与欧盟关系近年来都遇到一定挑战，国际关系环境日趋复杂。从一些发达国家社会出现的衰退教训来看，在经济层面，我们还要探讨如何不断优化经济政策和调控工具，来避免经济周期带来的负面效应；在社会层面，在人口形势发生变化的当下，我们也应不断优化生育政策，与时俱进。

所以，我们要提出以中国的方式来应对世界所有国家都面临的问题。例如，美国正是因为没有走共同富裕的道路，所以在贫富差距日益扩大的情况下催生出了民粹主义。这就是为什么我们认为中国方案是有全球性意义的，它是普遍性与特殊性的结合。如果中国的道路能解决全世界共同面临的问题，也将有助于推动构建人类命运共同体。

展望更远的未来，我们应该看到，中国的历史是开放的历史，中国文明必将生生不息、与时俱进。

为什么共同富裕是
中国式现代化的重要特征

高瑞东

光大证券董事总经理、首席宏观经济学家

2021 年 8 月 17 日，习近平总书记主持召开中央财经委员会第十次会议，研究在高质量发展中促进共同富裕。会议强调，共同富裕是社会主义的本质要求，是中国式现代化的重要特征，要坚持以人民为中心的发展思想，在高质量发展中促进共同富裕。那么，共同富裕背后有何政治经济含义？为何在这个时点强调共同富裕？如何在高质量发展下实现共同富裕？

百年未有之大变局下，寻求公平与效率的再平衡

1. 新发展阶段，更需正确处理效率与公平的关系

新发展阶段，新发展环境，需要再次审视和正确处理效率与公平的关系。中央财经委员会第十次会议明确，"在高质量发展中促进共同富裕，正确处理效率和公平的关系"。"十四五"时期，是我国全面建设社会主义现代化国家新征程开局的起步期，也是世界百年未有之大变局的加速演进期，还是全球百年未遇之大疫情的持续影响期。在这一新发展阶段中，我国发展环境面临深刻复杂的变化，要统筹国内国际两个大局，更需要再次审视和正确处理效率与公平的关系。

世界百年未有之大变局加速演进。在 2018 年 6 月中央外事工作会议上，习近平总书记提出了一个重大论断，即"当前，我国处于近代以来最好的发展时期，世界处于百年未有之大变局，两者同步交织、相互激荡"①。当前，全球化遭遇逆流，保护主义、单边主义上升，新冠肺炎疫情更是加速了国际格局和国际关系的大裂变。在这一背景下，在统筹国内国际两个大局中办好中国的事情，扎实推进中华民族伟大复兴战略全局，要更好地发挥政府作用，维护社会公平和社会稳定，促进共同富裕。

---

① 习近平在中央外事工作会议上强调：坚持以新时代中国特色社会主义外交思想为指导，努力开创中国特色大国外交新局面 [OL].[2018-06-24]. http://politics.people.com.cn/n1/2018/0624/c1001-30078760.html.

社会主要矛盾发生变化，更突出"不平衡不充分"。1993年党的十四届三中全会提出"效率优先，兼顾公平"，是为了解决彼时社会主要矛盾，即"人民日益增长的物质文化需要同落后的社会生产之间的矛盾"。从十四届三中全会至今，我国经济已经发展了将近30个年头，国民生产总值、人均GDP、人均收入等都实现了巨大跨越。2017年10月召开的党的十九大，提出了社会主要矛盾的新论断，即"人民日益增长的美好生活需要和不平衡不充分的发展之间的矛盾"。社会矛盾更突出"不平衡不充分"，因此在分配机制上也要发挥政府作用，在市场分配机制失灵时予以纠偏。

促进全体人民共同富裕，是全面建设社会主义现代化国家的必经之路，也是中国特色社会主义制度赋予我们的独特禀赋和宝贵机会，是对全球治理的重大贡献。脱贫攻坚战的全面胜利，为推动共同富裕夯实了物质基础。接下来，发挥政府"有形之手"的力量，与市场"无形之手"共同处理好效率与分配的事情，不仅关乎民生福祉，关乎打破经济发展的桎梏，全面释放生产要素的潜力，也关乎全人类的福祉。

市场化是经济发展的重要手段，但放任市场化机制自由发展，是造成欧美国家收入分配差异显著、社会动荡的主要原因。在欧美发达国家因为分配制度失灵、经济增长陷入停滞的背景下，中国发挥国家制度和国家治理体系的优越性，在共同富裕道路上不断尝试和前进，这是对全人类发展和全球治理道路的重大贡献。

2. 欧美收入分配机制逐渐失灵，社会割裂，矛盾频发

美国国内贫富差异分化显著，是导致美国社会割裂和国内矛盾频发的主要因素。无论是 2020 年 6 月爆发的 "Black Lives Matter"（"黑人的命也是命"）运动，还是 2021 年特朗普支持者攻占国会山运动，均直指美国国内社会割裂，贫富分化显著，国内矛盾日益突出。一则，美国的资本受益于全球化浪潮，但是无法自由流动的劳动力却受到全球化冲击，美国国内蓝领和部分中产阶级日益不满于社会现状；二则，持续超发的美元进入资本市场，导致美国资产价格高企，进一步拉大了贫富分化。

在新自由主义经济政策下，欧美过度强调市场的自由化，导致贫富差距日益扩大，保守主义思潮抬头。20 世纪 70 年代末以来，西方国家普遍采取新自由主义经济政策，放任市场化机制自由发展，大力倡导大市场和小政府理念，实施诸如减少金融控制、私有化、削弱工会、降低税率和减少劳动保护等政策措施，使得工人收入水平下降，贫富差距逐步拉大（申丹虹，2009 年；张彤玉等，2010 年；胡莹，2017 年）。这也是近年来，欧美保守主义思潮抬头，社会动荡的根源所在。

2021 年 1 月 11 日，在省部级主要领导干部学习贯彻党的十九届五中全会精神专题研讨班开班式上，习近平总书记深刻阐述了实现共同富裕的重要意义："实现共同富裕不仅是经济问题，而且是关系党的执政基础的重大政治问题。""我们决不能允许贫富差距越来越大、穷者愈穷富者愈富，决不能在富的人和穷的人

之间出现一道不可逾越的鸿沟。"①

2021 年 8 月 17 日，中央财经委员会第十次会议，习近平总书记在会上发表重要讲话强调："共同富裕是社会主义的本质要求，是中国式现代化的重要特征，要坚持以人民为中心的发展思想，在高质量发展中促进共同富裕。"②

居民收入分配问题日益凸显

中央财经委员会第十次会议强调，"共同富裕是全体人民的富裕，是人民群众物质生活和精神生活都富裕，不是少数人的富裕""扩大中等收入群体比重，增加低收入群体收入"。近年来，伴随经济快速发展，我国人均可支配收入持续增长，2013 年全国居民人均可支配收入为 18311 元，而 2020 年已跃升至 32189 元。但与此同时，居民收入增长不均衡，也逐步成为社会和决策层重点关注的话题。那么，为何我们在这个时点强调共同富裕？

第一，我国社会主要矛盾已经发生重大转变，更突出"不平衡不充分"。2017 年 10 月召开的党的十九大，提出了社会主要矛盾的新论断，即"人民日益增长的美好生活需要和不平衡不充分的发展之间的矛盾"，社会矛盾更突出"不平衡不充分"。因而，在当前新发展阶段，面对新发展环境，更需要再次审视和正确处

---

① 习近平. 把握新发展阶段，贯彻新发展理念，构建新发展格局 [J]. 求是，2021(9).

② 习近平主持召开中央财经委员会第十次会议 [OL]. [2021-08-17]. http://www.gov.cn/xinwen/ 2021-08/17/content_5631780.htm.

理效率与公平的关系。

第二，相比于欧美国家，我国收入差距处于较大水平。根据国家统计局数据，1978年改革开放以来，我国基尼系数持续扩大，2008年基尼系数达到峰值，此后有所回落，但相比于发达国家，我国基尼系数依然处于较高水平。此外，居民财富差距比收入差距更为显著。根据中国人民银行调查统计司《2019年中国城镇居民家庭资产负债情况调查》的结果，我国城镇居民家庭总资产均值为317.9万元，居民家庭资产分布不均，收入最高10%家庭总资产均值1511.5万元，是收入最低20%家庭总资产均值41.4万元的36.5倍。

第三，疫情冲击再次加剧了收入与财产差距，限制了经济恢复。新冠肺炎疫情对经济产生剧烈冲击，不仅严重影响了居民工资收入和农民工工资收入，也极大地影响了收入分配格局，进一步加剧了收入分配不平等。西南财经大学中国金融研究中心的调查报告显示，在疫情冲击后，年收入在30万元以上的家庭收入很快恢复，且有明显增长，而年收入在5万元以下的家庭收入增长缓慢，受到了更为严重的冲击。居民收入恢复的不均衡，也成为限制消费复苏的主要原因。

政府和市场在实现共同富裕中的作用

实现共同富裕需要政府与市场的共同配合。在共同富裕过程中，市场主要在初次分配中发挥作用，政府则需要在再分配以及第三次分配中发挥引导和调节作用。

1. 市场对共同富裕的作用主要体现在初次分配中

首先，以"高质量发展"实现"共同富裕"，做大蛋糕。习近平总书记在《求是》杂志曾撰文指出，"我们必须紧紧抓住经济建设这个中心，推动经济持续健康发展，进一步把'蛋糕'做大，为保障社会公平正义奠定更加坚实物质基础"[①]。

我国的"蛋糕"总量已经处于世界前列，但人均"蛋糕"依然有较大发展空间。2020年我国GDP同比增长2.3%，首超100万亿元，GDP总量稳居全球第二，占世界经济比重预计超17%，人均GDP连续两年超过1万美元。但是，与发达国家相比，我国人均GDP依然有较大的发展空间。这一国情决定了我们必须要紧抓经济工作，坚持以经济建设为中心，不断解放和发展生产力。

其次，着重保护劳动所得，提高劳动报酬在初次分配中的比重。2020年3月，在中共中央、国务院《关于构建更加完善的要素市场化配置体制机制的意见》中就指出，健全生产要素由市场评价贡献、按贡献决定报酬的机制。着重保护劳动所得，增加劳动者特别是一线劳动者劳动报酬，提高劳动报酬在初次分配中的比重。

当前，我国劳动报酬收入在初次分配中呈现"三低"现象，

---

① 习近平.切实把思想统一到党的十八届三中全会精神上来[J].求是，2014(1).

即劳动报酬收入在国民收入中占比低、工资性收入在居民总收入中占比低、劳动要素在企业内部分配中占比低。因而，提高劳动报酬在初次分配的比重，一是继续强化就业优先政策，二是引导劳动力要素合理畅通有序流动，使市场机制在配置劳动力资源方面发挥主导作用。

最后，合理调节过高收入，整顿收入分配秩序。中央财经委员会第十次会议指出，"要加强对高收入的规范和调节，依法保护合法收入，合理调节过高收入，鼓励高收入人群和企业更多回报社会。要清理规范不合理收入，整顿收入分配秩序，坚决取缔非法收入"。"合理调节过高收入"并非在本次会议上首次提出，而是一直以来决策层通过转移支付达到缩小贫富差距的政策举措。

2015年，"十三五"规划建议中就提到，"规范收入分配秩序。保护合法收入，规范隐性收入，遏制以权力、行政垄断等非市场因素获取收入，取缔非法收入"。2021年4月，在"贯彻落实'十四五'规划纲要，加快建立现代财税体制发布会"上，同样传达出类似的政策表态，"推动落实依法保护合法收入，合理调节过高收入，取缔非法收入，遏制以垄断和不正当竞争行为获取收入"。

2. 政府在再分配中发挥引导和调节作用

第一，公共教育均等化，是畅通向上流动通道的重要保障。中央财经委员会第十次会议强调，"要促进基本公共服务均等化……为人民提高受教育程度、增强发展能力创造更加普惠公平的条件，畅通向上流动通道"。基本公共教育均等化的核心在于，促进教育机会均等，保障所有适龄孩子享有平等受教育的权利。但是当今教育市场存在校外培训过热，超前超标培训的问题，违背了教育公益属性，破坏了教育正常生态。

2021年6月1日，国家市场监督管理总局集中公布一批校外培训机构虚假宣传、价格欺诈典型案例，对新东方、学而思等15家校外培训机构予以罚款，总额达3650万元。7月24日，中共中央办公厅、国务院办公厅印发了《关于进一步减轻义务教育阶段学生作业负担和校外培训负担的意见》，针对校外培训机构存在的虚假宣传、超前超标、乱收费等违法违规行为，以及资本化运作方式，提出了具体整治举措。

第二，社保体系是实现共同富裕的基本保障。中央财经委员会第十次会议指出，"加大税收、社保、转移支付等调节力度并提高精准性""完善养老和医疗保障体系、兜底救助体系"。改革开放以来，我国已建立起世界上最大的基本医疗保障网，基本医疗保险覆盖超过13.6亿人，参保率稳定在95%以上，基本实现法定人员全覆盖，参保人数已占全球养老保险总人数的1/3，是世界上覆盖人数最多的养老保险制度。

然而，人口老龄化对社会保障的压力日益增大。最新人口普查数据显示，截至2020年11月1日，全国人口[①]达到14.1亿，其中，65岁及以上人口占13.5%，比2010年的8.9%上升了近5

———————————

① 这里的全国人口是指大陆31个省、自治区、直辖市和现役军人的人口，不包括居住在31个省、自治区、直辖市的港澳台居民和外籍人员。

个百分点，反映出中国人口老龄化程度加大。在此情形下，劳动力人口规模下行，政府养老金准备缺口也将逐渐扩大。2020年，中国保险行业协会估计未来5~10年，中国养老金赤字8万~10万亿元。因而，推动养老福利，优化社会保障制度，是达到共同富裕的必经之路。

第三，完善住房供应和保障体系，实现全体人民住有所居。中央财经委员会第十次会议明确，要"完善养老和医疗保障体系、兜底救助体系、住房供应和保障体系"。如何解读完善"住房供应和保障体系"？2013年10月29日，中共中央政治局就加快推进住房保障和供应体系建设进行第十次集体学习。会议中，习近平总书记强调，从我国国情看，总的方向是构建以政府为主提供基本保障、以市场为主满足多层次需求的住房供应体系。

以政府为主提供基本保障，核心在于增加租赁住房供给，降低租赁税费负担。以市场为主满足多层次需求，则是要构建租购并举市场，满足不同人群的住房需求。让全体人民住有所居，并非是"一刀切"式的政府兜底，住房市场既是民生问题也是发展问题，关系到经济发展全局。

第四，加强平台经济监管，平衡行业间收入分配。近年来，平台经济快速扩张，聚集了大量要素资源，拉大了行业间收入分配差距。2020年以来，我国不断强调促进平台经济健康发展，着重加强平台经济监管。2020年10月，党的十九届五中全会通过的"十四五"规划和2035年远景目标建议提出，"促进平台经济、共享经济健康发展……健全公平竞争审查机制，加强反垄断和反不正当竞争执法司法"。

2020年12月，中央经济工作会议提出，要强化反垄断和防止资本无序扩张。2021年4月，政治局会议提出要加强和改进平台经济监管。对此，2021年以来，国家市场监督管理总局针对阿里巴巴、美团、滴滴、腾讯等公司陆续出台各类整治措施，主要体现在反垄断、反不正当竞争、打击网络平台信息泄露。

3. 发挥第三次分配作用，鼓励高收入人群更多回报社会

实现共同富裕，需要建设和完善第三次分配的政策体系。中央财经委员会第十次会议指出："构建初次分配、再分配、三次分配协调配套的基础性制度安排""鼓励高收入人群和企业回报社会"。第三次分配是在道德力量的作用下，通过社会捐赠而进行的分配。厉以宁（1994）在《股份制与现代市场经济》一书中提出，"在第一次分配和第二次分配之后，社会发展方面依旧会留下一些空白，需要第三次分配来填补"。

近年来，慈善事业有了长足发展，但从国际比较来看，我国慈善规模仍然不大。例如，从2019年的数据来看，中国的GDP是美国的70%多，慈善捐赠总额是美国的5%左右，人均慈善捐赠额是美国的1%左右。相比而言，第三次分配水平总体较低。因而完善有利于慈善组织持续健康发展的体制，继续探索慈善的激励机制，创造更加有利于慈善事业发展的宽松环境，引导和激励更多的高收入人群成为慈善事业的主体力量，从而更好发挥第三次分配对改善收入分配的作用。

人本逻辑是实现共同富裕目标的关键

刘尚希

中国财政科学研究院院长、研究员

实现共同富裕是我国社会主义制度的本质要求。习近平总书记在庆祝中国共产党成立 100 周年大会上发表重要讲话时强调，新的征程上，着力推动人的全面发展、全体人民共同富裕取得更为明显的实质性进展。

共享发展成果，促进共同富裕，既是一个经济问题，也是一个政治问题。贫穷不是社会主义，两极分化也不是社会主义。这意味着建设社会主义首先要解放和发展生产力，实现富裕，同时在富裕起来的过程中避免两极分化，这是坚持和发展中国特色社会主义制度的题中应有之义。作为发展中大国，我国人均 GDP

刚刚跨过 1 万美元，不能算世界上的富裕国家。同时，我国基尼系数在世界排名并不低，收入差距较大。防止贫富差距进一步扩大是当前及今后的硬任务。促进共同富裕，不是走向平均主义，以财富的平均程度来衡量，而是走向人的现代化，以群体性的能力差距缩小为标志。只有围绕人来做文章，才能找到促进共同富裕的钥匙。

促进共同富裕与以人为核心的现代化

共同富裕是人类文明发展中的难题，至今为止，还没有任何一个国家完美地解决了这个问题。

从经济学角度来看，共同富裕是指包括财产、收入在内的物质财富生产和分配的问题。从社会发展的角度来看，共同富裕的实质是指人自身的发展问题。如果只是在物质财富的生产和分配上做文章，不落到人的发展、所有人的发展上，那么共同富裕只是分配政策的目标，仅仅具有短期意义。从世界发达国家的历史经验来看，仅仅依靠分配政策的调整不能逆转贫富差距扩大的基本趋势。

不要以为社会的物质生产和分配在一定时期合意了，人的发展、所有人的发展也就自然实现了。这是一种确定性思维、线性思维的认识。物质生活条件只是人自身发展的基础，并不等于人的发展。人的发展体现在人的主体性、创造性和文明性上。物质文化生活水平的提高，并不等于人的素质和能力的自然提升。

现代化的核心是人的现代化。社会主义的内在价值追求的是人自身发展上的平等机会，物质生活条件上的基本平等仅是一个手段或实现路径。因此，共同富裕的本质是所有人的共同发展，而不是物质财富上的均贫富。历史告诉我们，均贫富并不能实现所有人的共同发展，甚至可能使发展陷入停滞不前的境地。历史上的"社会实验"结果已经表明了这一点，这与社会历史条件及其变化密切相关。

在物资匮乏的年代，追求生产增长，解决人的生存所需（吃饱穿暖），可以视为促进了人的发展。但随着人均收入水平不断提高，物质财富生产与分配对人的自身发展的偏离就会越来越大，或者说物质的发展远快于人自身的发展，更不要说所有人的全面发展。在实现我国现代化的过程中，要防止的最大公共风险就在于物质财富发展中人的异化，也就是说，人被物质财富支配，而不是人支配物质财富。

促进共同富裕与以人为核心的现代化是一体两面的关系，是一个长期愿景目标。不能简单地以基尼系数作为衡量共同富裕是否取得实质性进展的指标。

人本逻辑下公平和效率可以融合

从世界历史来看，促进共同富裕的基本逻辑一直困在效率与公平的冲突之中。在两极分化的年代，均贫富曾是追求共同富裕的基本方式。从农民起义到工人运动，无一不是在分配上做文章。从生产成果的分配到生产条件的分配，反映出社会革命的深度、广度和烈度。这都是在人类文明进程中，追求共同富裕的探索。

中国特色社会主义道路是一条以马克思主义为指导思想、从中国实际出发的现代化道路。我国要转向人本逻辑，这与中国共产党坚持以人民为中心的发展思想高度吻合，与当前转向高质量发展和创新驱动的战略高度契合。人本逻辑的要义是彰显人的主体性、创造性和文明性，形成新的螺旋式上升的社会发展逻辑（人的发展—物质发展—人的发展），以替代物本逻辑下的发展公式（物质发展—人的发展—物质发展），把人的发展作为手段、要素，转变为把人的发展作为出发点和落脚点。

保障所有人获得基本能力

转向社会发展的人本逻辑，意味着要将经济问题纳入社会整体中来考虑。经济是社会的物质基础，但也只是社会的一部分，受制于社会的整体状态。

人的发展、所有人的全面发展，只有放到整个社会中才能被认识清楚，放在经济当中则只能看到一部分。观察物质财富的生产和分配，从整个社会来看，只是为人的发展、所有人的全面发展创造出一个必要条件，但不是充分条件。

共同富裕的充分条件是：社会要通过社会合力来保障所有的人获得基本能力。收入不能替代能力，收入差距缩小了也不等于能力差距就缩小了。能力来自社会消费过程。消费的可获得性涉及收入，但消费的可及性与收入无关。

消费是人的生产与再生产过程，是人的发展过程，是人力资本积累的过程，是人的能力提升的过程，是为经济提供目的和创造条件的过程。消费包括私人消费和公共消费，二者应当合力满足每一个人的基本消费，达到基本营养、基本教育、基本医疗、基本住房标准，以此保障每一个人获得基本能力。

国民基本能力普遍提升，起点公平、机会公平也就有了基础，同时也为创新创业提供了广泛社会基础，为未来的可持续发展提供了动力，效率与公平的融合也就含在其中了。促进共同富裕，要摆脱效率与公平、做"蛋糕"与分配"蛋糕"的困境，只有从物转向人，从财产和收入基准转向消费基准，才能真正做到从物本逻辑转向人本逻辑。

促进共同富裕面临的主要问题

从我国现实来看，人的发展既受制于经济，即财产和收入问题，也受制于社会结构的分治状态。

从改革来看，我国虽然进入全面深化改革阶段，但改革的进展并不全面，这从根本上制约了我国的进一步发展和共同富裕。这体现在以下三个"二元"上。

一是所有制二元。全民所有制和集体所有制二元结构是历史形成的，作为经济基础，从根本上制约经济体制和社会体制改革深化。尽管公共开支和投资不再局限于二元所有制，但土地市场、住房市场是二元的，人的社会身份也是二元的，因为农民不只有户籍身份，还有集体经济成员身份。城乡分治就是以二元所有制为基础的。农村土地、宅基地、农民住房、森林等产权制度改革也都在试图突破二元所有制带来的制约。

二是经济二元。这个概念是指传统落后的农业和现代先进的工业之间的关系。经济二元结构是发展中国家的普遍现象，通过市场化、工业化过程可以逐渐消除。但我国的经济二元结构不只建立在生产力基础之上，也建立在生产关系基础之上。

三是社会二元。这是在所有制二元基础上形成的社会成员身份、基本权利的二元结构。在市场化过程中，社会二元结构成为起点不公平、机会不公平的社会因素，也是社会分配中形成群体性差距，进而形成能力群体性差距的社会根源。群体性的家庭贫困的代际传递也会因此而形成。

这三个"二元"问题，从发展的底层逻辑上制约着我国共同富裕目标的推进。

以改革的办法促进共同富裕

促进共同富裕，是坚持和发展中国特色社会主义制度的目标，是走好中国道路的一个基本标志。但此事急不得，也等不得。急不得，在于共同富裕首先依赖于发展过程，包括物质发展和人的发展，都不是一夜之间的事情。等不得，在于实现双循环相互促进，扩大内需，构建新发展格局，创新驱动发展，等等，都依赖于共同富裕的边际改进。

群体性消费差距的缩小是当前改革的重中之重。私人消费与公共消费如何形成合力，如何既能扩大短期内需，又能提升人的能力，改变社会预期，都至关重要。其中，形成与能力、创新创业和就业相关的良好的分配预期，更是关键。社会的再分配预期需要淡化，人人参与、人人努力的初次分配预期需要强化。

从人的平等发展需要出发来推进各项改革，需要抓住以上三个"二元"结构来完善顶层设计，把经济改革、社会改革等各方面改革关联起来。只有形成关联效应，整体设计才能找出重点，分出轻重缓急。板块式的改革往往各自为政，使得改革协同、系统集成的要求难以落地。

促进共同富裕和人的全面发展，
根本在改革

李佐军

国务院发展研究中心公共管理与人力资源研究所书记、研究员

实现共同富裕已成为新时代的迫切要求

习近平总书记在 2021 年 8 月 17 日召开的中央财经委员会第十次会议上指出，共同富裕是社会主义的本质要求，是中国式现代化的重要特征。我们说的共同富裕是全体人民共同富裕，是人民群众物质生活和精神生活都富裕，不是少数人的富裕，也不是整齐划一的平均主义。

实现共同富裕是党的一贯方针。中华人民共和国成立后，毛

泽东同志就指出："现在我们实行这么一种制度，这么一种计划，是可以一年一年走向更富更强的，一年一年可以看到更富更强些。而这个富，是共同的富，这个强，是共同的强，大家都有份。"① 改革开放以来，邓小平同志将共同富裕作为社会主义基本原则之一，将共同富裕概括为社会主义的本质内涵。江泽民同志强调："实现共同富裕是社会主义的根本原则和本质特征，绝不能动摇。"② 胡锦涛同志也要求："使全体人民共享改革发展成果，使全体人民朝着共同富裕的方向稳步前进。"③ 在新的历史起点上，习近平同志高度重视共同富裕问题，强调实现共同富裕是社会主义的本质要求。

共同富裕是广大人民群众的迫切愿望。共同富裕自古就是广大人民群众的梦想。尽管我国已实现了全面建成小康社会的目标，但面临的相对贫困问题和返贫压力仍然很大。广大人民群众对那些通过不公平竞争手段暴富起来的人、对贫富差距较大的问题，始终高度关注，并希望尽快解决。

中国贫富差距过大已到了必须加快缩小、实现共同富裕的时候。2020 年，全国居民人均可支配收入基尼系数仍为 0.468，在 2008 年曾达到 0.491 的高点，明显高于国际上 0.40 的警戒线。中国财富基尼系数从 2000 年的 0.599 持续上升至 2015 年的 0.711，随后有所缓和，降至 2019 年的 0.697，但 2020 年因新冠肺炎

---

① 毛泽东.毛泽东文集：第 6 卷 [M].北京：人民出版社，1999：495.

② 江泽民.江泽民文选：第 1 卷 [M].北京：人民出版社，2006：466.

③ 胡锦涛.在省部级主要领导干部提高构建社会主义和谐社会能力专题研讨班上的讲话 [M].北京：人民出版社，2005：21.

疫情冲击再度上升至 0.704。2020 年中国财富排名前 1% 居民占总财富的比例升至 30.6%。2020 年，我国城乡居民收入比为 2.56∶1，总体呈缩小趋势，但仍然偏大，缩小城乡差距的任务仍很繁重。

共同富裕是中国正在发生的九大变化之一

近年来，中国正在发生如下九大变化。

一是从以经济建设为中心到"五位一体"全面建设。改革开放以来，我国一直强调以经济建设为中心。十八大后，则开始强调包括经济建设、政治建设、文化建设、社会建设、生态文明建设在内的"五位一体"建设。其中，政治建设具有统领地位。

二是从"外循环"到"双循环"。在中国对外开放过程中，逐步形成了一种典型的"外循环"模式，即"两头在外"模式，具体表现为部分能源、原材料、资金、核心技术等来自国外，很多制造业产品销往国外，而生产制造则主要在国内。近两年则开始转向内循环与外循环相互促进的"双循环"。转向"双循环"，一方面是我国主动的战略选择，另一方面也有不得已而为之的原因，因为个别国家在核心技术等方面打压限制中国，使得我们不得不转向部分"内循环"。

三是从高速度增长到高质量发展。改革开放以来，中国 GDP 增长保持了年均 9.3% 的增速，其中 1978 年至 2010 年年均增速 9.8%，2010 年至 2020 年年均增速 7.1%，创造了发展中大国连续几十年高速增长的奇迹。近年来，我国开始转向高质量发展，即不再追求过高的 GDP 增速，"不再以 GDP 论英雄"，转而追求符合高质量发展的要求。所谓高质量发展，就是符合新发展理念要求的高效率、高附加值发展。"十四五"规划的主线就是高质量发展。

四是从"效率优先，兼顾公平"到更加强调公平。改革开放以来，我国一直遵循"效率优先，兼顾公平"的原则。但随着经济快速发展和发展不平衡不充分问题的凸显，十八大以来，党中央越来越强调公平公正。近期加强反垄断、反资本无序扩张等都是这个转变的表现。

五是从"让一部分人先富起来"到实现共同富裕。在改革开放前期，为了打破平均主义，发展社会主义市场经济，解放和发展生产力，中央制定了"让一部分人先富起来，最终实现共同富裕"的方针。但随着贫富差距的扩大和共享发展理念的确立，推进共同富裕的时代到来了，2021 年以来中央将实现共同富裕提到了一个新的高度。

六是从高碳发展到低碳发展。过去几十年总体上是一种高消耗、高污染、高排放的粗放发展模式，也就是高碳发展模式。现在这个模式难以为继，推进绿色低碳发展随即提上日程。为此，党中央提出了力争 2030 年前实现碳达峰、2060 年前实现碳中和的"双碳"目标，其实质是在原来发展模式基础上增加了碳排放的约束条件，或在生产函数中，将碳排放作为一个重要的因变量。

七是从控制生育到支持生育。改革开放以来，我国实行了严格的计划生育政策，取得了明显成效，但原有的部分政策已不能适应新的人口形势了，因此中央适时提出了放开"三孩"政策。不仅要放开"三孩"，而且要将"三孩"政策落到实处，为此要建立支持生育的政策体系。支持生育，关键是要解决很多育龄妇女不愿生、不敢生、生不起、养不起的问题。而要解决这个问题，必须从降低生养孩子成本和提高生养孩子预期效益两方面入手。其中，降低生养孩子成本又要同时降低生育、养育、教育、住房、医疗卫生五个方面的成本；提高生养孩子的预期效益则要制定相关生养孩子的激励政策。

八是从虚拟经济到实体经济。通俗地讲，虚拟经济就是"以钱生钱"的经济，主要体现在金融和房地产等领域。过去30多年来，虚拟经济有些过度发展，实体经济受到明显抑制，这不利于我国经济的健康可持续发展。因此，近年来中央越来越强调重视发展实体经济，并对虚拟经济发展进行规范。实体经济主要表现为制造业、高科技产业和现代服务业等。

九是从房市到股市。适应从虚拟经济到实体经济的变化，要素市场热点也在相应发生一些变化，主要表现为从房市到股市的变化。2003年至2017年这段时间房地产市场可谓高歌猛进。2017年之后，中央的房地产政策发生较大变化，明确提出和实施"房住不炒"政策，房地产高歌猛进的时代基本过去了。当中国经济重心转向实体经济，特别是转向高科技发展之后，具有优化配置资源功能的股市的重要性就相应增强了。

实现共同富裕必须依托两个基本途径

途径一：通过分配实现共同富裕（公平分蛋糕）

包括一次市场分配、二次政府分配、三次道德分配三个具体途径。其中，一次市场分配，是指按照生产要素提供者提供生产要素（劳动力、资金、技术、土地等）数量的多少和质量的高低进行分配。由于生产要素提供者提供生产要素的初始差异很大，故贫富差距会较大。二次政府分配，是指在一次市场分配之后，政府通过税收、补贴、基金、退休金、社保、扶贫、救助等方式进行再分配。二次政府分配会明显缩小贫富差距。三次道德分配，是指在二次政府分配之后，社会通过公益、慈善、捐赠等方式进行又一次分配。三次道德分配会进一步缩小贫富差距。

途径二：通过发展实现共同富裕（公平做大蛋糕）

包括三种具体方式。一是鼓励一部分地区先发展起来（先做大蛋糕，再考虑公平分配），即利用发展梯度理论和增长极理论等，通过建设特区、国家战略区域、试验区或示范区等，让一部分地区先发展起来，然后辐射和调动周边地区和落后地区的发展。二是建立全国公平竞争的市场（公平地做大蛋糕），即通过建立全国统一的户籍制度、土地制度、财税制度、教育人才制度、福利保障制度等，形成全国统一的市场，给予每个地区公平竞争的机会和舞台，消除因制度安排造成的区域城乡贫富差距。三是倾斜支持相对落后地区发展（公平优先地做大蛋糕），即考虑到落后地区的特殊困难，通过制定和实施一系列倾斜性政策，鼓励和支持相对落后地区优先发展、加快发展，进而缩小贫富差距。

文旅农康融合发展是实现共同富裕的新途径

笔者 2021 年 8 月首次提出的"文旅农康融合发展"模式是一种通过发展实现共同富裕的新途径。文旅农康融合发展，属于通过发展实现共同富裕（公平做大蛋糕）的范畴，而且属于其中的倾斜支持相对落后地区发展（公平优先地做大蛋糕）的范畴。

文旅农康融合发展，是指文化、旅游、农业、康养四个方面，实现产业链融合、供应链融合、营销链融合、创新链融合或技术链融合、人才链融合等，进而形成一个分工协作、互利共赢的新产业链模式。这个模式的关键点是"农"，这里的"农"是指包括农林牧副渔在内的大农业，甚至还包括从农业中延伸出来的农产品加工业及其相关服务业。

为何说文旅农康融合发展是实现共同富裕的新途径，理由有四。

一是相对落后地区推进文旅农康融合发展具有明显优势。推进文旅农康融合发展的前提是要有文化资源、旅游资源、农业资源和康养资源。相对落后地区在我国主要表现为"老少边穷"地区。革命老区拥有丰富的红色文化资源，少数民族地区拥有丰富的民族文化资源，大多数边境地区拥有丰富的旅游资源和边境文化资源，许多贫困地区拥有丰富的自然观光资源和生态环境资源。福建、广西、江西、湖南、贵州、云南、重庆、四川、西藏、新疆、内蒙古等省市自治区的很多地方就是如此。在这些地方发展文旅农康产业，推进文旅农康融合发展，正好可以达到推进许多相对落后地区发展、推动实现共同富裕的效果。

二是相对落后地区居民可以较好融入和分享文旅农康融合发展。相对落后地区居民教育文化水平相对较低，人力资源较少，在这些地区较难发展高新技术产业、先进制造业和现代服务业，这些地区居民即使进入发达地区也难以进入这些行业，或者难以进入这些行业的高收入岗位。而文旅农康产业则不同，一方面这些产业大多就在相对落后地区，这些地区的居民可就近进入；另一方面文旅农康产业进入门槛较低，对教育文化水平要求不高，这些地区的居民可轻松方便进入。因此，文旅农康融合发展对相对落后地区居民具有广泛的适应性，为实现共同富裕提供了难得的新途径。

三是文旅农康融合发展为破解农业现代化难题找到了新出路。我国是农业大国，实现现代化和共同富裕的难点一直在农业、农村。实现农业现代化除了受制于资源条件、人地矛盾、规模经济、科技应用、土地制度等，还受制于农业的市场需求规模和附加值增值空间。从国内外经验看，就农业发展农业，出路有限。而文旅农康融合发展模式，正好是重点依托特色品牌农业或农产品，延伸发展文旅康养产业，延长了农业产业链，提高了农业附加值，为农业现代化开辟了新的广阔空间。长期以来，农业现代化滞后严重制约了我国的共同富裕事业，故推进文旅农康融合发展，有可能破解农业现代化难题，进而大大促进共同富裕进程。

四是文旅农康融合发展可以实现不同产业的互利共赢。按照经济学的基本原理，分工协作可以实现互利共赢，可以促进共同富裕。在不同产业之间进行分工协作，就可以实现产业间的互利共赢。不同产业分别有不同的人群在就业，因而可以促进共同富裕。文旅农康融合发展正是文旅农康四类产业之间分工协作的具体表现，可以实现文旅农康之间的共同发展，进而促进这些行业就业者的共同富裕。

目前，全国各地通过文旅农康融合发展推进共同富裕创造了很多典型经验。如浙江丽水市通过塑造"丽水山耕""丽水山居""丽水山景""丽水山泉"等区域公共品牌，形成"农水文旅康"融合发展，推进共同富裕；浙江安吉县通过发展竹产业，形成"竹文旅康"融合发展，推进共同富裕；福建安溪县通过发展铁观音茶产业，形成"茶文旅康"融合发展，推进共同富裕；江苏盱眙县通过发展小龙虾产业，形成"食文旅康"融合发展，推进共同富裕；江西婺源县通过发展油菜花等农业，形成"旅农文康"融合发展，推进共同富裕；广西横州市通过发展茉莉花产业，形成"花文旅康"融合发展，推进共同富裕；湖南安化县通过发展黑茶产业，形成"茶文旅康"融合发展，推进共同富裕；四川长宁县和青神县通过发展"竹海"和竹编制产业，形成"竹文旅康"融合发展，推进共同富裕；等等。这类案例还有不少，都值得我们尽快进行总结。

通过文旅农康融合发展实现共同富裕需要政策引导和支持。鉴于文旅农康融合发展模式是通过发展实现共同富裕，较少触及既得利益，推进阻力较小，是实现共同富裕更为根本、更可持续的途径，故需要倍加珍惜、加快推进。但目前推进文旅农康融合发展还存在认识不够、理论研究欠缺、试点试验未展开、政策支持相对缺乏、体制有待理顺、法律标准不健全等问题。因此，建议全社会共同努力，采取如下应对措施：一是组织各方力量加快对实现共同富裕的发展路径、文旅农康融合发展模式等进行理论研究，并组织深入交流讨论，凝聚各方共识；二是征集、发布全国通过文旅农康融合发展推进共同富裕的典型案例，多种形式地开展经验交流；三是在全国选择具有代表性的地区开展试点试验，积累经验，再逐步推广；四是鼓励各地结合本地实际，进行通过文旅农康融合发展促进共同富裕的大胆探索，鼓励各地先行制定地方性规划、政策和标准；五是同步推进制定全国性的政策、规划、法规、标准。

实现共同富裕与促进人的全面发展是统一的

　　促进人的全面发展包含了实现共同富裕的内容，因为促进人的全面发展中的"发展成果由人民共享"，与实现共同富裕在本质上是一致的。共同富裕要求，一方面物质财富很丰富，另一方面财富差距较小。

　　党的十九大报告提出，"明确新时代我国社会主要矛盾是人民日益增长的美好生活需要和不平衡不充分的发展之间的矛盾，必须坚持以人民为中心的发展思想，不断促进人的全面发展、全体人民共同富裕"。以人民为中心的发展思想，包含了"发展为了人民、发展依靠人民、发展成果由人民共享"等含义。人的全面发展是包括经济、政治、文化、社会、生态文明等各方面人的需求都得到满足的状态，比单纯的物质丰沛、生活富足层次更高、内容更多，是一个多向度、立体、全面的状态。到 21 世纪中叶，我国要全面建成富强民主文明和谐美丽的社会主义现代化强国。届时，人的全面发展就不单单停留在全面小康阶段人们对物质与精神需求的满足，而是全方位需求的满足，包括社会的公平正义、优美的生态环境等方面的满足。

从理论逻辑来看，以人民为中心、促进人的全面发展，主要包括满足人、依靠人、引导人三个方面。

满足人，主要是指满足人的四大类需求，即满足吃、穿、住、行、用等物质需求；满足快乐、情感、安全、尊重、理想等精神需求；满足健康、学习、就业等成长需求；满足生存权、发展权、财产权、平等权等权利需求。

依靠人，主要是指依靠人的行为，去实现发展的目标或达到发展的结果。为此，需要挖掘人的潜能，调动人的积极性和创造性等。

引导人，又可包括制度引导人、资源装备人、分工安置人三个方面。通过各种制度引导人的行为；通过资本、技术、装备、信息等生产要素的配备全面提升人的能力；将每个人放在最合适的岗位、行业与区域，实现人的优化配置。

以人民为中心、促进人的全面发展，还可以从需求和供给关系角度分别进行分析。

从需求角度看，实现人的全面发展的过程，就是满足人民群众对美好生活多样化、多层次需求的过程。随着我国人均GDP超过1万美元，城乡居民对美好生活的需求愈加强烈，不仅对物质文化生活提出了更高需求，而且对民主、法治、公平、正义、安全、环境等方面的需求也越来越高。如近年来城乡居民对缩小贫富差距、完善社会保障、加强权利保护、伸张公平正义等方面的需求日趋强烈。

从供给角度看，促进人的全面发展，需要提升人力资本，需要为人配备更多更好的资金、技术、装备等生产要素，需要促进人的自由流动，让每个人各得其所，需要改革或修订制度，达到既引导人的行为，又促进要素升级和优化资源配置的效果。

促进人的全面发展离不开全面深化改革

促进人的全面发展是一个复杂的系统工程，千头万绪，任务繁重，其重点在哪里呢？主要体现在理念坚持、思路创新和改革行动上。促进人的全面发展，在理念上要坚持以人民为中心的发展思想，始终将"满足人民日益增长的美好生活需要"作为奋斗目标。在思路创新上，要通过推进新型工业化、新型城镇化、农业现代化、区域经济一体化、国际化等举措，将每个人放在最合适的岗位上，并不断激发每个人的潜能和创造力，同时为每个人创造发挥其作用的条件。在改革行动上，要通过全面深化改革和全面推进依法治国，形成公平正义的制度，依靠制度来保障人的发展权利，实现资源的公平配置，提高共同富裕的水平。

重点需要指出的是，促进人的全面发展离不开全面深化改革。促进人的全面发展，最终依赖于权利保障与公平分配，必然涉及对既有利益格局的调整，这个难题怎么解决？需要迎难而上啃"硬骨头"，打一场改革攻坚战。

完善产权制度是基础，因为"有恒产者有恒心"；"放管服"改革要深化，从而充分调动人的积极性与创造性；国企改革需提速，从而提高全社会的资源配置效率，满足人的全面发展需要；打破行政性垄断、防止市场垄断、维护公平竞争很重要，否则相当一部分人的全面发展就实现不了；农村土地制度改革是关键，如果农民土地权益得不到保障，"土地财政"依然持续，城乡居民的全面发展就无从谈起；司法改革要到位，要让老百姓在每一个案件中感受到公平正义。此外，要继续深化财税制度改革，因为它关乎公平分配；要深化金融体制改革，因为它关乎风险防范；要加快社保制度改革，因为它关乎美好生活的方方面面，比如就业、医疗、养老、教育、卫生等，这张兜底的网必须织得又密又牢。

后　记

关乎国家前途命运的时代必答题

朱克力

国研新经济研究院创始院长，新经济智库首席研究员

曾铮

国家发改委宏观经济研究院市场所主任、研究员

这是一个牵动社会神经、顺应时势人心、深刻影响国家前途命运的时代课题。作为千百年来人们孜孜以求的社会理想，共同富裕关乎每一个社会成员的切身利益，关乎不同社会阶层的命运和未来，关乎大变局之下的中国经济前景。

当代中国一直朝着共同富裕的大方向努力奋进，不仅未曾放弃共同富裕的原则和目标，并且在当前这样一个特定时点，将促进共同富裕当作行动方略正式提上日程，叠加了不确定性

增强的年代里，国内外日益复杂局面以及社会公众对未来的憧憬、隐忧与期许，必然也更为引人关切，更为扣人心弦，更为激荡人心。

近年来，推动共同富裕的相关部署步步深入，从顶层设计到区域示范，从战略谋划到方案实施，从高层论述到专家解读……在基于各种载体不同形式的讨论和各个层面不同力度的推进过程中，这个时代课题的内涵与外延越发丰富，各界的信心与共识越发坚固，行动的方向与路径越发明晰，仿佛打开了扬声器，按下了加速键，驶入了主车道。

既然进了主车道，就要遵守阳关大道和康庄大道的交通规则。有章有法、张弛有道、气定神闲、不疾不徐，方能行稳致远。因此，关键要坚持好"在高质量发展中促进共同富裕"这条基本原则。所谓高质量发展，追求的是更高质量、更有效率、更加公平、更可持续、更为安全的发展。如若一味求快不及其余，必然欲速则不达，更多目标也就如同镜花水月，无从兑现。

党的十九大重新定义了社会主要矛盾，矛盾的一面是人民日益增长的美好生活需要，另一面是发展的不平衡不充分。高质量发展是能够最大限度地缩小与弥合二者鸿沟的关键路径，促进共同富裕则是其价值方向和出发点。须知，发展的不平衡不充分问题是经济社会长期存在的"成长的烦恼"，但是发展，也唯有发展——真正以改革引领、开放支撑、创新驱动的高质量发展，才能为应对和解决发展过程中的不平衡不充分等种种问题创造物质基础与必要条件，舍此别无他途。

战略重心由实现全面小康走向促进共同富裕

共同富裕是社会主义现代化的重要目标，随着绝对贫困的消除和全面小康社会的建成，战略重心由实现全面小康走向促进共同富裕，也是水到渠成的应有之义。2021 年 8 月 17 日，中央财经委员会第十次会议召开，研究扎实促进共同富裕等问题，做出循序渐进、分阶段促进共同富裕的新部署。这是一次具有标志性意义的会议，引发了强烈的市场反响和社会热议。作为一个社会发展目标，近些年有关议题多次提及共同富裕，"十四五"规划和政府工作报告中也早有战略上的安排，但由中央级别会议专门围绕共同富裕及相关问题进行研究讨论和部署推动，确实还是头一回。

联系到 2021 年适逢建党百年、"十四五"开局之年以及全面建设现代化国家新征程开启之年，值此特殊节点，如何领会上述谋划与布局之深意至关重要。为此，应一份颇具公共影响力的首都报纸之邀，朱克力及时为该报执笔了一篇社论，题为《分阶段促进"共同富裕"意味着什么》。文中指出："分阶段促进共同富裕，从需求侧出发，比之过去，需要更重视人力资本而非物质资本的投资，更关注长期经济发展而非短期经济增长。这不仅考虑经济增长总量，更致力于经济发展成果的分享。"[1]

　　而在这篇社论发表一个半月前，即庆祝中国共产党成立100周年大会的当天，同样是应这份报纸之邀，朱克力写了一篇名为《全面建成小康社会之后，下一个征程中关注"共同富裕"》的文章。该文在其新媒体平台发表后，又于次日在其纸质版第三版用了近 3/4 版的大篇幅全文刊发。动笔之前已将习近平总书记"七一"讲话内容认真研读和学习了数遍，特别触动于这句话："着力解决发展不平衡不充分问题和人民群众急难愁盼问题，推动人的全面发展、全体人民共同富裕取得更为明显的实质性进展！"[2] 凭借对国家战略和政策的长期观察积累，出于研究者的本能直觉，朱克力在这篇文章中给出了一个直观判断——随着全面建设小康社会的目标实现，也开启了实现共同富裕的新征程。[3]

　　时代课题的演化，正在悄无声息中进行。再追溯 20 天，也就是 2021 年 6 月 10 日，《中共中央 国务院关于支持浙江高质量发展建设共同富裕示范区的意见》(下称《意见》)正式公布，浙江被赋予重要示范改革任务，将在全国先行探索高质量发展建设共同富裕示范区，为推动共同富裕提供了省域范例。还是前面提到的那份报纸，在其新媒体平台上发表了朱克力撰写的文章

① 朱克力. 分阶段促进"共同富裕"意味着什么 [N/OL].[2021-08-18].https://www.bjnews.com.cn/detail/162929777714765.html.
② 在庆祝中国共产党成立 100 周年大会上的讲话（2021 年 7 月 1 日）[N/OL]. [2021-07-02].http://paper.people.com.cn/rmrb/html/2021-07/02/nw.D110000renmrb_20210702_1-02.htm.
③ 朱克力. 全面建成小康社会之后，下一个征程中关注"共同富裕"[N/OL].[2021-07-02].http://epaper.bjnews.com.cn/html/2021-07/02/content_805328.htm?div=-1.

《究竟什么是"共同富裕"？浙江这组指标有关键"密码"》。文中建议，在动态中处理好政府与市场、公平与效率这两对经典关系，推动均衡化、数字化、绿色化"三化"发展，浙江或可探索出一些有益经验。①

共同富裕示范建设"落子"浙江，当然不是毫无征兆的突然之举。早在《意见》发布前，国家已有了战略性的安排。3月13日，时值2021年全国"两会"闭幕不久，《中华人民共和国国民经济和社会发展第十四个五年规划和2035年远景目标纲要》（下称《纲要》）对外公布，明确鼓励东部地区加快推进现代化，其中，"支持深圳建设中国特色社会主义先行示范区、浦东打造社会主义现代化建设引领区、浙江高质量发展建设共同富裕示范区"②。

为何赋予的是浙江而非其他地区承担这项重要示范改革任务？仅仅5天前，国家发改委有关负责人在3月8日国新办举行的新闻发布会上透露了部分信息："这次《纲要》中提出要支持浙江高质量发展建设共同富裕示范区。可以看出，一手要抓顶层设计，一手要推进示范建设。浙江各方面的条件是比较好的，在各项指标上，城乡差距指标、区域发展指标以及富裕程度指标，都走在全国前列，所以这次《纲要》明确提出要支持浙江高质量发展建设共同富裕示范区。主要是探索推进共同富裕的体制机制和制度体系，形成可复制可推广的经验，扎扎实实做好这项

① 朱克力. 究竟什么是"共同富裕"？浙江这组指标有关键"密码"[OL].[2021-06-14]. https://www.bjnews.com.cn/detail/162363501314980.html.
② 中华人民共和国国民经济和社会发展第十四个五年规划和2035年远景目标纲要[OL]. [2021-03-13].http://www.gov.cn/xinwen/2021-03/13/content_5592681.htm.

工作。"① 这固然是对"模范生"已有比较优势的评价，也是对其下一步扎实推进共同富裕、为全国做出前沿探索与良好示范的期许。

与区域示范建设相对应的是总体顶层设计。2020 年 10 月召开的十九届五中全会，在决胜全面建成小康社会之际，吹响了开启全面建设社会主义现代化国家新征程、向第二个百年奋斗目标进军的集结号。从全面小康到共同富裕，正是新征程的题中要义。2021 年 3 月 5 日，国务院政府工作报告指出：制定促进共同富裕行动纲要，让发展成果更多更公平惠及全体人民。3 月 8 日，国新办举行的新闻发布会透露，按照中央部署，由国家发改委牵头，正会同有关部门抓紧研究制定促进共同富裕行动纲要。4 月底召开的中央政治局会议再次强调：制定促进共同富裕行动纲要，以城乡居民收入普遍增长支撑内需持续扩大。9 月 16 日，国家发改委再度表示，将按照中央决策部署，进一步深化对共同富裕问题的研究，制定促进共同富裕行动纲要。

不难看出，正在研究制定中的促进共同富裕行动纲要，将明确共同富裕的方向、目标、重点任务、路径方法和政策措施，推动构建初次分配、再分配、三次分配协调配套的基础性制度安排，多渠道增加城乡居民收入，切实逐步提高居民收入和实际消费水平。

促进共同富裕，在制定路线图的同时，科学的方法论也至关重要。10 月 16 日，《求是》杂志刊登习近平总书记的重要文章

---

① 国家发展改革委："十四五"时期支持浙江建设共同富裕示范区 [OL].[2021-03-15].
http://www.zj.gov.cn/art/2021/3/15/art_1229463129_59086408.html.

《扎实推动共同富裕》，对于推动共同富裕的历史经验进行了总结，全面概括了促进共同富裕的基本原则，明确提出了要"坚持循序渐进"，特别指明"共同富裕是一个长远目标，需要一个过程，不可能一蹴而就，对其长期性、艰巨性、复杂性要有充分估计，办好这件事，等不得，也急不得"[①]。

这样一来，既有战略又讲战术，一方面采取顶层设计与示范建设相结合的基本思路，一方面强调循序渐进分阶段促进的重要原则，以此节奏来推动共同富裕，无疑是清醒、理性，符合发展规律和实事求是的。促进共同富裕，切记不能一蹴而就，不可急于求成。要看到，实现共同富裕是中国改革开放以来一以贯之的政策目标，如今中央做出专门部署，也是适应当前进入新时代、各方面发展处在新阶段的应势而谋。在将来的实现路径上，应当保持过程意识，统筹考虑，循序渐进，逐步推开，蹄疾步稳，方可能水到渠成。

"共同富裕"成为引领发展的重要政策指针

"促进共同富裕"的重要性和紧迫性，在党的十九届六中全会上得到了更为直观的体现，也被摆在了更高的位置。这次会议最大的成果是审议通过了党的历史上第三个历史决议——《中共中央关于党的百年奋斗重大成就和历史经验的决议》（以下简称

---

① 习近平. 扎实推动共同富裕 [J]. 求是，2021（20）.

《决议》)。在普遍认为具有重大风向标意义的《决议》中，"共同富裕"出现 5 次，"富裕"出现 8 次，"分配"出现 8 次，"公平"出现 11 次……①

不出所料，"促进共同富裕"在顶层设计层面被写入了这次全会公报及《决议》，并且与"五位一体""四个全面""三新一高"②，以及"全面深化改革开放""推进科技自立自强"等并列。在全会公报及《决议》中，上述表述所在的段落内容包括了必须坚持的指导思想、基本理论、基本路线和基本方略等。其中，涉及与基本理论和基本方略等有关的部分表述如下：

> 坚持系统观念，统筹推进"五位一体"总体布局，协调推进"四个全面"战略布局，立足新发展阶段、贯彻新发展理念、构建新发展格局、推动高质量发展，全面深化改革开放，促进共同富裕，推进科技自立自强，发展全过程人民民主，保证人民当家作主，坚持全面依法治国，坚持社会主义核心价值体系，坚持在发展中保障和改善民生，坚持人与自然和谐共生，统筹发展和安全，加快国防和军队现代化，协同推进人民富裕、国家强盛、中国美丽。③

---

① 中共中央关于党的百年奋斗重大成就和历史经验的决议 [OL].[2021-11-16].http://cpc. people.com.cn/n1/2021/1116/c64387-32284167.html.
② "三新一高"即立足新发展阶段、贯彻新发展理念、构建新发展格局、推动高质量发展。
③ 中国共产党第十九届中央委员会第六次全体会议公报 [OL].[2021-11-11].http://cpc. people.com.cn/n1/2021/1111/c64387-32280050.html.

这是一种全新的战略型表述，在以上表述中，我们以与"共同富裕"前后紧跟和并列的几个重要关键词为例。"高质量发展"作为"三新一高"的战略落点，是"十四五"乃至更长时期中国经济社会发展的主题；"改革开放"作为中国的基本国策，是社会主义初级阶段基本路线的核心内容"一个中心、两个基本点"应当坚持的一个基本点；而"科技自强自立"作为国家发展的战略支撑，是完善国家创新体系、强化国家战略科技力量的出发点。与这些大政方针紧密相连，意味着"共同富裕"已成为引领未来发展的一个重要政策指针，正式被纳入"基本理论、基本路线、基本方略"等共同构成的国家"操作系统"顶层设计内核框架里。为便于记忆和理解，我们进一步把这几个与经济发展关联最直接的关键词概括为"三新、一高、改开、共富、科强"。以上关键词也将是中国经济中长期方略的重中之重。

需要指出的是，最近的三次中央全会（十九届四中、五中、六中全会），无一例外地在会议公报中提及了"共同富裕"。从十九届四中全会的愿景型表述（"走共同富裕道路"），到五中全会的倡议型表述（"扎实推动共同富裕"），再到六中全会的战略型表述（"促进共同富裕"），其背后的递进逻辑越发清晰（见表1）。这样一项集重大理论、路线、方略于一体的顶层设计，必然需要决策层经过深入研究和讨论、反复酝酿和动员、持续推进和深化，才能从初始的理论表达与政治愿景，一步步演化和升华为国策级别的大政方针，直至成为牵引整个国家中长期经济社会发展战略的顶层逻辑。

后记　关于国家前途命运的时代必答题

表1　近三次中央全会关于"共同富裕"的表述

中央全会	召开时间	关于共同富裕的表述
十九届 四中全会	2019年 10月28日 至31日	"坚持以人民为中心的发展思想，不断保障和改善民生、增进人民福祉，走共同富裕道路的显著优势。""坚定走生产发展、生活富裕、生态良好的文明发展道路，建设美丽中国。"①
十九届 五中全会	2020年 10月26日 至29日	"人民生活更加美好，人的全面发展、全体人民共同富裕取得更为明显的实质性进展。""扎实推动共同富裕，不断增强人民群众获得感、幸福感、安全感，促进人的全面发展和社会全面进步。"②
十九届 六中全会	2021年 11月8日 至11日	"立足新发展阶段、贯彻新发展理念、构建新发展格局、推动高质量发展，全面深化改革开放，促进共同富裕，推进科技自立自强……协同推进人民富裕、国家强盛、中国美丽。"③

　　通过对三次全会关于"共同富裕"相关表述的比较和分析，可以做出较为明确的基本判断，绝非主观臆断或有意突出和强化某项事业在目前以及未来国家发展中的战略地位。至于在事业推进过程中可能遇到的种种困难或风险，则是顶层设计需要充分研判并有所准备的。任何一项战略，从谋划到实施，必然要系统考虑、反复推演、不断排练，实事求是地基于不同的情境和变量，有针对性地提出差异化的应对策略和行之有效的预案。

　　事实上，从国家和社会的一项战略，到企业和个人的一个定

---

① 中国共产党第十九届中央委员会第四次全体会议公报 [N/OL].[2019-10-31].http://cpc.people.com.cn/n1/2019/1031/c64094-31431615.html.

② 中国共产党第十九届中央委员会第五次全体会议公报 [N/OL].[2020-10-29].http://cpc.people.com.cn/n1/2020/1029/c64094-31911510.html.

③ 中国共产党第十九届中央委员会第六次全体会议公报 [N/OL].[2021-11-11].http://cpc.people.com.cn/n1/2021/1111/c64387-32280050.html.

位，不可能一成不变。变与不变永远共生共存，变量和常量往往只是相对的，在一定条件下还可以相互转化。这在战略管理中体现为一种"权变"战略观，一种可以在动态战略环境下"相机抉择"的战略柔性思维。从此逻辑出发，恐怕就不难理解"百年未有之大变局"以及"加快构建以国内大循环为主体、国内国际双循环相互促进的新发展格局"的战略含义，也不难体会"要坚持用全面、辩证、长远的眼光分析当前经济形势，努力在危机中育新机、于变局中开新局"[①]的思维格局了。

所谓变局，就是我们今天所处的动态战略环境。以经济视角来观察，如果说自 2012 年以来，中国经济增长的制约因素主要在供给侧，那么，随着人口红利急剧消退，从现在到 2025 年之前，来自需求侧的制约也越来越凸显。双重制约之下，从供需两端同时发力是必然策略。

迈克尔·波特在《国家竞争优势》一书中，将经济发展概括为要素驱动、投资驱动、创新驱动、财富驱动四大阶段，前三个阶段的经济增长都是往上走，而到了财富驱动阶段，经济增长则会减速甚至停滞。

从当前中国经济的基本特点来看，从高速增长迈向高质量发展，与创新驱动、财富驱动两个阶段的叠加状态相契合，亟需从供需两端同时发力，也就是供给侧改革和需求侧管理相结合。

---

① 习近平在看望参加政协会议的经济界委员时强调：坚持用全面辩证长远眼光分析经济形势 努力在危机中育新机于变局中开新局 [N/OL].[2020-05-24].http://paper.people.com.cn/rmrb/html/2020-05/24/nw.D110000renmrb_20200524_2-01.htm.

正是战略环境的动态变化，呼唤中国经济塑造出来一个新发展格局。前几年，中国经济政策重点较多关注供给侧，如今，在加快构建以国内大循环为主体、国内国际双循环相互促进的新发展格局诉求下，需要在不放松供给侧的同时，也更加着眼于扩大内需和促进消费，进一步关注收入分配与共同富裕，意在补上需求侧的短板，形成"需求牵引供给、供给创造需求"的更高水平动态平衡。

战略环境的动态变化，带来战略重心的顺势调整。这是一种理想的反馈模式，一种正确的应对状态。朱克力在《分阶段促进"共同富裕"意味着什么》这篇社论里，之所以突出分析共同富裕的供给侧逻辑，最后又建议补上需求侧的短板，个中缘由也正在于此。

共同富裕是什么、靠什么、怎么办

无论是否已经理解了战略环境变化与战略重心调整之间的动态关系，也无论对促进共同富裕这个时代课题达成了多么坚固的社会共识，人们认知与理解的现实差异依然会存在。比方说，对于当前推动共同富裕的战略时机是否有利，就有可能存在相关的疑虑或困惑。

2021年11月12日，也就是十九届六中全会闭幕的次日，在中共中央举行的新闻发布会上，与此有关且具有一定代表性的问题就从记者口中问了出来："中国已经将实现共同富裕正式提上了日程，目前中国经济增速正在放缓，是不是会对实现共同富裕带来挑战？中国在面临经济增长压力的情况下，如何实现共同富裕？"对此，中央财经委员会办公室分管日常工作的副主任韩文秀给予了回答。①

在以"在高质量发展中促进共同富裕"这句话开门见山后，韩文秀提出推动共同富裕要处理好"发展"与"分配"的关系，表示"推动共同富裕，解决发展问题是第一位的，分配问题也很重要，但不能仅仅靠分配来实现共同富裕"。他指出，我国人均国内生产总值虽然已经超过1万美元，但还没有达到高收入国家的水平，即使把现在所有的国民收入全部平均分配，也还达不到共同富裕。从而他强调，"共同富裕没有捷径，不是变戏法，必须靠14亿多中国人民艰苦奋斗来实现"。紧接着，他围绕如何推动共同富裕，从实现高质量发展、构建收入分配体系、企业履行社会责任三个方面做了具体阐述。

第一，推动共同富裕，需要实现高质量发展。韩文秀表示，我国仍然是世界上最大的发展中国家，我们仍然要用发展的办法解决前进中的问题，新时代的发展必须完整、准确、全面贯彻新发展理念，实现高质量发展。要增强发展的平衡性、协调性、包容性，持续缩小城乡、区域发展差距，从源头上打好共同富裕的基础。要坚持以人民为中心的发展思想，保障人民在参与发展中机会公平、规则公平、权利公平，共同创造社会财富，共同分享

---

① 韩文秀：共同富裕没有捷径，必须靠艰苦奋斗来实现[OL].[2021-11-12].http://cpc.people.com.cn/n1/2021/1112/c64387-32280800.html.

发展成果。可以说，推动高质量发展的过程就是解决发展不平衡不充分这一主要矛盾的过程，是提高中等收入者比重、优化分配结构的过程，是促进人的全面发展、推动共同富裕的过程。他特别提到，2020年以来，面对新冠肺炎疫情的冲击，中国率先恢复经济增长，如期完成脱贫攻坚任务，全面建成小康社会，展现了中国经济的强劲韧性。"经济波动是短期现象，共同富裕是长期目标。中国经济拥有健康的基本面、巨大的内需潜力和发展空间，完全能够实现长期持续健康发展，为扎实推动共同富裕提供更为雄厚的物质基础。"这是他对记者的前半个问题（"中国经济增速放缓会不会对实现共同富裕带来挑战？"）做出的正面回应。

第二，推动共同富裕，需要构建体现效率、促进公平的收入分配体系。韩文秀指出，初次分配对于最终分配格局的形成具有基础性作用。要坚持按劳分配为主体、多种分配方式并存，激励引导社会成员通过诚实劳动和创新创业富裕起来。初次分配既要讲效率，又要讲公平，要规范分配秩序、合理控制初始分配差距。再分配要增强对分配差距的调节功能，通过完善税收制度、提高直接税比重、加强税收征管，更好发挥收入调节功能。同时，还要健全社会保障体系，完善转移支付制度，加大对低收入者和困难地区的支持与帮扶，更好地发挥兜底提低的作用，努力使橄榄型分配结构的两头更小一些、中间更大一些。再分配也要处理好效率和公平的关系，既促进公平，又考虑效率，防止顾此失彼。总之，要构建初次分配、再分配、三次分配协调配套的基础性制度安排，使收入分配调节既能够分好蛋糕，又有利于进一步做大蛋糕。

第三，推动共同富裕，需要企业"办好自己的事"。在韩文秀看来，企业家为共同富裕做贡献有多种渠道和方式，最基本的就是要做到合法诚信经营，照章纳税，履行社会责任，善待员工和客户，保护劳动者和消费者合法权益，办好自己的企业，为社会创造财富，这是企业的"本分"，也是为共同富裕做贡献的"正道"。同时，国家鼓励支持企业和企业家在有意愿、有能力的情况下积极参与公益慈善事业，这在客观上也会起到第三次分配的作用。他不无乐观地展望，随着我国企业不断发展壮大和更多的人富起来，加上国家激励政策的完善，我国的公益慈善事业将会迎来一个大发展。但是他同时也提醒，慈善捐赠是自愿行为，绝不能"杀富济贫""杀富致贫"，不能搞"逼捐"，因为那不符合共同富裕的本意，也不可能达到共同富裕的目的。会后，有专家评论称，"韩主任的回答切中肯綮，回应了近期社会关注的热点，再次澄清了对于共同富裕的认识误区"①。

这并不是官方首次就共同富裕问题对社会关切予以回应。两个多月前，即 2021 年 8 月 26 日，在中共中央宣传部举行的一场新闻发布会上，也有一次产生较大反响的对话。当时，记者问道："中国已经全面建成了小康社会，目前正在向建设社会主义现代化强国的第二个百年奋斗目标迈进。请问，在解决贫富分化、实现共同富裕上面临哪些挑战？又将如何应对？"对此，韩文秀当即旗帜鲜明地表示，共同富裕要靠共同奋斗，不搞"劫富济贫"。

---

① 冯俏彬. 推动共同富裕要处理好"发展"与"分配"的关系 [OL].[2021-11-13].https://www.bjnews.com.cn/detail/163679211014220.html.

在他的回答中，涉及了共同富裕是什么、靠什么、怎么办等三方面的内容。①

第一，什么是共同富裕。韩文秀坦言，我们已经全面建成小康社会，在这个基础上，要继续把做大蛋糕和分好蛋糕两件事情办好，大力推动高质量发展，普遍提高城乡居民收入水平，逐步缩小分配差距，坚决防止两极分化。共同富裕是全体人民的富裕，不是少数人的富裕；是人民群众物质生活和精神生活双富裕，不是仅仅物质上富裕而精神上空虚；是仍然存在一定差距的共同富裕，不是整齐划一的平均主义同等富裕（见表2）。

表2 共同富裕"是什么""不是什么"②

共同富裕"是什么"	共同富裕"不是什么"
是中国式现代化的"母版""新版"	不是西方高福利政策的"再版""翻版"
是高质量发展基础上的富裕	不是"穿新鞋走老路"
是分阶段促进共同富裕	不是同时同步同等富裕
是靠人人参与、人人奋斗	不是"躺平""搭车"
是全体人民的共同富裕	不是少数人的富裕
是先富带后富、帮后富	不是"劫富济贫""打土豪分田地"
是普遍富裕基础上的差别富裕	不是"绝对公平""吃大锅饭"
是"富口袋"与"富脑袋"的统一	不是单单物质上的"土豪""富豪"
是各尽所能、各尽其责	不是靠捐赠搞"逼捐"
是一场等不得也急不得的"耐力赛"	不是速战速决的"百米跑"

---

① 中共中央宣传部新闻发布会《中国共产党的历史使命与行动价值》发布[OL].[2021-08-26]. https://www.12371.cn/2021/08/26/VIDE1629980040936186.shtml.

② 共同富裕"是什么""不是什么"[N/OL].[2021-11-05].http://zjrb.zjol.com.cn/html/2021-11/05/content_3488642.htm.

第二，我们靠什么来实现共同富裕。韩文秀强调，共同富裕要靠共同奋斗，这是根本途径。要鼓励勤劳致富、创新致富，鼓励辛勤劳动、合法经营、敢于创业的致富带头人，允许一部分人先富起来，先富带后富、帮后富，不搞"杀富济贫"。要坚持在发展中保障和改善民生，为人民提高受教育程度、增强发展能力，创造更加普惠、公平的条件，畅通社会向上流动的通道，给更多人创造致富的机会。要扎实推进基本公共服务均等化，坚持尽力而为、量力而行，防止落入福利主义的陷阱，我们不能等靠要，不能养懒汉。要构建初次分配、再分配、三次分配协调配套的基础性制度安排，加大税收、社保、转移支付等等调节的力度，扩大中等收入群体，形成中间大、两头小的橄榄型分配结构。第三次分配是在自愿基础上的，不是强制的，国家税收政策要给予适当激励，通过慈善捐赠等方式，起到改善分配结构的补充作用。

第三，要充分估计实现共同富裕的长期性、艰巨性、复杂性。诚如韩文秀所言，我国正在全面建设社会主义现代化国家，由全面小康迈向共同富裕，由中等收入国家发展成为高收入国家，实现共同富裕是一个在动态中向前发展的过程，不可能一蹴而就，也不可能齐头并进。因此，他最后不忘强调："我们要坚持稳中求进、循序渐进、久久为功，一件事情接着一件事情办，一年接着一年干，在新时代促进人的全面发展、使全体人民共同富裕取得实质性进展。"

推进共同富裕，要充分考验战略定力。从高层论述到专家解读，无不认识到，推进共同富裕离不开坚实的经济基础。从邓小平于1984年明确提出共同富裕，经过30多年的筚路蓝缕，中国的经济总量由1985年的0.9万亿元，快速增长到2020年的101.6万亿元，增长了112倍。国家统计局数据显示，中国2019年、2020年人均国内生产总值超过1万美元。2020年，全国居民人均可支配收入比2010年实际增长100.8%。此外，脱贫等三大攻坚战取得了重大突破，这些恰恰是当前以及未来新征程上扎实推进共同富裕的基础和底气来源。

作为一项长期艰巨的任务，共同富裕是一条通往未来的崎岖之路，需要直面区域、城乡、行业、居民之间发展不平衡不充分等一系列现实问题。这些都是推进共同富裕过程中必须跨越的"拦路虎"。

从发展不充分来看，一个发展中的中等收入国家，只有继续保持较高经济增速，才能跻身高收入行列。据国际货币基金组织统计，2020年，在全球194个国家和经济体里，中国人均国内生产总值名列第63位；联合国开发计划署人类发展指数表明，在全球189个国家和经济体里，中国排名第85位。而这也意味着，中国实现高质量发展目标的空间还很大。

从发展不平衡来看，中国面临更为艰巨的挑战。综合相关部门估计和学者测算，代表收入差距的基尼系数在现实中可能超过了0.5（警戒线是0.4）。此外，中等收入群体比重也偏低。2018年全国中等收入群体比重约为30%，总人口约4亿，其分布存在严重的城乡不平衡，农村中等收入群体比重不足10%，低收入人群占90%以上。

解决发展不平衡不充分的关键路径在于高质量发展，这也是走向共同富裕的基本前提和必经之途。那么，在高质量发展的引领下，共同富裕主要有哪些特征或标准？"共同富裕是全体人民的富裕，是人民群众物质生活和精神生活都富裕，不是少数人的富裕，也不是整齐划一的平均主义，要分阶段促进共同富裕。"这是中央财经委员会第十次会议关于共同富裕的标准，据相关报道概括，"三多""两靠"是正确理解共同富裕的重点所在。

"三多"：一是人数多，是全体人民的富裕，不是少数人的富裕；二是内容多，物质生活要富裕，精神生活也要富裕；三是步骤多，共同富裕不是整齐划一的平均主义，要分阶段逐步实现。

"两靠"：实现共同富裕就像做蛋糕，既要做大，还要分好。"做大"要靠高质量发展，用好创新和教育两大"原料"，不断探索新的"制作方法"，给更多人创造致富的机会；而"分好"则要靠制度性安排，调整致富的节奏，实现"先富带动后富"。

不仅如此，中央财经委员会第十次会议还围绕促进共同富裕部署了重点工作，提出要在高质量发展中促进共同富裕，正确处理效率和公平的关系，构建初次分配、再分配、三次分配协调配套的基础性制度安排。同时强调，加大税收、社保、转移支付等调节力度并提高精准性，扩大中等收入群体比重，增加低收入群体收入，合理调节高收入，取缔非法收入，形成中间大、两头小的橄榄型分配结构。这就要求处理好效率和公平的关系，收入分配更均衡，基层保障更精准，在分得匀的同时还要兜得住，真正做到循序渐进、分阶段促进共同富裕。

后记　关于国家前途命运的时代必答题

建设高质量发展的共同富裕示范区

邓小平同志讲过，"一部分地区、一部分人可以先富起来，带动和帮助其他地区、其他的人，逐步达到共同富裕"[①]。作为"大同"理念的现代阐释，"共同富裕"既不是政治话术，也不是社会空想，而是中国改革开放的使命初心。在中国经济总量突破100万亿元、人均GDP突破1万美元、东部地区有望率先实现现代化之际，探索共富路径成为大势所趋。但鉴于前面所述的发展不平衡不充分等问题的存在，有必要选取部分地区"先行先试、作出示范"[②]。作为脱贫攻坚之后一个更加长期的政策，实现共同富裕必然要付出更多的时间和努力。那么，示范建设应当从哪些方面重点切入，探索共富路径？

从高层到民间，其实大家都很清楚，这些年来，各地发展都有自己的特点和亮点，但要论谁能真正蹚出一条共同富裕的路子，还真要多方权衡。要论经济总量，广东独占鳌头，2020年GDP超11万亿元，被称为"粤老大"；江苏紧随其后，也突破了10万亿元，人称"苏大强"；然后是山东，逾7.3万亿元；浙江只能屈居第四，接近6.5万亿元。而论人均GDP，前五名中，浙江垫底，分别是北京、上海、江苏、福建、浙江。再看人均可支配收入，上海最高，2020年是7.2万元；北京第二，6.9万元；浙江以5.2万元排在第三。

---

① 邓小平. 社会主义和市场经济不存在根本矛盾[M]// 邓小平文选：第三卷. 北京：人民出版社，1993.

② 中共中央 国务院关于支持浙江高质量发展建设共同富裕示范区的意见[OL].[2021-06-10]. http://www.gov.cn/zhengce/2021-06/10/content_5616833.htm.

的确，在这些维度上浙江不是"单项冠军"，但不妨碍它成为探索共富路径的"全能冠军"。既然要走共同富裕的路子，首要考量的还是发展的均衡程度。由于比较视角的不同，同样可以得出不同的结论。比如，以城市经济规模来看，江苏排首位的苏州是排最后的宿迁的6.2倍，而浙江排首位的杭州是排最后的舟山的11.2倍，广东排第一的深圳则是排最后的云浮的29倍。就此而言，江苏的均衡度相对要高。

　　但仅仅以城市经济规模之间的均衡度来比较是不够的，更要看居民收入水平和富裕程度。以人均可支配收入为例，除了直辖市，浙江无论城市还是农村的排名，都位列全国省（区）首位。而且浙江城乡居民收入比小于2，是全国最低的地区之一。此外，浙商遍布全国各地，富者大有人在，只不过未必体现于本地数据，更加藏富于民。看来，作为全国城乡居民收入差距最小、区域发展差距最小，同时经济发展水平最高的省份之一，浙江探路打造共富样板有足够的实力和底气，是貌似有争议、实则无疑义的。

　　建设高质量发展的共同富裕示范区，有没有初步积累的发展经验？有没有阶段性的可量化指标？从既有的发展经验来看，"七山一水二分田"的浙江，数十载大踏步向前发展，同时持续缩小贫富差距、城乡差距、区域差距，可以说，城乡融合和区域协同的均衡化发展，一直是其制胜要诀。未来探索高质量的共同富裕，关键也必然在于进一步的均衡化发展。而关于阶段性的可量化指标，在衡量一个地区共同富裕程度时，地区人均GDP最高最低倍差、地区人均可支配收入最高最低倍差、城乡居民收入倍差、家庭年可支配收入目标值群体比例，等等，这些指标的每一项都很重要。

《浙江高质量发展建设共同富裕示范区实施方案（2021—2025年）》提出，到2025年，人均生产总值达到13万元，居民人均可支配收入达到7.5万元。从人均GDP目标看，尽管在国内仍然低于北京和上海，但从全球看，已达到中等发达经济体水平，也意味着要跨过中等收入陷阱，这是一项意义重大的探索。同时提出，到2025年地区人均GDP最高最低倍差缩小到2.1以内，地区人均可支配收入最高最低倍差缩小到1.55以内，城乡居民收入倍差缩小到1.9以内。这三项目标，分别跟浙江建设共同富裕示范区的三大主攻方向一一对应，重在解决区域发展差距、城乡差距和收入差距。以城乡居民收入倍差为例，2020年浙江的数据为1.96，已经远低于全国的2.56，力争降到1.9以下则更显魄力。此外，还提出到2025年，家庭年可支配收入10万~50万元的群体比例达到80%、20万~60万元的群体比例力争达到45%。这两项目标意味着，浙江要实施扩大中等收入群体行动计划，目标是基本形成以中等收入群体为主体的橄榄型社会结构。

按照世界银行的标准，年收入2.5万~25万元都属于中等收入，中间相差10倍。经济学家刘世锦则提出，中等收入群体的标准是"三口之家，年收入在10万~50万元之间"。而典型的橄榄型社会，中等收入群体的比例往往超过60%。浙江2025年的目标，无疑是高于这个定义的。以上这些指标，强调的都是均衡化发展，无不指向五大新发展理念中的"协调"和"共享"。全面推动协调发展，加快提升共享发展水平，实现这一目标的过程，重在改革，关键在人。何以激发人们进一步追求富裕的动力，何以消除阻碍共同富裕的障碍？实施和深化共享式改革是必由之路。

扎实推动共同富裕，需要构建"一体两翼"的动力系统（见表3）。其中的"一体"是均衡化，也是共同富裕的运行内核；"两翼"则是数字化与绿色化，也是持续促进共同富裕的两大动能。以浙江为例，该省在建设共同富裕示范区的2025年主要目标中，除了重点围绕均衡化发展的几组数字，还有三组比较重要的指标：一是数字经济增加值占生产总值比重达到60%；二是人均预期寿命超过80岁，国民体质合格率超过94.5%；三是生活垃圾分类覆盖面达到100%，重点生物物种保护率达到95%。第一组对应的是数字化发展（数字经济），第二、三组则突出了绿色化发展（大健康及生态）。二者与均衡化发展共同组成"一体两翼"，构建以均衡化发展为一体（内核）、以数字化发展和绿色化发展为两翼（动能）的共同富裕动力系统。而且无论是数字化还是绿色化，都应以均衡化为依归。

表3　构建"一体两翼"的共同富裕动力系统

角色	动力	实现路径及推进重点
一体	均衡化	促城乡融合发展，中等收入群体倍增，橄榄型社会结构
两翼	数字化	科技引领，创新驱动，数字赋能，优化营商，升级产业
	绿色化	"双碳"目标，生态优先，绿色发展，健康生活，"三生融合"

数字化发展，彰显的是五大新发展理念中的"创新"。当前，浙江以"数字化改革"为引领，撬动全领域改革的制度机制创新，打造最优营商环境、投资环境、干事环境、政商环境，促进数字产业化、产业数字化发展，是提高数字经济增加值占 GDP 比重、缩小城乡和区域数字鸿沟的有效途径。为缩小城乡和区域差距，浙江提出打造"山海协作"升级版，推进"跨山统筹"，持续促进后发地区 26 县加快发展。以发达地区和加快发展地区之间的创新合作为重点，研究发达地区的技术、人才、信息等要素向加快发展地区转移的有效途径。

绿色化发展，体现的是五大新发展理念中的"绿色"。浙江在全国率先提出"绿水青山就是金山银山"的绿色发展理念，在发展经济的同时，注重人的健康，可持续推动生活、生产、生态"三生融合"，既不为经济发展舍弃环境，也不为环境放弃经济发展。譬如，在安吉、德清、余杭等地农村，过去卖矿石，现在转变成卖文化、卖旅游，生活富裕，环境优美，生态优良。在此过程中，创新生态保护机制至关重要。而在推进城乡公共服务均等化发展的同时，也要注重多元化、差别化，在区域生态补偿方面更要多元化。如加大对限制开发区域、禁止开发区域生态保护财力转移支付力度，提高全流域生态保护补偿标准，完善生态保护成效与相关转移支付资金分配挂钩机制，等等。

为全国探路，率先实现共同富裕，是建设共同富裕示范区的首要初衷。夯实共同富裕之基，需要探索建立先富带后富、推动共同富裕的目标体系、工作体系、政策体系、评价体系，探索推进共同富裕的体制机制和制度体系，形成可复制可推广的经验。其核心要义有二：一是在动态中处理好政府与市场、公平与效率这两对经典关系，二是推动均衡化、数字化、绿色化"三化"发展。当然，无论前路有多美好多曲折，唯有不断"做大蛋糕"，才能持续"分好蛋糕"。这是促进共同富裕的不二法门，也是当好"模范生"的正确姿势。

紧扣发展不平衡不充分这个主要矛盾，在高质量发展中扎实推进共同富裕，以缩小城乡区域发展差距和收入分配差距为主攻方向，改革和完善收入分配制度，实现人的全面发展，满足人的多维度需求，成为新发展格局下的必答题。

迈向共同富裕的高品质社会

这是一个关乎国家前途命运的时代课题，也是一个仍有待进一步破解的世纪难题。党的十九大提出，到本世纪中叶"全体人民共同富裕基本实现"；十九届五中全会进一步提出，到2035年"全体人民共同富裕取得更为明显的实质性进展"。但涉及具体路线图和时间表的行动纲要，尚在进一步制定当中。不过，随着顶层设计和示范建设同步推进，行动逻辑必然也会日渐明朗。由此遐想：当共同富裕的梦想照进现实，又会展现出一幅怎样的社会图景？

现有的认知终究还是限制了我们的想象。或许，正在爆火的"元宇宙"相关技术与应用，有可能帮助我们走进一个可视化甚至可感知的具象的未来。而与之相对应的一个抽象的未来，依然是我们可以用心拥抱并试图定义的世界，那就是全民共同富裕实现之后必会出现一个"高品质社会"。

共同富裕的高品质社会，匹配的是高质量发展的经济形态。不仅要走上高效率的发展轨道，也需要更平等、更包容、更可持续和更安全的协调发展、绿色发展和安全发展。具体包括更为顺应新阶段的多元化和个性化需求导向，更为体现未来高品质生活的价值引领，从侧重数量的维度转向实现经济生活品质、文化生活品质、政治生活品质、社会生活品质、环境生活品质等多维度全方位同步提升。

共同富裕的高品质社会，重在改善收入分配，缩小不同群体和城乡区域收入差距，提高中等收入群体比重，同时也离不开高效能治理和全方位创新的支撑，以及与区域协调发展、新型城镇化、乡村振兴、健康中国等战略的协同。迈向高品质社会，将成为全面建成小康社会之后的基本诉求。随着社会结构趋向合理化，居民收入结构呈橄榄状，社会人口绝大多数处于中等收入水平，社会职位公平竞争，消除各种歧视，社会秩序良好。

共同富裕的高品质社会，将是数字经济与绿色发展协同融合的绿色数字社会。理解这样的未来经济社会，需要进一步创新经济理论，建构品质经济学，塑造新经济结构和新分配体系，从而跨越中等收入陷阱，建设一个品质中国。无论在设想上还是在现实中（未必是所谓"元宇宙"的世界），品质中国，都可能会是一种更为可欲、可行也更具温度的新经济社会形态。

就在初步研究和思考上述问题的同时，我们结合形势启动了《共同富裕——科学内涵与实现路径》精选读本的组织工作，确立了该书应当努力达到的两方面预期：一方面，要从全局战略上，以理论的视角，廓清共同富裕的科学内涵与顶层逻辑，以求正本清源；另一方面，要从具体战术上，以政策的视角，明晰共同富裕的实现路径与推进重点，确保落地可行。这也是"科学内涵与实现路径"这个副书名的题中真义。

从最终呈现的内容来看，上述两方面的预期已经有了较为充分的体现。这既源于书中各位专家学者的广博学识与深邃智慧，也来自编辑出版团队同我们之间的互信协作与不懈努力。2021年是"智石丛书"诞生的第十个年头，从2012年下半年正式发起这个旨在"联结庙堂与江湖，汇聚民声与政声"的经济书系，到2014年年初与中信出版集团建立战略合作，我们策划组织了颇具影响的"读懂"系列和"小趋势"系经济趋势预测读本，2021年又重启并延长了双方战略合作。眼前这部《共同富裕》精选读本，恰是我们再度携手精诚协同的最好见证。

感谢国务院发展研究中心党组书记马建堂高屋建瓴的序言，这位共和国部长同时也是知名经济学家的权威开篇，奠定了本书的基调和高度。

感谢厉以宁、黄奇帆、刘世锦、蔡昉、王一鸣、汤敏、郑永年、魏杰、贾康、宋晓梧、迟福林、刘尚希、姚洋、黄益平、杨宜勇、李佐军、张明、徐奇渊、李晓华、涂圣伟、任泽平、邢自强、贾若祥、陈云、杨政、高瑞东等专家学者（排名不分先后）对"共同富裕"

这个重大时代课题的深入研究和精彩阐述。有这样一批实力与名望兼备的作者，无疑是这部精选读本得以高质量出版的坚实保证。

感谢中信出版集团经管分社副社长张艳霞、策划编辑杨博惠、责任编辑范虹轶、营销编辑梁明月等小伙伴的通力协作。专业和敬业的人，运气永远都不会差。

当然，还要特别感谢我们的读者朋友，希望这本书能够为您带来意想不到的价值。